A RELAÇÃO ENTRE O SISTEMA ARBITRAL E O PODER JUDICIÁRIO

AURELIANO ALBUQUERQUE AMORIM

Prefácio
Vítor Barboza Lenza

A RELAÇÃO ENTRE O SISTEMA ARBITRAL E O PODER JUDICIÁRIO

2ª edição revista e ampliada

Belo Horizonte

2011

© 2009 1ª edição Editora Contato
© 2011 2ª edição revista e ampliada Editora Fórum Ltda.

É proibida a reprodução total ou parcial desta obra, por qualquer meio eletrônico, inclusive por processos xerográficos, sem autorização expressa do Editor.

Conselho Editorial

Adilson Abreu Dallari
André Ramos Tavares
Carlos Ayres Britto
Carlos Mário da Silva Velloso
Carlos Pinto Coelho Motta (*in memoriam*)
Cármen Lúcia Antunes Rocha
Cesar Augusto Guimarães Pereira
Clovis Beznos
Cristiana Fortini
Dinorá Adelaide Musetti Grotti
Diogo de Figueiredo Moreira Neto
Egon Bockmann Moreira
Emerson Gabardo
Fabrício Motta
Fernando Rossi
Flávio Henrique Unes Pereira
Floriano de Azevedo Marques Neto

Gustavo Justino de Oliveira
Inês Virgínia Prado Soares
Jorge Ulisses Jacoby Fernandes
José Nilo de Castro
Juarez Freitas
Lúcia Valle Figueiredo (*in memoriam*)
Luciano Ferraz
Lúcio Delfino
Marcia Carla Pereira Ribeiro
Márcio Cammarosano
Maria Sylvia Zanella Di Pietro
Ney José de Freitas
Oswaldo Othon de Pontes Saraiva Filho
Paulo Modesto
Romeu Felipe Bacellar Filho
Sérgio Guerra

Luís Cláudio Rodrigues Ferreira
Presidente e Editor

Coordenação editorial: Olga M. A. Sousa
Revisão: Cida Ribeiro
Bibliotecário: Ricardo Neto – CRB 2752 – 6ª Região
Indexação: Leila Aparecida Anastácio – CRB 2513 – 6ª Região
Capa e projeto gráfico: Walter Santos
Diagramação: Deborah Alves

Av. Afonso Pena, 2770 – 15º/16º andares – Funcionários – CEP 30130-007
Belo Horizonte – Minas Gerais – Tel.: (31) 2121.4900 / 2121.4949
www.editoraforum.com.br – editoraforum@editoraforum.com.br

A524r   Amorim, Aureliano Albuquerque

         A relação entre o sistema arbitral e o poder judiciário / Aureliano Albuquerque Amorim. 2. ed. rev. e ampl. Belo Horizonte : Fórum, 2011.

         234 p.
         Prefácio da 1ª edição de Vítor Barboza Lenza
         ISBN 978-85-7700-487-4

         1. Direito arbitral. 2. Direito civil. 3. Direito empresarial. 4. Direito processual civil. I. Título.

         CDD: 341.4618
         CDU: 347.769

Informação bibliográfica deste livro, conforme a NBR 6023:2002 da Associação Brasileira de Normas Técnicas (ABNT):

AMORIM, Aureliano Albuquerque. *A relação entre o sistema arbitral e o poder judiciário*. 2. ed. rev. e ampl. Belo Horizonte: Fórum, 2011. 234 p. ISBN 978-85-7700-487-4.

Aos meus ascendentes, membros da Magistratura do Estado de Goiás, José Plácido de Albuquerque (in memoriam) e Lázaro Rodrigues Amorim, orientadores eternos de minha vida e na atividade judicante. A minha dedicada e compreensiva esposa Clécia, mãe de meus filhos Isadora e Christiano, razões máximas de nossas vidas. A minha genitora Edna, para quem nunca deixei de ser uma criança de tenra idade. Essas pessoas foram escolhidas por Deus para me acompanhar nesta existência, razão pela qual agradeço a Ele pela deferência.

SUMÁRIO

PREFÁCIO DA 1ª EDIÇÃO
Vítor Barboza Lenza 9

INTRODUÇÃO 11

CAPÍTULO 1
CONCEITUAÇÃO BÁSICA E EVOLUÇÃO HISTÓRICA 15
1.1 Conceitos básicos 15
1.2 Natureza jurídica 19
1.3 Convenção de arbitragem 29

CAPÍTULO 2
INSTITUIÇÃO DA ARBITRAGEM 43
2.1 Aspectos gerais 43
2.2 O compromisso arbitral voluntário 44
2.3 Compromisso arbitral por órgão institucional 52
2.4 Instituição do compromisso por sentença judicial 60

CAPÍTULO 3
TUTELAS DE URGÊNCIA NA ARBITRAGEM 71
3.1 Aspectos gerais 71
3.2 Requisitos 73
3.3 Cabimento das tutelas de urgência na arbitragem 77
3.4 Tutelas de urgência na pendência de reclamação arbitral 79
3.5 Tutela de urgência anterior a reclamação arbitral 88

CAPÍTULO 4
PROCESSO ARBITRAL 99
4.1 Instituição do processo arbitral 99
4.2 Pressupostos processuais arbitrais 101
4.3 Princípios informadores do processo arbitral 103
4.4 Suspensão e extinção do processo arbitral 104
4.5 Procedimento arbitral 107
4.6 O árbitro 108
4.7 Exceção de litispendência 111
4.8 Coisa julgada arbitral 114
4.9 Prejudicialidade interna e externa 114
4.10 Reconvenção na arbitragem 116

4.11 Revelia na arbitragem 117
4.12 A prova no sistema arbitral 119

CAPÍTULO 5
DA IMPUGNAÇÃO À SENTENÇA ARBITRAL 123
5.1 Aspectos gerais 123
5.2 Da ação de nulidade de sentença arbitral 125
5.2.1 Por nulidade do compromisso 126
5.2.2 Sentença emanada de quem não podia ser árbitro 141
5.2.3 Falta dos requisitos obrigatórios da sentença arbitral 146
5.2.4 Quando a sentença for proferida fora dos limites da convenção de arbitragem, ou que não tenha decidido todo o litígio 154
5.2.5 Proferida em prevaricação, concussão ou corrupção passiva 156
5.2.6 Com desrespeito aos princípios de que trata o art. 21, §2º, da LA 159
5.2.7 Violação da ordem pública 161
5.2.8 Aspectos processuais da ação de nulidade de sentença arbitral 166

CAPÍTULO 6
A EXECUÇÃO DA SENTENÇA ARBITRAL 175
6.1 Aspectos gerais 175
6.2 Dos "embargos à execução" 177
6.3 Execução das sentenças declaratórias, constitutivas e mandamentais 188

CAPÍTULO 7
DA RESPONSABILIDADE DOS ÁRBITROS E DAS INSTITUIÇÕES ARBITRAIS 195
7.1 Aspectos gerais 195
7.2 Da responsabilidade dos árbitros 197
7.2.1 Da responsabilidade criminal dos árbitros 198
7.2.2 Da responsabilidade civil dos árbitros 199
7.3 Da responsabilidade das instituições arbitrais 213

CONCLUSÃO 223

REFERÊNCIAS 225

ÍNDICE DE ASSUNTO 229

ÍNDICE ONOMÁSTICO 233

PREFÁCIO DA 1ª EDIÇÃO

Em matéria arbitral, a Europa se fez representar pelo avanço técnico-científico desenvolvido especialmente pela Itália, França e Bélgica, onde a legislação arbitral passou por constantes reformas, mantendo esse instituto atualizado, servindo de modelo para o Ocidente. Nas décadas de 70 e 80, ocorreu a grande consolidação do sistema arbitral nesses três países em face das exigências de se acelerar a solução das controvérsias e litígios oriundos do Mercado Comum Europeu.

A Itália, em seu pioneirismo arbitral, nos termos da Lei nº 28, de 09 de fevereiro de 1983, adaptou-se aos termos da convenção europeia sobre a arbitragem, relativa à Convenção de Genebra de 1961 e à Convenção de Estrasburgo de 1966, objetivando a eficiência, eficácia e efetividade das resoluções das controvérsias relativas à Comunidade Econômica Europeia.

Desde as invasões barbáricas que as Cortes Arbitrais da Itália são também conhecidas por *Corte di Bianco Segno*, ou Corte da Assinatura em Branco, pois as partes que acorrem a elas assinam, conjuntamente, uma folha de papel em branco dando ciência e concordância antecipadas da decisão que o árbitro ou o Tribunal Arbitral adotar para a pendência posta por eles, uma vez que, não cabe recurso da sentença arbitral.

Em uma paráfrase, o magistrado Aureliano Albuquerque Amorim oferece este notável trabalho de conclusão de curso, apresentado ao Programa de Capacitação em Poder Judiciário da Escola de Direito da Fundação Getulio Vargas, Direito, Rio de Janeiro.

O presente trabalho, em nível de pós-graduação *lato sensu*, traz com riqueza de ensinamentos as assertivas mais inéditas sobre *a relação entre o sistema arbitral e o Poder Judiciário*.

Trata da evolução, principiologia, conceituação e natureza jurídica da arbitragem e em especial da convenção arbitral; enfrenta com sabedoria e experiência vivenciadas como Juiz de Direito Supervisor da 2ª Corte de Conciliação e Arbitragem de Goiânia, as polêmicas tutelas de urgência; arrosta também as formas de impugnação da sentença arbitral, seus requisitos e infringências; finalmente, trata da grande interação entre as Cortes de Conciliação e Arbitragem e o

Poder Judiciário, quanto ao processo de conhecimento, a execução dos julgados e dos embargos arbitrais.

Essa obra inédita, elaborada pelo digno magistrado, vem preencher uma lacuna que há muito aguarda por uma iniciativa como esta. Pelo esmero e qualidade técnica, este livro será muito útil aos operadores do Direito nas Cortes Arbitrais e aos estudiosos deste antigo/ novel ramo do direito.

Goiânia, janeiro de 2009.

Vítor Barboza Lenza
Desembargador Presidente do Tribunal de Justiça do Estado de Goiás, idealizador das Cortes Arbitrais conveniadas ao Tribunal de Justiça.

INTRODUÇÃO

O Poder Judiciário é o órgão encarregado de entregar a prestação jurisdicional, resolvendo os conflitos de interesse em nome do próprio Estado. Nessa missão, entrega a cada um o que é seu, distribuindo o que se entende como Justiça. A missão é por demais magnânima, mas longe de ser simplória, posto que a sociedade se torna cada vez mais complexa, acompanhada dos graves problemas sociais ligados à pobreza e criminalidade.

O resultado é que os conflitos aumentam conforme também se agiganta a própria sociedade, em uma velocidade que o aparato estatal não consegue acompanhar, via deficiências na própria condução administrativa do Estado, redução das verbas e falta de interesse político em equipar a máquina judiciária.

Com isso, vemos aumentar de forma progressiva a quantidade de ações que aportam nos protocolos judiciais, a maior parte delas envolvendo justamente o próprio Estado, enquanto a estrutura física, legislativa e funcional se mostra arcaica e insuficiente para atender aos pedidos a tempo e a hora.

Esperar que o Estado acorde e dê ao Judiciário a estrutura de que ele precisa é utopia certa, posto que as necessidades de outras áreas também se fazem importantes, além de gerar votos aos dirigentes. A solução deve passar pela criatividade, com utilização de sistemas mais ágeis de prestação jurisdicional, a exemplo dos Juizados Especiais, as conciliações, mediações e também as arbitragens.

Para Marcelo Vilela, coordenador do livro *Métodos extrajudiciais de solução de controvérsias*, os sistemas parajudiciais de solução de controvérsias já se firmaram no ambiente jurídico brasileiro, com claros benefícios sociais. Diz ele:

Os benefícios como a celeridade, confidencialidade, especialização do terceiro envolvido (mediador, negociador ou árbitro), e, principalmente, a preservação do relacionamento comercial permitem afirmar que os métodos extrajudiciais de solução de controvérsias estão em sintonia com a linguagem do mundo empresarial.[1]

Com relação especificamente à arbitragem, a missão ainda se fazia mais complexa e de difícil aceitação, posto que se trata de um instituto com pouca ou quase nenhuma cultura no Brasil, sendo que nosso povo sempre esteve acostumado ao recurso direto no Poder Judiciário para a solução de suas controvérsias.

O tratamento legislativo em face da arbitragem era insuficiente e não previa a possibilidade de sua imposição em face da chamada cláusula compromissória. Justamente por isso que as antigas previsões do Código Civil de 1916, no que se referiam à arbitragem, eram consideradas letra morta e praticamente sem aplicação.

Somente com a edição da Lei nº 9.307/96 é que a arbitragem no Brasil teve tratamento legislativo mais eficaz, propulsionada pelas dificuldades de solução rápida dos litígios no Poder Judiciário. A saída seria a estruturação de um sistema arbitral que tivesse poderes para solucionar os conflitos de interesse relacionados a direitos patrimoniais disponíveis.

No entanto, a preocupação dos operadores do Direito e também da sociedade em geral era justamente quanto aos efeitos deste sistema, havendo aqueles que o indigitavam de estar a serviço do capital e dos interesses estrangeiros, além da atecnia que certamente surgiriam das sentenças lançadas por quem não tem o preparo de um magistrado. Com o tempo e com o desenvolvimento do sistema no Brasil, esse posicionamento contrário foi se diluindo, conforme bem expressa Carmona.

A arbitragem não se revelou método selvagem e abusivo de resolver litígios; os meios alternativos de solução de controvérsias floresceram no Brasil, na América Latina e no resto do planeta e não houve a tão propalada revolta do Poder Judiciário contra os mecanismos extrajudiciais de solução de litígios. Ao contrário, os juízes perceberam — como não poderia deixar de — que a somatória de esforços para vencer a maré montante de pleitos e demandas trouxe benefícios para todo o país".[2]

---

[1] VILELA, Marcelo Dias Gonçalves (Coord). *Métodos extrajudiciais de solução de controvérsias*. São Paulo: Quartier Latin, 2007. p. 15.

[2] CARMONA, Carlos Alberto. *Arbitragem e processo*: um comentário à Lei n. 9307/96. 2. ed. rev. atual. e ampl. 3. reimp. São Paulo: Atlas, 2006. p. 20.

Com o desenvolvimento do sistema arbitral no Brasil, em algumas regiões os resultados foram mais evidenciados que em outros Estados da Federação. Notadamente em Goiás, o sistema arbitral idealizado pelo Desembargador Vitor Barbosa Lenza ganhou contornos especiais, com a realização de convênios de cooperação técnica, administrativa e judicial entre as Cortes de Conciliação e Arbitragem, a Ordem dos Advogados do Brasil e o próprio Tribunal de Justiça do Estado de Goiás.

A proximidade do Judiciário com as CCAs permitiu que o sistema em Goiás tenha se tornado referência e se mostre com o mais desenvolvido e eficaz da América Latina. Isso só foi possível porque houve a união de instituições particulares com o Poder Judiciário, atendendo inclusive as previsões da própria Lei de Arbitragem, a qual prevê a participação do juiz togado em alguns momentos do sistema arbitral.

De fato, o Poder Judiciário tem a obrigação constitucional de proporcionar a prestação jurisdicional, entendendo ser um erro de estratégia a conclusão de alguns doutrinadores de que a Arbitragem deve seguir com suas próprias forças, sem qualquer interferência do Poder Público, sendo considerada como uma entidade puramente particular. São os privatistas na lição de Carreira Alvim, que ainda identifica duas outras doutrinas que procuram explicar o fenômeno da arbitragem.

Não é pacífica na doutrina a natureza jurídica da arbitragem, formando-se, a esse respeito, três correntes: a) uma privatista (ou contratualista), com Chiovenda à frente; b) outra publicista (ou processualista), comandada por Mortara; c) intermediária (ou conciliadora) tendo como expoente Carnelutti.[3]

A comprovação da eficácia do sistema se mostra evidente quando analisamos a estatística da 2ª CCA de Goiânia, a maior Corte Arbitral em funcionamento na América Latina.

A 2ª CCA, desde 1996 em funcionamento, já analisou 261.001 casos, estando com sua linha de atividades crescente de forma significativa desde 1999. Sua média de acordos é de 77,06%, recebendo mensalmente a média de 636 protocolizações. Desse total, a média é de 416 acordos e 75 arbitragens, em consideração mensal.[4] A importância se ressalta ainda mais quando analisamos que cada Vara Cível da Capital goiana recebe para cada juiz que nela trabalha, a média de 900 ações, por ano. A isso se some os dados das demais cortes existentes, que

---

[3] ALVIM, José Eduardo Carreira. *Direito arbitral*. 2. ed. Rio de Janeiro: Forense, 2004. p. 37-38
[4] Estatística encaminhada ao Poder Judiciário.

mesmo em volume menor, prestam relevantes serviços de prestação jurisdicional no Estado de Goiás.

Estudar este sistema que surge com mais evidência na história jurídica do país se mostra de extrema relevância, posto que seria uma contribuição para a sua melhoria e aumento da cultura arbitral em nossa nação, cuja falta imputo como razão para as resistências ao sistema arbitral que ainda permeia os operadores do direito.

Este trabalho visa analisar de forma profunda o sistema arbitral, notadamente sua forma de funcionamento nas hipóteses em que tem relações com o Poder Judiciário. Neste objetivo, há que se analisar sua fundamentação doutrinária e constitucional, de modo a verificar a retidão de seus propósitos. Por fim, tem o trabalho o interesse em disseminar a cultura arbitral de modo a facilitar a prestação jurisdicional e proporcionar ao jurisdicionado uma outra saída que não seja o Poder Judiciário para a solução de suas controvérsias.

CAPÍTULO 1

CONCEITUAÇÃO BÁSICA E EVOLUÇÃO HISTÓRICA

Sumário: 1.1 Conceitos básicos – 1.2 Natureza jurídica – 1.3 Convenção de arbitragem

1.1 Conceitos básicos

A heterogeneidade da pessoa humana, em seus vários aspectos, provoca conflitos de interesses que precisam ser solucionados. Desde o início da saga evolutiva humana no planeta Terra, a resolução de conflitos é situação importante que vem se modificando ao longo do tempo. Se no início a solução passava obrigatoriamente pela imposição da força bruta na correta execução da "lei do mais forte", na atualidade este tipo de solução de controvérsias é considerado exemplo de atraso, deficiência de caráter e até crime.

Sabendo que com a imposição da força na solução dos problemas não se faz a melhor justiça, o homem, como ser social, procurou desenvolver outros meios para atender à necessidade de apaziguamento de suas relações sociais, procurando adotar outros meios de resolver as questões que sempre surgem. De início, pela falta da figura estatal, procurou-se resolver a solução das pendências solicitando a uma outra pessoa, geralmente a que tivesse o respeito e consideração dos contendores para solucionar o conflito surgido entre eles.

Com isso, surgiu o que na atualidade chamamos de arbitragem e é conceituada por Carreira Alvim como uma "instituição pela qual as pessoas capazes de contratar confiam a árbitros, por elas indicados ou não, o julgamento de seus litígios relativos a direitos transigíveis".[1]

---

[1] ALVIM, José Eduardo. *Direito arbitral*. 2. ed. Rio de Janeiro: Forense, 2004. p. 1.

Pelos motivos relacionados a até então inexistência do Estado como uma instituição presente, é que esta forma de solução dos conflitos de interesse é considerada mais antiga que a Jurisdição Estatal, e não pode ser considerada como uma forma menos importante que esta, consoante iremos analisar nas linhas seguintes.

Na concepção de Rousseau, o Estado foi criado a partir do momento em que o homem entendeu que as suas necessidades sociais deviam ser atendidas por um órgão maior que todos os viventes, posto que só assim teria condições de impor a sua vontade no atendimento ao interesse público. Se antes do Estado o homem tinha inteira liberdade para realizar os atos que tivesse interesse, chegou-se à conclusão de que tinha todo o poder, o qual só era cerceado em face da imposição da força maior de um outro homem. Liberdade é poder.

Na criação do Estado, cada pessoa abdicou de parte de seu poder para entregá-lo a um ente, criado justamente para proporcionar à sociedade as necessidades que possui, dentre elas a solução de seus conflitos de interesse. É o chamado Contrato Social. No entanto, nem sempre o Estado detinha força suficiente para conceder aos particulares a plena solução de seus conflitos, principalmente pelas constantes invasões na Idade Média. A saída foi a utilização da arbitragem como forma mais acessível e confiável para a solução das controvérsias que surgiam. Antônio Sodré discorre a respeito dos motivos de utilização da arbitragem na Idade Média:

> Fato é que não se pode falar de um "Direito" da sociedade medieval, como o podemos acerca dos direitos nacionais estatais, como, por exemplo, o Direito brasileiro, o inglês, o argentino, etc. A Idade Média conheceu uma pluralidade de regulamentações jurídicas válidas em um mesmo espaço territorial, da mesma forma como conviveu com diversos centros de emanação normativa. Esse é o ponto em comum entre os motivos elencados acima, pois a estrutura social medieval, estanque e hierarquizada, é a responsável tanto pela falta de garantias jurisdicionais, como pela variedade de ordenamentos, pela fraqueza dos Estados e pelos conflitos entre Estado e Igreja.[2]

Sua utilização restou mais evidente no campo de inexistência de um ente estatal que tivesse condições de dizer o direito e promover a justiça, consoante ocorre quando tratamos de interesses entre nações ou entre pessoas de nações distintas. Por não estarem sob a

---

[2] SODRE, Antônio. *Curso de direito arbitral*. Leme: J. H. Mizuno, 2008. p. 111.

jurisdição de nenhum Tribunal Internacional, a única saída para a solução dos conflitos de interesse é justamente pelo meio arbitral. Com a criação de Tribunais Internacionais ligados a grupos de países, esta situação começou a ser modificada, mas ainda se utiliza, mesmo nestas circunstâncias, a arbitragem como um dos principais meios de solução de controvérsias.

No Brasil o sistema arbitral não possui uma cultura disseminada como em outros países, principalmente os da Europa. Isso se explica não só pela nossa pouca idade histórica, mas também por não termos enfrentado invasões estrangeiras por longos períodos. Nos países europeus, o invasor era quem ditava a justiça a seu modo, o que não atendia a necessidade do povo invadido, o qual procurava na arbitragem a solução de seus conflitos, deixando de lado a presença intrusa que lhe atingia a soberania.

Na atualidade brasileira, a arbitragem tem tomado vestes mais robustas, provocada na maior parte das vezes pela necessidade de solução rápida e econômica dos conflitos de interesse. Ao participar da aldeia global, o Brasil precisa possuir meios de assegurar o cumprimento das normas legais, com rapidez e eficiência, posto que a negativa de tais características impede a evolução social e econômica. Um Judiciário atrasado, com pouca efetividade e nenhuma visão social é condição ideal para evitar o desenvolvimento, afastando aqueles que teriam interesse em investir no nosso país.

As informações técnicas ressaltam a importância para o crescimento econômico em face de um Judiciário eficiente, concluindo que o Produto Interno Bruto (PIB) poderia ser até 25% maior. Diz Armando Castelar Pinheiro, ao discorrer sobre a reforma do Poder Judiciário em uma análise econômica:

> A partir das respostas pode-se obter uma estimativa, ainda que grosseira, do impacto agregado da melhoria do judiciário usando as participações no PIB, no investimento e no emprego, e a média de respostas de cada setor. Os resultados da aplicação desse procedimento indicam que uma melhoria na eficiência do judiciário levaria a um aumento do PIB de 13,7%, a uma elevação no nível de emprego de 9,4% e a um aumento do investimento de 10,4%. A partir do aumento do investimento é possível estimar que uma melhoria do desempenho do judiciário brasileiro, que o tornasse "equivalente em termos de agilidade, imparcialidade e custos à Justiça do Primeiro Mundo, incluindo-se aí sua capacidade de fazer respeitar com rapidez suas decisões, e que tirasse o poder da Justiça do trabalho de decidir sobre reajustes salariais e outros conflitos econômicos entre empresas e

empregados," faria a taxa de crescimento do PIB ser mais alta cerca de 25%. Isto é, por conta do mau funcionamento do judiciário, o Brasil cresce cerca de 20% mais devagar do que poderia crescer se tivesse um "judiciário de Primeiro Mundo".[3]

Sendo a arbitragem uma forma alternativa de solução de conflitos de interesse, as empresas que necessitam de soluções rápidas e eficientes para o cumprimento de seus contratos estão a buscar a arbitragem com mais ênfase e como uma possibilidade de viabilizar seus negócios. Com a utilização do sistema arbitral, se deixa ao largo os grandes problemas do Poder Judiciário, notadamente a demora e a pouca eficiência das decisões judiciais, sempre sujeita a recursos intermináveis.

Em minha experiência como Juiz Supervisor de Corte Arbitral, em um sistema que era utilizado no Estado de Goiás, o que se via com muita clareza eram pessoas querendo não se submeter ao sistema arbitral, sob a justificativa generalista de que não havia meios de atrasar o cumprimento da sentença arbitral. O advogado do cliente réu normalmente não tinha muito o que fazer em face do sistema arbitral, pretendendo repudiá-lo para adoção do sistema judiciário comum, onde se pode trocar direito por tempo. Já a parte autora, geralmente a que estava certa na reclamação, na maioria dos casos em que tive oportunidade de atuar, pretendia justamente o contrário, utilizando o sistema arbitral para ver com a rapidez e eficiência a concretização de seu direito. Estas constatações foram verificadas em minha prática como Juiz Supervisor da 2ª Corte de Conciliação e Arbitragem do Estado de Goiás.[4]

Dentro deste esforço para dotar o país de uma forma mais célere e efetiva de prestação jurisdicional é que floresce cada vez mais o sistema arbitral, antes completamente fora de uso. Com a edição da Lei nº 9.307/96, que alterou significativamente a arbitragem no Brasil, entramos em uma nova era, adotando o sistema via o que chamamos de "cláusula compromissória", que explicitaremos posteriormente.

---

[3] PINHEIRO, Armando Castelar. A reforma do judiciário: uma análise econômica. Disponível em: <http://www.mp.gov.br/arquivos_down/seges/publicacoes/reforma/seminario/PINHEIRO. PDF>. Acesso em: 03 maio 2008.
[4] O Estado de Goiás havia firmado convênio entre o Tribunal de Justiça do Estado de Goiás, entidades de classe e a Ordem dos Advogados do Brasil – Seção de Goiás. Neste convênio havia a previsão da existência de um juiz supervisor. Tratava-se de um magistrado do quadro do Tribunal, designado por decreto judiciário do Presidente. Este magistrado tinha a competência para análise das ações de nulidade e demais atividades do juiz togado no sistema arbitral. Todos os convênios foram rescindidos pelo Tribunal de Justiça em fevereiro de 2008.

1.2 Natureza jurídica

Para o entendimento mais profundo do sistema arbitral, que em muitas circunstâncias se contrapõe frontalmente ao sistema estatal de jurisdição, faz-se necessária a verificação de sua natureza jurídica. A problemática situa-se em face da função estatal de jurisdição, assim considerada aquela que diz o direito e soluciona o conflito de interesses surgido entre as partes. Sendo função estatal, o que se discute é se seria permitido que outrem a faça ou a situação é relegada ao privatismo, à atividade puramente particular.

Em face disso, com muita discussão se verifica a ocorrência de três teorias sobre a natureza jurídica da arbitragem. Temos a privatista ou contratualista que tem Chiovenda como seu mentor, estabelecendo que não há conteúdo jurisdicional na arbitragem, posto que há necessidade de sua homologação pelo Poder Judiciário. Seu posicionamento é explicável, tendo em vista a necessidade de homologação do laudo arbitral na Itália.[5]

De outro lado, temos a teoria publicista ou processualista, que é sustentada por Ludovico Mortara, afirmando que "os árbitros são investidos de jurisdição, pelo que a lei lhes concede o cumprimento de ato de soberania",[6] tendo natureza idêntica àquela exercida pelos juízes oficiais. Na terceira, temos uma teoria mista, chamada de intermediária ou conciliadora, esposada por Carnelutti. Por ela, o laudo arbitral é o resultado de atividades contratualísticas, por um lado, e jurisdicionais, de outro, estando em um ambiente ambivalente que torna difícil a aplicação de apenas uma das duas primeiras teorias.

Por isso, a sua posição, antes que contratualista ou processualista, pode ser denominada de *intermediária*.[7]

Por último, temos a teoria mista, entendendo que a arbitragem possui tanto o caráter contratualista que se evidencia por ocasião de sua instituição, como também o caráter publicista em face da força de seu laudo, reconhecido como título executivo judicial. É sustentada por Carnelutti, que a ela assim se referia quando ainda era necessária a homologação do laudo arbitral pelo Poder Judiciário.

Sem a pretensão de definir quais das teorias mais se aplica à arbitragem, posto que tem sido tarefa ingrata e infindável, entendo

---

[5] Essa posição de Chiovenda funda-se no fato de a lei italiana exigir a homologação do laudo arbitral.
[6] MORTARA, Ludovico. *Manuale della procedura civile*. Torino: Utet, 1916. v. 2, p. 547.
[7] ALVIM, José Eduardo. *Direito arbitral*. 2. ed. Rio de Janeiro: Forense, 2004. p. 42.

de analisar as circunstâncias do sistema arbitral brasileiro e definir uma posição que atenda às necessidades de urgência e efetividade, aliado ao reconhecimento da presença estatal no exercício de seu poder de soberania.

A par das teorias sobre a necessidade da presença do Estado nas atividades humanas, umas pregando o Estado máximo, outras, o mínimo e algumas o médio, em qualquer delas será exigível a presença estatal no que se refere à solução dos conflitos de interesse, posto que é atividade típica do Estado. As chamadas atividades típicas de Estado são aquelas que só podem ser realizadas por um dos três poderes do Estado, na clássica tripartição demonstrada por Montesquieu. Fora delas, a interferência estatal não deve ultrapassar a simples organização ou no máximo a regulamentação, sob pena de obstar a própria liberdade de contratação.

A função jurisdicional, exercida pelos órgãos do Poder Judiciário, tem por escopo compor os conflitos de interesse que surgirem em face de cada caso concreto, realizando-a por intermédio de um *processo judicial*, em perfeito respeito ao princípio constitucional do devido processo legal. José Afonso da Silva assim discorre sobre a jurisdição e seu monopólio:

> A jurisdição hoje é monopólio do Poder Judiciário do Estado (Art. 5º XXXV). Anteriormente ao período moderno havia jurisdição que não dependia do Estado. Os Senhores Feudais tinham jurisdição dentro de seu feudo: encontravam-se *jurisdições feudais* e *jurisdições baronais*. Lembre-se de que os donatários das Capitanias Hereditárias no Brasil Colonial dispunham da *jurisdição civil e criminal* nos territórios de seu domínio. No período monárquico brasileiro, tínhamos a *jurisdição eclesiástica*, especialmente em matéria de direito de família, a qual desapareceu com a separação entre Igreja e Estado. Agora só existe jurisdição estatal, confiada a certos funcionários rodeados de certas garantias: *os magistrados*.[8]

Conforme se pode notar, a jurisdição fora dos cancelos do Estado só ocorria na falta deste, quando não se encontrava em condições de atender às necessidades dos jurisdicionados de terem seu conflito de interesses resolvido. Não se pode aceitar na atual realidade que o Estado não exerça as suas funções essenciais, sob pena de grave violação à sua soberania e até mesmo à sua existência. A agressão ao Estado é

---

[8] SILVA, José Afonso da. *Curso de direito constitucional positivo*. 6. ed. rev. e ampl. de acordo com a nova Constituição. 2. tir. São Paulo: Revista dos Tribunais, 1990. p. 475.

considerada de extrema gravidade, posto que ataca a organização geral, afronta o contrato social e atinge o próprio desenvolvimento harmônico dos povos.

Se é assim, a conclusão apressada a que se chega é que a arbitragem seria inconstitucional, posto que os árbitros não são nomeados juízes como ocorre com os magistrados pertencentes ao Poder Judiciário. Mas não é essa a conclusão mais correta, até mesmo porque o Supremo Tribunal Federal já considerou a Lei de Arbitragem Constitucional.[9]

É certo que a função jurisdicional é monopólio do Estado, assim como outras atividades, dando como exemplo a educação e a segurança pública. Mesmo sendo monopólio do Estado, resta possível a sua realização por outras pessoas, desde que permitidas pelo próprio Estado, via concessão ou até mesmo autorização legal para tanto. A utilização de personalidades externas ao Poder Judiciário para o exercício da jurisdição não é novidade em nosso direito, bastando lembrarmos do Tribunal do Júri, autorizado constitucionalmente. Isso, no entanto, não faz perder o caráter publicístico da atividade jurisdicional.

A doutrina também responde a questões desta natureza, entendendo possível que outras pessoas exerçam a atividade puramente estatal, sem que com isso se perca o seu caráter publicístico. Carreira Alvim cita Arredondo que se posiciona desta forma:

> No Chile, um dos mais consagrados monografistas sobre a arbitragem, Leonardo Aravena Arredondo, sustenta que, se a jurisdição pertence por inteiro ao Estado, com poder de conhecer e julgar as causas ocorridas no seu território, a única conclusão lógica a que se pode chegar a este respeito é que a jurisdição arbitral é uma particularização da jurisdição contenciosa civil e, como tal, pertencente ao patrimônio estatal, na mesma medida da jurisdição ordinária.[10]

Continua o doutrinador informado, desta vez por pensamento próprio:

> Através de mais de um sistema é possível resolver-se o litígio, sendo o mais prestigiado deles o sistema judicial, em que o Estado se encarrega de instituir, adrede, órgãos destinados a essa finalidade (juízos), reservando-se, com exclusividade, o monopólio da distribuição da justiça. É o denominado sistema da justiça pública, que tem no Estado não só o seu organizador, como, sobretudo, o seu fiel

---

[9] Agravo Regimental em Sentença Estrangeira nº 5.206, do Reino da Espanha.
[10] ALVIM, José Eduardo. *Direito arbitral*. 2. ed. Rio de Janeiro: Forense, 2004. p. 45.

garantidor, pela força (organizada) que põe (e só ele pode pôr) a serviço da atividade jurisdicional.

Ao lado desse sistema viceja um outro, em que o Estado, em vez de interferir diretamente nos conflitos de interesse, solucionando-o por meio de seus próprios órgãos, permite que uma terceira pessoa o faça, mediante prévia convenção dos interessados e observadas certas regras, por uma decisão com autoridade em tudo e por tudo idêntica à da sentença judicial. É o denominado sistema arbitral, que nada mais é do que a resolução do litígio por meio de árbitros.[11]

Os árbitros, conforme claramente demonstrado, exercem função pública quando no exercício desta atividade, com os direitos e deveres a ela inerentes. Há reconhecimento expresso da legislação quanto a isso, a externar também por este motivo o caráter publicístico da arbitragem no Brasil. Diz a Lei nº 9.307/96:

> Art. 17. Os árbitros, quando no exercício de suas funções ou em razão delas, ficam equiparados aos funcionários públicos, para os efeitos da legislação penal.

Para complementar o entendimento deste caráter publicístico da arbitragem, verificamos que, por lei, o árbitro é considerado juiz de fato e de direito quando na presidência da demanda arbitral, agindo quase igual a um juiz togado. O art. 18 da Lei de Arbitragem é expresso quanto a isso, inclusive no que se refere à desnecessidade de sua homologação pelo Poder Judiciário, posto que originária de um juiz de direito no aspecto arbitral para os efeitos da lei.

> Art. 18. O árbitro é juiz de fato e de direito, e a sentença que proferir não fica sujeita a recurso ou a homologação pelo Poder Judiciário.

Com as modificações feitas no Código de Processo Civil, há expressa consideração de que a sentença arbitral é um título executivo judicial, emanado por órgão do Poder Judiciário, que neste caso é justamente o árbitro que obteve este poder em face de autorização legal e pela vontade das partes. Diz expressamente o art. 475-N do Código de Processo Civil em seu inciso IV:

> Art. 475-N. São títulos executivos judiciais:
> IV – a sentença arbitral;

---
[11] *Idem.*

Creio, assim, que não há razão suficiente para a celeuma que existe sobre a condição publicística da arbitragem na legislação brasileira, principalmente porque a Lei de Arbitragem (Lei nº 9.037/96) traz, em várias passagens, a necessidade da participação do juiz togado no sistema quando há necessidade de conceder poder coativo ou executório ao laudo arbitral. O próprio Carmona chega a esta conclusão:

> O fato que ninguém nega é que a arbitragem, embora tenha origem contratual, desenvolve-se com a garantia do devido processo e termina com ato que tende a assumir a mesma função da sentença judicial. Sirva, pois, esta evidência para mostrar que a escolha do legislador brasileiro certamente foi além das previsões de muitos ordenamentos estrangeiros mais evoluídos que o nosso no trato do tema, trazendo como resultado final o desejável robustecimento da arbitragem.[12]

Com a conclusão do caráter publicístico da arbitragem no Brasil, há necessidade de que o poder público organize meios de reconhecimento e certo controle sobre as instituições arbitrais, posto que esta forma de fiscalização já existe quando se trata, ao exemplo, das escolas particulares que exercem atividade puramente estatal, quanto às empresas de segurança que fazem o mesmo e necessitam de registro perante a Polícia Federal. As instituições arbitrais não estão obrigadas a qualquer registro e ficam, na maior parte das vezes, a distância considerável do aparato estatal, notadamente do Poder Judiciário.

No Estado de Goiás vigorou um sistema onde a instituição arbitral fazia um convênio com o Tribunal de Justiça, sendo que nele havia uma série de exigências e normas procedimentais para que fosse possível a utilização de parte do aparato do Poder Judiciário para a realização da atividade arbitral. Se não houvesse respeito a tais normas, o convênio era rompido, o que significava para toda a comunidade judiciária que ali não se fazia justiça com a seriedade exigida pelo Tribunal ou pela Legislação.

Infelizmente houve entendimento da Presidência do Tribunal no ano de 2008 no sentido de romper todos os convênios, com a conclusão de que se trata de instituições privadas, as quais devem seguir seu trabalho sem qualquer intervenção do Poder Judiciário estadual. Em face disso, a sociedade não tem mais um parâmetro para a escolha dos organismos sérios a lhes prestarem função jurisdicional dentro dos

---

[12] CARMONA, Carlos Alberto. *Arbitragem e processo*: um comentário à Lei n. 9307/96. 2. ed. rev. atual. e ampl. 3. reimp. São Paulo: Atlas, 2006. p. 46.

aspectos legais e morais. O prejuízo é para o jurisdicionado, posto que munido de uma sentença arbitral com problemas de origem moral ou legal, o seu beneficiário não estará sujeito a qualquer recurso, conforme expressa a legislação, sendo extremamente difícil a comprovação por meio da chamada ação de nulidade de sentença arbitral, que será tratada posteriormente.

Naquele sistema com contornos especiais, houve a realização de convênios onde se prevê a possibilidade de cooperação técnica, administrativa e judicial entre a Corte Arbitral, Tribunal de Justiça e Ordem dos Advogados. Apenas no Estado do Tocantins é que este sistema de aproximação do Judiciário com a Arbitragem ganhou os mesmos contornos. Nos demais Estados da Federação não existe esta aproximação.

O sistema goiano foi grande sucesso. Apenas a título de exemplo, utilizaremos os dados da 2ª CCA de Goiânia, a maior que possuímos para demonstrar a grandeza dos valores e a importância do sistema arbitral goiano para a distribuição rápida da justiça. A 2ª CCA, desde 1996 em funcionamento, já analisou 261.001 casos, estando em linha crescente de forma significativa desde 1999.

Sua média de acordos é de 77,06%, recebendo mensalmente a média de 636 protocolizações. Deste total, a média é de 416 acordos e 75 arbitragens, em consideração mensal. A importância se ressalta ainda mais quando analisamos que cada Vara Cível da capital recebe para cada juiz que nela trabalha a média de 900 ações, por ano. A isso se somem os dados das demais cortes existentes, que mesmo em volume menor prestam relevantes serviços de prestação jurisdicional no Estado de Goiás.[13]

Sendo assim, o que a 2ª CCA faz por mês equivale ao que o juiz de direito de uma das Varas Cíveis da capital tem de fazer no ano. Se não houver um procedimento rápido e estruturado para o cumprimento irrestrito dos prazos, a missão se faz impossível ao Juízo Comum, mas que está sendo bem realizada pela Corte em comento. Não existe atraso e nem partes a reclamar da lentidão na solução das pendências.

Findo o convênio mencionado, os valores se modificaram, sendo que em março de 2008 foram protocoladas 409 reclamações. Em abril de 2008 foram 493 e em maio do mesmo ano, 399. Conforme se pode ver, houve considerável redução produzida, ao que tudo indica pela repercussão do rompimento do convênio. No entanto, a instituição

---

[13] Estatística da 2ª CCA de Goiânia remetida ao Poder Judiciário por ocasião dos estudos sobre a manutenção do convênio.

arbitral continua a funcionar e consideramos que irá estabilizar novamente seu movimento em patamares menores, mas aceitáveis para viabilizar sua continuidade.

Inicialmente devemos analisar sobre a possibilidade legal de realização do convênio firmado entre o Tribunal de Justiça do Estado de Goiás e as demais entidades que possibilitam a existência da CCA, da forma como existia no Estado de Goiás. Será sempre de bom alvitre ressaltar que a decisão do CNJ do Pedido de Providências nº 1.315 tomou conhecimento da existência do convênio, optando apenas pela decretação de nulidade de uma de suas cláusulas, sob o argumento de que as Cortes não têm poder de execução.[14]

Em consequência, em que pese não expresso, optou pela possibilidade de realização do convênio, situação que se amolda dentro da liberdade administrativa do tribunal estadual. De fato, outra conclusão não pode ser aplicada ao caso em comento, estando evidente que é possível ao Tribunal de Justiça do Estado de Goiás firmar o protocolo de interação com as Cortes Arbitrais.

Também a chamada Lei das Parcerias Público-Privadas, Lei nº 11.079, de 30.12.2004, estipula em seu art. 1º:

> Art. 1º Esta Lei institui normas gerais para licitação e contratação de parceria público-privada no âmbito dos Poderes da União, dos Estados, do Distrito Federal e dos Municípios.
> Parágrafo único. Esta Lei se aplica aos órgãos da Administração Pública direta, aos fundos especiais, às autarquias, às fundações públicas, às empresas públicas, às sociedades de economia mista e às demais entidades controladas direta ou indiretamente pela União, Estados, Distrito Federal e Municípios.

A previsão legal é expressa ao permitir a realização de parcerias entre o Poder Público, seja ele qual for, inclusive o Poder Judiciário, com entidades privadas, de modo a facilitar a prestação do serviço ou realização de obras de interesse público. E não se diga que a proibição prevista no art. 4 inciso IV impede a sua realização. Vejamos o que diz a lei:

> Art. 4º Na contratação de parceria público-privada serão observadas as seguintes diretrizes:
> I – eficiência no cumprimento das missões de Estado e no emprego dos recursos da sociedade;

---

[14] O convênio permitia que o juiz supervisor autorizasse a execução das sentenças meramente mandamentais por simples despacho nos autos a pedido do vencedor.

II – respeito aos interesses e direitos dos destinatários dos serviços e dos entes privados incumbidos da sua execução;

III – *indelegabilidade das funções de regulação, jurisdicional, do exercício do poder de polícia e de outras atividades exclusivas do Estado;*

O convênio em momento algum delega função jurisdicional além daquela prevista na própria Lei de Arbitragem. Ao juiz togado cabe a função de instituir por sentença o compromisso arbitral, dar força coercitiva às cautelares e até mesmo julgar a ação de nulidade. Isso o próprio convênio prevê com a designação do juiz supervisor para atender justamente tais necessidades, que de acordo com a lei, devem ser prestadas por quem tem poderes de magistrado togado.

A delegação de função jurisdicional ao árbitro decorre da lei de arbitragem, e não do convênio realizado. Sendo assim, não há qualquer óbice legal para a realização daquele sistema que vigorou em Goiás por mais de dez anos, até ser rescindido pelo Tribunal de Justiça sob argumentação básica de que as Cortes Arbitrais são entidades privadas e como tal devem ser tratadas, sem participação do Poder Judiciário. Como já mencionado, as CCAs são privadas, mas realizam serviço tipicamente público, relativo à função jurisdicional, merecendo melhor tratamento pelo Poder Judiciário, inclusive com função corretiva, como antes mencionado.

Em face das peculiaridades do sistema arbitral, o qual exige para seu perfeito funcionamento, de agilidade, informalidade e irrecorribilidade, nada mais correto do que organizar este apoio em forma de convênio, disciplinando como as CCAs devem se portar ante tão elevado mister, qual seja, proporcionar a prestação jurisdicional por entidade paraestatal ou até mesmo privada, como alguns entendem.

O convênio não é só autorizado por lei, situação necessária para sua realização ante a característica do Poder Público, que só age quando autorizado legalmente. O convênio é uma necessidade para o próprio sucesso do sistema arbitral, conforme disponho a seguir.

Como já dito, no Brasil, a cultura arbitral é ainda pequena diante da realidade europeia. Aqui sempre se procurou o Poder Judiciário para a solução de todos os tipos de perlengas, mesmo aquelas de pequeno valor ou de menor importância. A avalanche de ações que todos os anos aportam no Poder Judiciário está inviabilizando todo o seu funcionamento, com sérios prejuízos sociais.[15]

---

[15] Estatística oficial do Poder Judiciário do Estado de Goiás, fornecida pela Corregedoria Geral de Justiça.

Desse mesmo problema padece a Justiça de primeiro e segundo graus, sendo bem-vindas as providências que diminuam o fluxo de novas ações que aportam diariamente ao Poder Judiciário estadual. O sistema de conciliação e arbitragem é uma destas formas de solucionar o problema, com custo extremamente baixo e com eficiência evidenciada pela agilidade procedimental e inexistência de recursos. É de se ressaltar que a arbitragem só trata de direitos patrimoniais disponíveis, justificando o tratamento mais célere e sem o cabimento dos infindáveis recursos da Justiça comum.

A própria doutrina se mostra direcionada para a realização deste sistema de cooperação, considerando como uma missão do Poder Judiciário a entrega da prestação jurisdicional, seja por si, ou por outro sistema legalmente previsto. Diz Eleonora Pitombo:

> Conclui-se, assim, que o Poder Judiciário possui importante papel para a arbitragem, seja ao cooperar e fornecer os instrumentos indispensáveis ao útil desenvolvimento do procedimento arbitral, seja ao controlá-lo e evitar o cometimento de abusos: sempre dentro da estrita legalidade. Poder Judiciário e arbitragem possuem papéis complementares e devem conviver em plena harmonia, como ocorre em nações onde a arbitragem é muito evoluída. O Poder Judiciário Brasileiro tem dado mostras de estar acompanhando de perto as evoluções e tendências internacionais, tornando-se líder na América Latina e fazendo com que a arbitragem se consagre, de fato, como um modo útil e eficaz de soluções de conflitos em benefício da pacificação social.[16]

É certo que este convênio não implica o controle dos procedimentos arbitrais, posto que nestas circunstâncias tal não se faz possível pela condição libertária do árbitro no julgamento da demanda arbitral, sendo juiz de fato e de direito. O controle seria externo, em termos gerais, e não aceitaria a incidência de gestão judicial direta na sentença arbitral, salvo quando prevista legalmente esta situação. A doutrina alienígena também corrobora este sistema de controle, nos seguintes termos:

> Sin prejuicio de los supuestos de intervención previstos por la ley puede afirmarse — sin paliativos — la autonomía funcional del arbitraje frente a la jurisdicción. Esta autonomía es singularmente patente en el proceso concursal, pues la ley sanciona la continuación de los procedimientos

---

[16] PITOMBO, Eleonora Coelho. Arbitragem e o poder judiciário: aspectos relevantes. *In*: GUILHERME, Luiz Fernando do Vale de Almeida (Coord.). *Aspectos práticos da arbitragem*. São Paulo: Quartier Latin, 2006. p. 122-123.

arbitrales en curso al momento de la declaración del concurso, sin posibilidad alguna de acumulación.[17]

A natureza jurídica publicista, contratualística ou mista ainda cede espaço para uma quarta possibilidade, retirada das previsões doutrinárias espanholas. Nela, sustenta-se que a arbitragem não se enquadra completamente em nenhuma das doutrinas já mencionadas, posto que possui seus próprios característicos, sendo considerada uma instituição autônoma. Diz o estudioso espanhol:

> Y de ahí surge la pregunta — ya — clásica: ¿qué es esencial en el arbitraje: la voluntad de las partes, la libertad de someterse a arbitraje, sin la cual no es posible hablar en arbitraje, o la función de los árbitros de solucionar el litigio planteado y ofrecer el ordenamiento jurídico un cauce – el proceso – para su ejercicio? ¿Puede haber arbitraje sin convenio? ¿Puede haber arbitraje sin proceso? ¿Puede haber laudo con efectos de cosa juzgada sin el ejercicio de la función heterocompositiva de los árbitros por medio del proceso?
> Todas las respuestas a las cuestiones planteadas conducen a la misma solución: no es posible un arbitraje sin alguna de las piezas que se han expuesto. Ello nos lleva a concluir que "el arbitraje es el arbitraje" y esa es su naturaleza jurídica. Afirmar esto supone — ciertamente — asumir parte de los argumentos que se esgrimen desde la posición ecléctica, como consecuencia de que efectivamente en el arbitraje coexisten componentes contractuales, jurisdiccionales y procésales. A partir de este dado de complejidad, quizás, el erros es insistir en categorizar a la institución, incardinándola en una única categoría existente. En consecuencia, puede afirmarse que el arbitraje es una categoría autónoma.[18]

A conclusão para se chegar a um tratamento que atenderia a todas as características do sistema arbitral é não visualizar a arbitragem como um sistema estanque, mas, sim, como aquele que possui elementos específicos em cada uma de suas fases, reclamando tratamento de acordo com as características de cada uma delas. Sendo assim, se aplicam os fundamentos contratuais quando da eleição do sistema, mas também se aplicam os fundamentos institucionais ou publicísticos quando se tratar do exercício da jurisdição arbitral pelo árbitro.

---

[17] SENES MOTILLA, Carmen. *La intervención judicial en el arbitraje*. Pamplona: Thomson Civitas, 2007. p. 29.
[18] BARONA VILAR, Silvia. *Medidas cautelares en el arbitraje*. Valencia: Aranzadi, 2006. p. 48.

1.3 Convenção de arbitragem

Conforme já se mencionou, a utilização do sistema de jurisdição arbitral não se faz obrigatória, consoante se evidencia na utilização do Poder Judiciário na solução dos conflitos de interesse. A escolha da arbitragem passa, obrigatoriamente, pela vontade, o pressuposto do negócio jurídico no direito brasileiro. Não se trata dos elementares do negócio jurídico, assim considerados o agente capaz, o objeto lícito, determinado ou determinável, além da forma prevista em lei. A vontade surge antes de tudo isso, posto que é a partir dela que o contrato ou negócio jurídico poderá ocorrer.

As partes, ao celebrarem o negócio jurídico, poderão escolher o sistema arbitral para a solução de seus possíveis conflitos de interesse. A essa vontade mútua se denomina "convenção de arbitragem", comprometendo-se à utilização da arbitragem para a solução de seus litígios, sejam presentes ou futuros.

No sistema brasileiro, a convenção de arbitragem pode se manifestar de duas formas, quais sejam, através da cláusula compromissória e do compromisso arbitral, conforme previsão do art. 3º da Lei de Arbitragem. Na Espanha, o nome que se dá é *convenio arbitral*, previsto na *Ley* 36/1998, que informa em seu artigo primeiro a definição de arbitragem ao declarar que "mediante arbitraje, las personas naturales o jurídicas pueden someter, previo convenio, a la decisión de uno o varios árbitros las cuestiones litigiosas, surgidas o que puedan surgir, en materias de su libre disposición conforme a derechos".[19]

Ao celebrarem uma convenção arbitral, as partes estarão ofertando vontade em um mesmo sentido, qual seja, a de escolherem o sistema arbitral para a solução de seus conflitos de interesse sobre o negócio que realizaram naquele momento. É o que determina textualmente o art. 3º da Lei nº 9.307/96, *in verbis*:

> Art. 3º As partes interessadas podem submeter a solução de seus litígios ao juízo arbitral mediante convenção de arbitragem, assim entendida a cláusula compromissória e o compromisso arbitral.

Tem-se, assim, que a convenção de arbitragem no Brasil, se exterioriza pela cláusula compromissória e pelo compromisso arbitral, os quais possuem relevantes diferenças, em que pese destinados a uma

---

[19] MARTÍN MUÑOZ, Alberto de, HIERRO ANIBARRO, Santiago. *Comentario a la ley de arbitraje*. Madrid: Marcial Pons, 2006. p. 54.

finalidade comum, ou seja, instituir o sistema arbitral para solução de suas controvérsias. Carreira Alvim entende que a base da convenção de arbitragem não é contratual, mas sim convencional pela expressa previsão legal. No entanto, entendo que convencional no presente caso se assemelha em tudo, sendo, portanto, igual a contrato, com as exigências legais relativas a seus elementos essenciais e possíveis defeitos. Em face disso, convencional ou contratual, as palavras se equivalem nestas circunstâncias, sendo na realidade a mesma coisa. É o que informa a doutrina espanhola, perfeitamente aplicável ao direito brasileiro, nos seguintes termos:

> Si el convenio arbitral es verdadero contrato, requiere, como es sabido según el art. 1261 del Código Civil, consentimiento y objeto cierto que sea materia arbitral. El consentimiento se manifiesta por el concurso de la oferta y de la aceptación sobre la cosa y la causa que ha de constituir el contrato de arbitraje.[20]

A convenção de arbitragem, também chamada de contrato de arbitragem, pode ser materializada pela cláusula compromissória e pelo compromisso arbitral, consoante já mencionado por expressa disposição legal brasileira. Há que se diferenciar ambos os institutos de modo a deixar claro quais os efeitos de cada um deles e suas consequências para o sistema arbitral.

A diferença entre ambos foi bem esclarecida por Carreira Alvim, ao explicitar que a cláusula compromissória "traduz um acordo relativamente a litígios futuros, enquanto o compromisso arbitral, um acordo relativamente a litígios atuais".[21] A adoção deste sistema de instituição da arbitragem no Brasil gerou a possibilidade de estabelecê-lo quando as partes ainda não se encontram em rota de colisão de interesses, ou seja, quando ainda não há pretensão resistida, não há lide.

Sem o conflito de interesses, a escolha da arbitragem ficou mais fácil de ser feita pelos contratantes, reinando um ambiente de compreensão e concordância, situação que inexiste quando há conflito entre as partes. Justamente por isso é que o sistema anterior à Lei de Arbitragem brasileira raramente funcionava, posto que o sistema arbitral só poderia ser instituído quando houvesse desentendimentos entre as partes. Isso ocorria porque não havia previsão legal da cláusula

---

[20] MARTÍN MUÑOZ, Alberto de; HIERRO ANIBARRO, Santiago. *Comentario a la ley de arbitraje*. Madrid: Marcial Pons, 2006. p. 280-281.
[21] ALVIM, José Eduardo. *Direito arbitral*. 2. ed. Rio de Janeiro: Forense, 2004. p. 175.

compromissória, impedindo que as partes estabelecessem, por ocasião da contratação, a utilização do sistema arbitral para solução das suas controvérsias. Sem a convenção prévia da arbitragem e a falta de cultura arbitral de nosso povo, a sua utilização era praticamente inexistente.

É de se notar que a simples cláusula compromissória não significa que o sistema arbitral está instituído, mas sim que se mostra "escolhido", afastando a jurisdição estatal no caso de haver conflito de interesses, ainda inexistente. Para a instituição do sistema arbitral ante ao problema surgido entre as partes, a lei exige a constituição do compromisso arbitral, a partir de quando realmente estamos diante de uma arbitragem, com todas as suas características legais e convencionais. Existem entendimentos de que o compromisso arbitral não é necessário à instituição da arbitragem, situação que trataremos no capítulo seguinte na parte específica que trata desta matéria.

A cláusula compromissória tem forma definida em lei, e, em regra, só podendo ser realizada por escrito. Mesmo que não haja sido estabelecida por escrito, estando evidente que a instauração do sistema arbitral foi aceita pela parte contrária, restará ela evidenciada no caso, dispensando-se, em situações tais, a sua expressão na forma escrita. Foi isso que decidiu o Superior Tribunal de Justiça no SEC nº 856, conforme conteúdo do acórdão que cito:

> Ora, neste documento, sem a menor sombra de dúvida, a empresa requerida endereçou correspondência à Liverpool Cotton Association, Ltd., com referência ao recurso do caso sob julgamento naquela entidade revelando, expressamente, sua participação no processo de arbitragem, tanto que cuidou de mencionar, como já antes destacado, que se referia às razões da apelação e até mesmo manifestando a intenção de nomear um novo árbitro para representá-la. Releva observar que esse documento, datado de 18/2/02 (fl. 71), tudo leva a crer tenha sido resposta à carta enviada pela Liverpool Cotton Association, Ltd. indicando ter recebido dentro do prazo a notificação da apelação e que o prazo para apresentação de apelação da recorrente, isto é, a empresa requerida, foi estabelecido em 18/2/02, exatamente a data do documento em que a requerida defende-se quanto ao mérito alcançando os dois contratos (fl. 75). E mais: nesses documentos não consta nenhuma impugnação quanto à instalação do Juízo Arbitral.[22]

Quanto ao seu conteúdo, desde que deixe clara a opção dos contratantes em utilizarem-se do sistema arbitral em face de qualquer

---

[22] Trecho do voto no SEC nº 856 Min. Carlos Alberto Menezes Direito. J. 18.05.2005.

perlenga envolvendo aquela negociação, terá perfeita validade. Como se trata de um contrato, o desrespeito à forma legalmente prevista leva à nulidade da avença, restando impossível a instituição da arbitragem na hipótese puramente oral.

A exigência de forma escrita não retira a possibilidade de validade da cláusula compromissória feita virtualmente, ou seja, por intermédio de arquivos digitais, posto que se trata também de forma escrita, em que pese o formato eletrônico. A contratação eletrônica é considerada válida da mesma forma que o documento físico, desde que se comprove satisfatoriamente a autoria e autenticidade do documento, o que se consegue com a "assinatura eletrônica" firmada nas previsões do art. 11 da Lei nº 11.419/2006, nos seguintes termos:

> Art. 11. Os documentos produzidos eletronicamente e juntados aos processos eletrônicos com garantia da origem e de seu signatário, na forma estabelecida nesta Lei, serão considerados originais para todos os efeitos legais.

Sendo assim, a cláusula compromissória efetivada pelo sistema digital, desde que tenha garantia da origem e autenticidade, assim conseguidos pela assinatura digital baseada em certificado digital emitido por autoridade certificadora credenciada, na forma de lei específica, tem a mesma força que o documento físico com esta natureza. Por outro lado, nem sempre a assinatura digital será o único meio para se caracterizar a cláusula compromissória, seja no meio eletrônico, seja em qualquer outro meio escrito. É o que diz a doutrina de Patrícia Peck Pinheiro:

> No Brasil, o sistema já utiliza duas chaves, pública e privada, de 128 bits, que oferece maior segurança do que as antigas chaves de 40 bits. Para o Direito Digital, a assinatura eletrônica é reconhecida com a mesma validade da assinatura tradicional.[23]

A doutrina entende que a avença pode ser comprovada por qualquer outra forma, desde que fique claro a concordância dos envolvidos com a sua instituição. Diz Pedro Martins:

> Deve, preferencialmente, estar assinada pelas partes contratantes. Entretanto, será válida mesmo que se não for aposta a assinatura dos interessados no contrato, bastando para isso que se instrumentalize,

---

[23] PINHEIRO, Patrícia Peck. *Direito digital*. 2. ed. rev. atual. e ampl. São Paulo: Saraiva, 2007. p. 172.

de alguma forma, a concordância dos envolvidos. A troca de correspondências nesse sentido caracteriza a manifestação da vontade. O que é importante é a aceitação do paco entre as partes.[24]

Uma outra exigência legal para a forma da cláusula compromissória diz respeito aos contratos de adesão, onde se exige especial rigor para evitar falha na vontade dos contratantes em eleger o sistema arbitral para a solução de seus conflitos de interesse. Neste tipo de contrato, a cláusula compromissória deve ser realizada em documento anexo ou em negrito, com assinatura especial para ela. Isso evita que a parte aderente assinta com o sistema sem a real noção dos efeitos que isso resulta.

A cláusula compromissória pode ainda ser classificada como "cheia" ou "vazia". Será cheia quando as partes elegerem um órgão arbitral ou entidade especializada para a instituição e processualização de sua demanda arbitral. Neste caso, as partes se submetem às regras desta instituição, tanto na parte que tange à realização do compromisso arbitral, como nas regras processuais para a sua realização, as quais podem ser diferentes das previstas no Código de Processo Civil, em que pese a exigência do cumprimento de certos princípios. Esta é a conclusão a que se chega com as previsões do art. 5º da Lei de Arbitragem.

A cláusula será vazia ou incompleta quando não se referir às citadas regras, não contendo disposição para escolha do árbitro ou normas procedimentais para a solução da controvérsia arbitral. Sendo cheia ou vazia, a cláusula compromissória enseja a realização do compromisso arbitral, mecanismo que deve ser levado a termo quando surgir a contenda entre as partes. É na realização do compromisso arbitral que se institui verdadeiramente a arbitragem, afastando o caso da possibilidade de análise pelo Poder Judiciário estatal. Carreira Alvim discorre sobre as formas de instituição da arbitragem:

> Havendo cláusula compromissória o estando acordes quanto à forma de arbitragem, podendo as partes celebrar o compromisso arbitral extrajudicialmente, observadas as formalidades legais (arts. 9º, parágrafo 2º, 10 e 11, LA), deflagrando, assim o processo arbitral. Se não houver acordo, prevê o art. 6º da Lei de Arbitragem que a parte interessada deve manifestar à outra a sua intenção de iniciá-la, convocando-a para, em dia, hora e local certos, firmar o compromisso arbitral.[25]

---

[24] MARTINS, Pedro Antônio Batista. *Apontamentos sobre a lei de arbitragem*: comentários à Lei 9307/96. Rio de Janeiro: Forense, 2008. p. 78

[25] ALVIM, José Eduardo Carreira. *Direito arbitral*. 2. ed. Rio de Janeiro: Forense, 2004. p 208-209.

A cláusula compromissória tem autonomia em face das previsões contratuais, posto que eventual nulidade no contrato, desde que não atinja a própria cláusula compromissória, não tem reflexos sobre ela, mantendo-se a escolha do sistema para resolução do conflito de interesses. A nulidade só atingirá a própria cláusula compromissória nos casos em que, o efeito da situação ilegal a ela também atingir, como acontece exemplificativamente no caso de incapacidade do agente.

Por outro lado, possível nulidade da cláusula compromissória não atinge, pelos iguais motivos, a integridade das demais previsões contratuais, posto que delas tem autonomia. Estando presente e válida a cláusula compromissória, respeitando as previsões legais, ela provoca efeitos no mundo jurídico relativo ao contrato realizado pelas partes. Inicialmente é bom enfatizar que a cláusula compromissória só pode ser levada a efeito nos negócios jurídicos patrimoniais disponíveis, concorrendo com os demais elementos essenciais dele, quais sejam o objeto lícito, determinado ou determinável, agente capaz e forma não proibida em lei.

Pode ocorrer que os direitos em discussão sejam realmente patrimoniais disponíveis quando do início da demanda arbitral, mas que, posteriormente, tornem-se indisponíveis. Isso normalmente ocorre quando o titular do direito em discussão falece, passando a herdeiros menores tanto o ativo como o passivo da situação. Pelo princípio da *Saisine*, com a morte, transfere-se aos herdeiros, menores no exemplo em evidência, todos os direitos e obrigações do falecido.

Sendo menores, seus direitos tornam-se indisponíveis até que atinjam a maioridade, com exigência legal da participação do Ministério Público em todas as fases do processo, sob pena de nulidade. Não há dúvidas de que, nestas circunstâncias, o direito em discussão, em que pese patrimonial, tornou-se indisponível, não mais podendo ser analisado pelo sistema arbitral. A solução que se tem no caso em comento é de que há perda de competência do árbitro, o qual deve remeter os autos à jurisdição estatal caso a sentença arbitral não tenha sido prolatada, consoante ensina Carreira Alvim.[26]

Se prolatada a sentença arbitral antes do falecimento, nenhuma nulidade haverá. No entanto, se prolatada posteriormente ao falecimento do titular do direito, agora transferido a herdeiros menores, entendo que haverá nulidade do decreto judicial, o qual pode ser atacado pela

---

[26] *Op. cit.*, p. 295. A arbitragem só pode versar sobre direitos patrimoniais disponíveis (art. 1º, LA), pelo que, sobrevindo no seu curso controvérsia sobre direitos indisponíveis de cuja existência, ou não, dependa o julgamento da causa, deve o árbitro ou Tribunal Arbitral suspender o procedimento, remetendo as partes para as vias ordinárias (art. 25, *caput*, LA).

via da ação de nulidade ou até mesmo por embargos do devedor. Não resta dúvida de que a autoridade judicial é absolutamente incompetente para o caso, gerando desiderato judicial nulo.

Mesmo se tratando de direitos patrimoniais disponíveis, não se faz possível a edição de cláusula compromissória de natureza genérica, como aquela que dispõe a obrigatoriedade do sistema arbitral para tudo que possa, presente ou futuramente, envolver as partes que a celebraram. A cláusula compromissória há que ter objeto determinado ou determinável, ou seja, tem que haver condições de se saber sobre a matéria existente no contrato, que, no futuro, tratará o sistema arbitral. Diz a doutrina de Carreira Alvim:

> Nenhum ordenamento jurídico admite uma convenção de arbitragem genérica. Assim, uma convenção pela qual duas ou mais pessoas acordassem em submeter à arbitragem *todas* as suas controvérsias, de forma geral e indeterminada, não teria qualquer valor legal; isto porque o objeto da convenção deve ser determinado e tal comportamento importaria numa renúncia (também geral e indeterminada) de direitos públicos e conseqüente derrogação absoluta da jurisdição estatal.[27]

Carmona entende que o direito é disponível "quando ele pode ser ou não exercido livremente pelo seu titular, sem que haja norma cogente impondo o cumprimento do preceito, sob pena de nulidade ou anulabilidade do ato praticado com sua infringência".[28] Complementa o ilustre mestre, exemplificando o que seja ou não direito patrimonial disponível, nos seguintes termos:

> Assim, são disponíveis (do latim *disponere*, dispor, pôr em vários lugares, regular) aqueles bens que podem ser livremente alienados ou negociados, por encontrarem-se desembaraçados, tendo o alienante plena capacidade jurídica para tanto. De maneira geral, não estão no âmbito do direito disponível as questões relativas ao direito de família — e em especial ao estado das pessoas (filiação, pátrio poder, casamento, alimentos) — aqueles atinentes ao direito de sucessão, as que tem por objeto as coisas fora do comércio, as obrigações naturais, as relativas ao direito penal, entre tantas outras, já que ficam estas matérias todas fora dos limites em que pode atuar a autonomia da vontade dos contendentes.[29]

---

[27] ALVIM, José Eduardo. *Direito arbitral*. 2. ed. Rio de Janeiro: Forense, 2004. p. 171.
[28] CARMONA, Carlos Alberto. *Arbitragem e processo*: um comentário à Lei n. 9307/96. 2. ed. rev. atual. e ampl. 3. reimpr. São Paulo: Atlas, 2006. p. 56.
[29] *Op. cit.*, p. 56.

Cumprindo tais determinações, a cláusula compromissória produz efeito de duas ordens: os positivos e os negativos. Como regra geral, a cláusula compromissória produz efeito de afastar a jurisdição ordinária para a solução de eventuais conflitos de interesse sobre determinada negociação jurídica, pode ocorrer desrespeito de duas ordens a esse efeito básico. O primeiro relativo à recalcitrância de um dos contratantes em estabelecer o sistema arbitral pela assinatura do compromisso arbitral. O segundo diz respeito à utilização imediata do sistema estatal por uma das partes, não respeitando os efeitos da cláusula compromissória que ordena a utilização do sistema arbitral. Esclarece a doutrina de Pedro Martins:

> A convenção de arbitragem produz o efeito de desprezar a jurisdição ordinária em prol da jurisdição convencional ou privada. É a chamada eficácia negativa da convenção que ainda irradia, no que toca a cláusula compromissória (de forma inovadora no direito positivo brasileiro), a consagrada eficácia positiva, pois confere à parte o direito de exigir o cumprimento compulsório da obrigação de instituir a arbitragem.[30]

Em ambas as situações, existem formas de fazer valer os efeitos da cláusula compromissória. No primeiro exemplo, tem-se a eficácia positiva, posto que o contratante possui meios legais de impor a aceitação do sistema arbitral ao ex-adverso recalcitrante, seja pela via de sentença judicial que institui o sistema arbitral (art. 7. da LA), ou pela sua aplicação das normas de uma organização arbitral (art. 5 da LA). Sobre tais possibilidades, irei me estender no capítulo seguinte.

Já quando a parte recalcitrante procura de imediato o Poder Judiciário estatal, desrespeitando os efeitos principais da cláusula compromissória, poderá o outro negociante exercitar meios para impedir a continuidade desta ação, utilizando-se das previsões do art. 267, VII, do CPC, o qual possui as seguintes previsões:

> Art. 267. Extingue-se o processo, sem resolução de mérito:
> VII – Pela convenção de arbitragem;

Havendo convenção de arbitragem, é obrigação do magistrado a extinção do feito, consoante tem entendido o Tribunal de Justiça do Estado de Goiás em decisões reiteradas, mesmo quando já em grau de recurso:

---

[30] MARTINS, Pedro Antônio Batista. *Apontamentos sobre a lei de arbitragem*: comentários à Lei 9307/96. Rio de Janeiro: Forense, 2008. p. 66.

(TJGO-030286) Apelação cível. Medida cautelar de atentado. Sentença cassada. Convenção da cláusula compromissória. Extinção do feito sem julgamento do mérito. Competência das cortes de conciliação e arbitragem. 1 – Deve-se extinguir o feito sem julgamento do mérito, para cassar a sentença prolatada por juiz sem competência para tal ato. 2 – Havendo sido aprovada a cláusula compromissória com mais de 2/3 das assinaturas dos condôminos, na assembléia geral extraordinária, deve prevalecer a eleição de foro, que estipula que todas as questões oriundas do condomínio apelante serão resolvidas, via arbitral, junto às Cortes de conciliação e arbitragem. A Justiça Comum Estatal, não tem competência para processar e julgar demandas onde as partes convencionam a cláusula compromissória. Recurso conhecido e provido. (Apelação Cível nº 110066-5/188, 3ª Câmara Cível do TJGO, Rel. Felipe Batista Cordeiro. Unânime, DJ 09.07.2007).

Visando evitar a instituição do sistema arbitral, em regra rápido e de eficácia evidente, é comum a ocorrência da apresentação de ações junto ao Poder Judiciário, seja com a finalidade de preservar a competência deste, seja para evitar simplesmente a instauração do sistema arbitral. A doutrina denomina tais providências como medidas "contra processo", ou as *anti-suit injunctions*, conceituando-as da seguinte forma:

> As *anti-suit injunctions* ou medidas "contra processo" são medidas tomadas por uma das partes perante o juízo estatal para evitar a instauração, ou a continuação, de um processo ajuizado contra si diante de outra jurisdição.[31]

As medidas "contra processo" implicam, quando deferidas sem uma análise de como funciona o sistema arbitral, um conflito de jurisdições, posto que o Judiciário estará gerando efeitos não permitidos por lei no sistema arbitral, violando a cláusula compromissória ou até mesmo o compromisso arbitral. No entanto, pode ocorrer que, uma vez proposta a ação perante o Poder Judiciário estatal, mesmo estando presente na negociação jurídica a cláusula compromissória, a parte contrária nada informe sobre sua existência ou não exija seu cumprimento.

Em situações desta natureza, não se pode permitir ao Juiz Togado o reconhecimento de ofício dos efeitos da cláusula compromissória, a extinguir o processo conforme previsão ínsita no art. 267, VI, do CPC. Isso porque às partes, como se trata de direito disponível, é possível

---

[31] GUILHERME, Luiz Fernando do Vale de Almeida (Coord.). *Aspectos práticos da arbitragem*. São Paulo: Quartier Latin, 2006. p. 116.

renunciar à cláusula compromissória, levando seu conflito de interesses diretamente ao Poder Judiciário. Por outro lado, o art. 301, §4º, do CPC proíbe o juiz de conhecer de ofício dos efeitos do compromisso arbitral, deixando claro que a matéria é de inteira disponibilidade das partes envolvidas na lide. Outras razões podem levar a este posicionamento, exemplificativamente a extinção da organização arbitral elegida em cláusula compromissória cheia.

Disso se retira que, se a parte requerida, por qualquer meio, inclusive preliminar de contestação ou exceção de incompetência, não alegar a existência da cláusula compromissória, restará evidenciada a renúncia a ela, tornando o juiz togado competente para a ação proposta em seus cancelos. Entendimento contrário poderia levar à negação da jurisdição, principalmente no exemplo do desaparecimento da instituição arbitral escolhida na cláusula compromissória, o que é absurdo e insustentável. O art. 301, §4º, do Código de Processo Civil não permite ao juiz togado o reconhecimento *ex officio* de sua incompetência pela simples presença da cláusula compromissória, confirmando a necessidade da arguição pela parte requerida. Humberto Theodoro também tem esse entendimento:

> O juízo arbitral, mesmo quando previamente compromissado, pode ser renunciado, até mesmo de forma tácita. Basta, por exemplo, ao réu não alegá-lo na contestação para presumir-se a renúncia ao julgamento que antes fora confiado aos árbitros. Assim, não pode o juiz conhecer "*ex officio*" da preliminar do inciso IX do art. 301.[32]

A utilização das medidas contra processo, ou aquelas que pretendem na realidade o afastamento do sistema arbitral podem ainda ser constatadas quando uma das partes, justamente aquela que adentrou com a ação junto ao Poder Judiciário estatal, alega em impugnação à contestação, a nulidade da cláusula compromissória, solicitando ao Juiz do feito que se pronuncie neste sentido, afastando de imediato os seus efeitos. Há, inclusive, ações declaratórias solicitando pronunciamento do Juiz Togado para a nulidade da referida cláusula compromissória.

No sistema brasileiro, por força do art. 8º, parágrafo único da Lei de Arbitragem, vigora o princípio mundialmente denominado de *Kompetenzkompetenz*. Diz o dispositivo legal mencionado, para facilitar a compreensão:

---

[32] THEODORO JÚNIOR, Humberto. *Curso de direito processual civil*: teoria geral do direito processual civil e processo de conhecimento. 45. ed. Rio de Janeiro: Forense, 2006. 1. v. p. 428.

Art. 8º A cláusula compromissória é autônoma em relação ao contrato em que estiver inserta, de tal sorte que a nulidade deste não implica, necessariamente, a nulidade da cláusula compromissória.
Parágrafo único. Caberá ao árbitro decidir de ofício, ou por provocação das partes, as questões acerca da existência, validade e eficácia da convenção de arbitragem e do contrato que contenha a cláusula compromissória.

Dessa forma, cabe expressamente, por determinação legal, ao árbitro a verificação acerca da existência, validade e eficácia da convenção de arbitragem, a qual pode ser evidenciada na cláusula compromissória ou no compromisso arbitral. Disso se retira que não poderá o Poder Judiciário se pronunciar sobre a existência, validade e eficácia de cláusula compromissória ou compromisso arbitral antes que o árbitro o faça em sede de reclamação arbitral.

Tal matéria não pode ser retirada da apreciação do Poder Judiciário, posto que reside nisso o pilar principal da utilização do sistema arbitral, podendo a parte impô-lo mesmo quando não se revele concorde a outra parte, presente a cláusula compromissória. Como a sentença arbitral não está sujeita a recurso, o prejuízo para a parte, forçada a utilizar-se do sistema arbitral sem legalidade, restaria mais que evidente e impossível de ser corrigido pelo Poder Judiciário.

Sendo assim, não resta cabível o entendimento de que somente o árbitro possa analisar sobre a existência, validade e eficácia da convenção de arbitragem, e nem diz isso a lei. O que ocorre no caso em questão é que o árbitro tem a prioridade na análise da matéria, não podendo o juiz togado "abortar" a instauração do sistema arbitral sob o argumento de nulidade da cláusula. Diz a doutrina a explicar este princípio de grande importância para o reconhecimento da validade do sistema arbitral:

> Como se buscará demonstrar neste artigo, a negação de aplicação do princípio *Kompetenz-kompetenz*, ou seja, a possibilidade de o juízo togado via a apreciar — antes e em detrimento dos árbitros — alegação de uma das partes quanto a pretensas nulidades da convenção de arbitragem seria atentar não somente contra a autonomia da vontade das partes (presumivelmente livre e licitamente manifestada), mas também contra a presunção de idoneidade da própria arbitragem, retirando daqueles que a elegeram toda a segurança jurídica.[33]

---

[33] LEMES, Selma Ferreira *et al.* (Coord.). *Arbitragem*: estudos em homenagem ao prof. Guido Fernando da Silva Soares. São Paulo: Atlas, 2007. p. 327.

Por força do art. 8º, parágrafo único, da Lei de Arbitragem brasileira, não resta dúvida de que o princípio *Kompetenz-kompetenz* foi adotado em nosso sistema, surgindo a regra geral de que não cabe ao juiz togado, a análise de forma primeira sobre a eficácia da cláusula compromissória. Este poder lhe é outorgado quando da ação de nulidade prevista no art. 32 da LA, o qual traz em seu texto a seguinte previsão para nulificar a sentença arbitral:

> Art. 32. É nula a sentença arbitral se:
> I – for nulo o compromisso;

O compromisso arbitral será nulo se constituído sem a vontade das partes ou sem a presença de cláusula compromissória válida e eficaz nas hipóteses do art. 5º e 7º da Lei de Arbitragem brasileira. A teoria ainda se confirma pelas previsões do art. 20 da LA, ao estipular que se a parte pretender arguir nulidade, invalidade ou ineficiência da convenção de arbitragem, deverá realizar tal providência na primeira oportunidade em que se manifestar, após instaurado o sistema arbitral.

Mantida a validade e eficácia da cláusula compromissória, a sua verificação pelo Poder Judiciário é permitida, mas o momento processual único e adequado é a ação de nulidade de sentença arbitral a ser proposta no prazo de 90 dias, contados da sentença arbitral. Confirmando essa conclusão, a doutrina dos criadores da Lei de Arbitragem estipula:

> A Lei Brasileira de Arbitragem optou por adotar modelo em que a interferência judicial ocorra apenas *a posteriori*, no âmbito da ação de nulidade, nos termos do seu artigo 32, inciso I.[34]

A adoção deste sistema é importante para evitar intervenção indevida na arbitragem, preservando o direito das partes com verificação posterior do Poder Judiciário e evitando a insegurança jurídica que reina quando há decisões dissonantes sobre uma mesma situação. Sabendo quem tem competência para a análise em determinado momento, de acordo com as regras existentes, haverá melhores condições de manutenção do sistema arbitral em cumprimento à vontade das partes no momento da realização do contrato.

Outra situação bastante comum ocorre quando há previsão no contrato da cláusula compromissória e outra de eleição de foro. Há, em

---

[34] *Idem*, p. 333.

princípio, uma aparente contradição entre elas, o que não se sustenta diante de uma análise mais acurada. As cláusulas não são contraditórias, posto que se referem a situações distintas. Se a cláusula compromissória fixa a competência arbitral para a solução de eventual perlenga, a cláusula de eleição de foro diz respeito à oportunidade de utilização do Poder Judiciário, seja nas cautelares ou na ação de nulidade. A doutrina de Pedro Martins prevê a situação.

> Tenho como evidente, no caso, a circunstância de a cláusula de eleição de foro dirigir-se a situações que não possam se sujeitar à arbitragem. De outro lado, a cláusula de foro fixa a competência para i) execução do julgado arbitral, ii) ação de nulidade da arbitragem ou iii) formulação dos pedidos a que se refere o art. 22 parágrafos 2º e 4º da Lei n. 9307, de 1996.[35]

Sendo assim, a arbitragem é o meio pelo qual será promovida a discussão sobre o conflito de interesses que envolvem as partes em determinada negociação jurídica, com utilização do órgão do Poder Judiciário especificado na cláusula de foro para apreciação dos pedidos de efeito coativo nas cautelares, além do foro também adequado para análise posterior em ação de nulidade de sentença arbitral. Até mesmo a execução do futuro julgado arbitral poderá ser escolhido com base na cláusula de foro especial.

Também existe a cláusula compromissória facultativa, sendo aquela que é colocada na negociação jurídica como uma faculdade das partes, as quais podem escolher entre a jurisdição arbitral e a judicial. O problema deste tipo de cláusula é que a escolha primeira vincula o outro negociante, que não pode negar-se à sua aceitação, sob pena de não atendimento ao estipulado no contrato. Sendo assim, havendo este tipo de cláusula compromissória, se uma das partes adentra ao sistema arbitral, a outra não poderá exercer a mesma faculdade quanto a ter sua ação analisada pelo Poder Judiciário, ficando vinculada à opção anteriormente realizada.

No que se refere ao compromisso arbitral, assim considerado como o momento processual em que as partes ficam vinculadas de forma definitiva ao sistema arbitral em face do caso concreto já existente, será estudado no capítulo seguinte.

---

[35] MARTINS, Pedro Antônio Batista. *Apontamentos sobre a lei de arbitragem*: comentários à Lei 9307/96. Rio de Janeiro: Forense, 2008. p. 65.

CAPÍTULO 2

INSTITUIÇÃO DA ARBITRAGEM

Sumário: 2.1 Aspectos gerais – **2.2** O compromisso arbitral voluntário – **2.3** Compromisso arbitral por órgão institucional – **2.4** Instituição do compromisso por sentença judicial

2.1 Aspectos gerais

A simples existência de uma cláusula compromissória não implica na imediata abertura do procedimento arbitral. Ela tem como efeito apenas e tão somente obrigar as partes contratantes a se submeterem ao sistema arbitral no caso de alguma querela surgir em decorrência do negócio jurídico efetuado. Assim, tem projeção para o futuro, sendo feita quando ainda não há situação conflitante surgida. Esse é o sistema brasileiro previsto no art. 3º da Lei de Arbitragem, seguindo orientação do direito francês, italiano e argentino.

Como a previsão legal de que a convenção de arbitragem surge em face de uma cláusula compromissória e do compromisso arbitral, necessário se faz a análise sobre qual a forma de aplicação destas duas possibilidades. Já é certo que a cláusula compromissória é direcionada a litígios futuros, enquanto o compromisso arbitral é realizado com a lide surgida.

O comum nos acontecimentos contratuais é que nele se insira a cláusula compromissória. Uma vez surgido o problema, as partes procuram a arbitragem para a sua solução, surgindo o compromisso arbitral. Sendo assim, algumas perguntas surgem sobre a possibilidade de instituição do compromisso arbitral independente da cláusula compromissória, ou até mesmo a possibilidade do surgimento da arbitragem mediante simples previsão da cláusula compromissória e independente de compromisso arbitral.

Além destas questões de considerável importância, devemos também mencionar neste capítulo as formas de instituição do compromisso arbitral, definindo quando e como surge a possibilidade de apreciação de um problema pelo sistema arbitral. É certo que a jurisdição estatal é a regra, enquanto a arbitragem é a exceção prevista contratualmente, sendo de considerável importância definir quando é instaurado o sistema arbitral, gerando efeitos de competência negativa na jurisdição estatal que, em regra, não poderá mais atuar.

2.2 O compromisso arbitral voluntário

Nos termos do art. 9º da LA, o compromisso arbitral é a convenção através da qual as partes submetem um litígio à arbitragem de uma ou mais pessoas, podendo ser judicial ou extrajudicial.

O compromisso arbitral, como forma do convênio arbitral previsto no art. 3º da LA, pode ser firmado pelas partes negociantes independentemente de prévia cláusula compromissória. Em se tratando de direito patrimonial disponível na relação negocial, qualquer dos contratantes poderá solicitar ao outro que concorde em instituir a arbitragem para a solução de seus conflitos. Até aqui impera a pura e simples vontade dos negociantes, ampla em face da matéria relacionada aos direitos disponíveis.

É comum e não se pode impedir que um dos contratantes recorra a uma instituição arbitral via reclamação, solicitando a chamada da outra parte para eventual negociação, conciliação ou a realização do compromisso arbitral, independentemente da existência ou não de cláusula compromissória no contrato. Se atendido pela parte contrária o chamamento e, por livre e espontânea vontade, firmado o compromisso, estará o sistema arbitral instalado, independente de prévia cláusula compromissória e com total validade. Sendo matéria relativa a direito patrimonial disponível, a lei dá a qualquer pessoa com capacidade jurídica optar pela utilização do sistema arbitral, desde que também a parte contrária com isso concorde.

Aqui estamos diante de um negócio jurídico, o qual exige para a sua plena validade que possua na íntegra os seus elementos essenciais, nos termos previstos no art. 104 do Código Civil, nomeadamente o agente capaz, o objeto lícito, possível, determinado ou determinável, além da forma prescrita ou não defesa em lei. Aliado a tais requisitos, para o caso em comento, ainda temos que analisar uma outra situação, qual seja a característica do objeto desta negociação jurídica. A matéria a ser tratada pela arbitragem em nascimento deve ser de natureza patrimonial disponível.

Sendo assim, quando o interessado tiver menos de 18 anos de idade, mesmo que esteja acompanhado de seus genitores ou responsáveis por determinação legal ou judicial, ainda assim não poderá ser firmado o compromisso arbitral, posto que bens de menor, mesmo que de natureza patrimonial, não se enquadram como disponíveis. Isso se comprova pela exigência de participação ministerial na contenda e pela exigência legal de autorização judicial para negociação de bens de menores. Por outro lado, também pode haver impossibilidade de sua constituição quando algum dos negociantes não esteja dentro de suas faculdades mentais, ocorrendo o que a lei chama de incapacidade relativa ou absoluta, seja ela temporária ou definitiva.

O compromisso arbitral também exige a forma escrita e tem a característica de ser específico quanto à matéria que será objeto da arbitragem, além de outras circunstâncias que guarnecem cada situação. A doutrina também reconhece a existência de compromisso arbitral tácito, decorrente da troca de missivas e outras circunstâncias que levem ao entendimento de que as partes convencionaram a utilização da arbitragem. O art. 10 da LA prevê que constará obrigatoriamente no compromisso arbitral a identificação das partes, do árbitro, a matéria que será objeto da arbitragem e o local onde será proferida a sentença. Diz textualmente:

> Art. 10. Constará, obrigatoriamente, do compromisso arbitral:
> I – o nome, profissão, estado civil e domicílio das partes;
> II – o nome, profissão e domicílio do árbitro, ou dos árbitros, ou, se for o caso, a identificação da entidade à qual as partes delegaram a indicação de árbitros;
> III – a matéria que será objeto da arbitragem; e
> IV – o lugar em que será proferida a sentença arbitral.

Tais requisitos permitem que a arbitragem tenha condições de se desenvolver de forma satisfatória, posto que restam previstas as suas condições básicas. No entanto, outras previsões podem ocorrer no compromisso arbitral, em que pese não mais de forma obrigatória como as mencionadas. Algumas delas estão previstas no art. 11 da Lei de Arbitragem, mas se pode reconhecer a possibilidade de muitas outras, a critério das partes e que sirvam para reger algumas normas a serem seguidas pelo árbitro no julgamento da causa. É possível a eleição não apenas de normas processuais, mas também de normas materiais que devem ser levadas em consideração pelo árbitro no julgamento da causa, caso isso se mostre evidenciado no compromisso arbitral. Essa possibilidade é de importância considerável nos casos em que a especialidade da causa o exigir, solicitando do julgador arbitral conhecimentos específicos e especiais para bem julgar a demanda. A doutrina de Carreira Alvim informa textualmente

> A primeira vista, pode parecer que a Lei de Arbitragem tenha facultado às partes se reportarem apenas às regras de procedimento, e não às regras de direito material, aplicando-se na arbitragem o direito interno ou a equidade. O art. 5º da Lei de Arbitragem, porém, *minus dixit quam voluit*, pois se houver regras materiais, extraídas dos usos e costumes comerciais, ou da prática internacional do comércio, e singularizadas por essas instituições e entidades, podem as partes eleger tais regras para fins de julgamento da controvérsia.[1]

A previsão é salutar diante do avanço do direito nas várias áreas do conhecimento humano para as quais ainda não há legislação específica, ou esta seja incipiente. Como exemplo, temos as relações de comércio, consumo e publicidade via internet, direito eletrônico, ou até mesmo as relacionadas à reprodução humana. Para tais julgamentos, o árbitro deverá, muitas vezes, se utilizar conhecimentos empíricos, por vezes divorciados das regras existentes e que se justifiquem no caso concreto. O julgamento por equidade, expressamente previsto na legislação, pode ser uma das saídas para casos desta natureza.

A equidade, no dizer de Ferraz Jr., significa:

> A solução de litígios pela equidade é a que se obtém pela consideração harmônica das circunstâncias concretas, do que pode resultar um ajuste da norma à especificidade da situação a fim de que a solução seja justa. Pois, como diziam os romanos, *summum jus summa injuria*. Não se trata de um princípio que se oponha à justiça, mas que a completa, a torna plena.[2]

Elegendo normas de caráter material específicas para o caso concreto e especial, haverá mais segurança jurídica no julgamento da causa,

---

[1] ALVIM, José Eduardo. *Direito arbitral*. 2. ed. Rio de Janeiro: Forense, 2004. p. 213.
[2] FERRAZ JUNIOR, Tercio Sampaio. *Introdução ao estudo do direito*: técnica, decisão, dominação. 4. ed. São Paulo: Atlas, 2003. p. 248.

contribuindo para a realização de uma sentença arbitral mais qualificada e justa. Isso se mostra importante em face de seu caráter irrecorrível.

O compromisso arbitral poderá ser realizado por termo nos autos, consoante previsão do art. 9º, §1º, da LA, perante o juízo ou tribunal onde tiver curso a demanda. É de se ressaltar que se trata de compromisso judicial, ou seja, realizado por termo nos autos de processo em tramitação perante a Justiça estatal. Com a realização deste acordo de vontades, há imediata perda da competência do juízo estatal, com prolação de sentença extintiva do feito sem resolução do mérito, com remessa dos autos ao arquivo. Não é o caso de remeter os autos à instituição arbitral, posto que a determinação do art. 267, VII, do CPC é de extinção do feito sem resolução de mérito, o que não impede a retirada de cópias para tramitação no sistema arbitral. Confirma este posicionamento a doutrina de Carmona:

> A Lei de Arbitragem, porém, não repetiu o dispositivo, de tal sorte que, firmado o termo de compromisso (ou apresentado pelas partes compromisso extrajudicial), o juiz proferirá sentença terminativa do feito e os autos serão remetidos a arquivo, tudo sem prejuízo de extraírem as partes as cópias e certidões que necessitarem, objetivando o aproveitamento, no juízo arbitral, dos atos processuais anteriormente praticados.[3]

Mesmo com a remessa das peças, que podem incluir inclusive provas realizadas perante o juízo estatal, não estará o árbitro sujeito obrigatoriamente a seus efeitos, podendo excluí-las, repeti-las, enfim, dar a elas a importância e o valor que entender conveniente, desde que de forma fundamentada. A realização do compromisso arbitral judicial pode ocorrer a qualquer tempo, posto que a Lei de Arbitragem não informa o termo final desta possibilidade.

Diante disso, o entendimento doutrinário dominante é de que pode ser realizado o compromisso arbitral até mesmo depois de sentenciado o feito, desde que não tenha ocorrido o trânsito em julgado, posto que, não havendo pronunciamento definitivo do juízo estatal, ainda será possível a extinção do feito com o surgimento da competência arbitral. Assim ocorrendo, mesmo em grau de recurso, a extinção do feito judicial se impõe da mesma forma como já mencionado, tornando sem efeito jurídico algum a sentença anteriormente prolatada.

---

[3] CARMONA, Carlos Alberto. *Arbitragem e processo*: um comentário à Lei n. 9307/96. 2. ed. rev. atual. e ampl. 3. reimpr. São Paulo: Atlas, 2006. p. 172.

Ainda que haja trânsito em julgado, pode ocorrer da possibilidade do compromisso arbitral gerar os efeitos de mister, não mais quanto ao processo judicial que resta findo, mas quanto ao conflito de interesses que ainda não foi decidido. Isso ocorre quando há coisa julgada meramente formal, deixando o juízo estatal de se pronunciar sobre o mérito da demanda. Nesse caso, mesmo que haja finalizado o procedimento com sentença se ferir o mérito, torna-se ainda possível a realização do compromisso arbitral. Diz a doutrina de Carmona neste sentido:

> Por outro lado, é conveniente distinguir a situação gerada pelo trânsito em julgado da sentença de mérito (coisa julgada material) e a situação que ocorrerá se transitar em julgado apenas uma sentença terminativa (coisa julgada formal): nos dois casos o compromisso arbitral não produzirá efeito algum relativamente ao processo, eis que a relação jurídica processual estará terminada; mas, no segundo caso, o compromisso arbitral poderá atribuir ao árbitro o conhecimento da causa (que não foi decidida pelo juiz togado, eis que a sentença proferida não produziu coisa julgada material), enquanto, no primeiro (sentença definitiva, com trânsito em julgado), haverá impedimento de conhecer o tribunal arbitral de causa já decidida anteriormente (objeção de coisa julgada).[4]

Quando se trata de compromisso arbitral extrajudicial, a legislação, art. 9º, §2º da LA, prevê que será celebrado por escrito particular, assinado por duas testemunhas, ou por instrumento público. Com isso se nota o cuidado do legislador em exigir formalidade essencial para o ato, o qual tem o efeito importante de retirar a competência estatal para a análise do conflito de interesses. Esse mesmo cuidado o legislador não teve com a cláusula compromissória, exigindo apenas que ela surja em face de escritos realizados pelas partes. Há, pois, franca contradição e excesso de rigor do legislador, posto que é bastante comum que as testemunhas apenas assinem o documento, muitas das vezes sem saber do que se trata, o fazendo apenas para cumprir a exigência legal.

Em se tratando de direito patrimonial disponível, não exige a lei qualquer formalidade especial para a realização do compromisso arbitral por intermédio de procuração ou representação. O art. 661, §2º, do Código Civil informa que "o poder de transigir não importa o de firmar compromisso", o que pode levar a crer na necessidade de poderes

---

[4] CARMONA, Carlos Alberto. *Arbitragem e processo*: um comentário à Lei n. 9307/96. 2. ed. rev. atual. e ampl. 3. reimpr. São Paulo: Atlas, 2006. p. 174.

especiais para o representante assumir validamente o compromisso em nome do representado.

No entanto, o compromisso arbitral não importa em benefício direto ou patrimonial destinado a uma das partes, mas sim de uma decisão conjunta e direcionada a uma mesma posição, qual seja, a submissão do conflito de interesses pelo sistema arbitral. O objetivo é único, não se podendo, a rigor, dizer que uma das partes será beneficiada ou prejudicada com a adoção do sistema arbitral. A doutrina de Martins assim afirma ao se manifestar sobre a previsão legal ditada e a necessidade de poderes especiais para assumir o compromisso arbitral:

> O compromisso não é de natureza dos atos de gestão extraordinária. Não afeta o patrimônio da pessoa. Não se caracteriza pela disposição ou alienação de bens patrimoniais, atos esses tipicamente de gestão extraordinária... De todo modo, o dispositivo civil, ao meu sentir, de fato e de direito, apenas registra que a assinatura do compromisso não é ato extraordinário de gestão e, conseqüentemente, não importa na outorga de poderes especiais ao procurador.[5]

A conclusão a que se chega é que o procurador com poderes gerais pode firmar o compromisso arbitral. Diante de tais posicionamentos, surge a pergunta sobre a possibilidade de o advogado firmar o compromisso arbitral em face de seu cliente. A representação do advogado é instrumentalizada pela procuração de caráter especial, com a cláusula *ad judicia* prevista no art. 38 do Código de Processo Civil. Esta cláusula habilita o advogado a praticar todos os atos do processo, com a ressalva de que nela não se inclui o poder de receber citação, confessar, reconhecer a procedência do pedido, transigir, desistir, renunciar ao direito sobre que se funda a ação, receber, dar quitação e *firmar compromisso*.

Da previsão legal se retira por interpretação puramente literal, que o advogado possuidor dos poderes únicos da cláusula *ad judicia* não pode firmar compromisso, sendo necessário poderes especiais para tanto. A contradição se verifica ao não exigir poderes especiais para a pessoa comum firmar o compromisso arbitral, mas faz tal exigência para o advogado. A situação ainda se faz mais contraditória ao se constatar que a pessoa comum do povo, sem conhecimento jurídico em regra, não sabe dos reais efeitos do compromisso arbitral, enquanto o

---

[5] MARTINS, Pedro Antônio Batista. *Apontamentos sobre a lei de arbitragem:* comentários à Lei 9307/96. Rio de Janeiro: Forense, 2008. p. 63.

advogado tem a obrigação de saber em face de sua formação jurídica. Assim, quem sabe o que é, não pode, e o que não sabe, pode, gerando uma incongruência inaceitável.

A contradição apontada não pode ser mantida, sendo necessária a realização de uma interpretação sistêmica do dispositivo legal em comento, claramente direcionado para situações envolvendo diretamente o direito das partes em conflito. O termo "firmar compromisso" indica a obrigação de atender a certa determinação obrigacional no momento determinado, e foi previsto pela legislação processual civil muito tempo antes da existência do instituto do compromisso arbitral.

Outrossim, o compromisso arbitral não significa assunção de obrigações unilaterais obrigacionais, mas sim que as partes aceitam submeter seu litígio à solução arbitral, possuindo interesse igualitário. Sendo assim, entendo que o advogado, mesmo munido simplesmente dos poderes descritos na cláusula *ad judicia*, pode assumir o compromisso arbitral em nome de seu cliente, com perfeita validade deste.

Isso se faz ainda mais claro quando no instrumento procuratório há poderes específicos para atuar perante certa instituição e reclamação arbitral, não havendo por parte do advogado negativa de reconhecimento dos efeitos da cláusula compromissória e consequente compromisso arbitral, ou então somente quanto a este nos casos em que for livremente aceito pelas partes.

Por último, é de bom alvitre ressaltar quando efetivamente há início do procedimento arbitral. A arbitragem se considera instaurada quando da aceitação do encargo pelo árbitro escolhido, embora já produza alguns efeitos antes do advento deste fato. O principal deles é que a competência do juiz togado desaparece, mas ainda não surge qual a autoridade contratualmente investida dos poderes para o julgamento da demanda.

Se o árbitro nomeado não aceitar o encargo, surge a possibilidade de aplicação das normas para sua substituição, sejam elas institucionais ou até mesmo pela vontade das partes na escolha de outro. Aceito o encargo, que pode se dar de forma concomitante com o compromisso, estará instaurada a arbitragem com competência do árbitro para conhecimento da matéria.

Situação bastante interessante diz respeito sobre a possibilidade de instituir-se a arbitragem independentemente de compromisso arbitral. De acordo com Carmona, o compromisso arbitral não é considerado imprescindível à instituição da arbitragem, podendo ocorrer situações em que as partes determinem em cláusula compromissória que qualquer matéria decorrente do negócio seja submetida ao sistema arbitral. Com a reclamação arbitral, havendo necessidade de esclarecimento das partes no que diz respeito à matéria a ser discutida ou outra situação que necessite esclarecimento, basta aplicar as previsões do art. 19, parágrafo único da LA.

Em nota, o ilustre doutrinador discorda de Carreira Alvim, o qual sustenta "ser impossível à cláusula compromissória dispor genericamente sobre qualquer matéria que decorra do contrato",[6] exigindo a figura do compromisso arbitral que possui requisito essencial quanto à definição do objeto do litígio. Carmona entende ser perfeitamente possível a instituição da arbitragem sem o compromisso, argumentando com os seguintes dizeres:

> Repito, portanto, à exaustão: o compromisso arbitral não é imprescindível para a instituição da arbitragem. Pode perfeitamente ocorrer que as partes disponham em determinada cláusula arbitral que qualquer matéria decorrente de um eventual contrato seja submetida à solução de árbitros, e ainda assim, o compromisso será dispensável. Neste caso os árbitros, instituída a arbitragem, poderão convocar as partes (em caso de dúvida) para melhor aferir os contornos do litígio, fazendo os esclarecimentos que julgarem oportunos no "adendo" a que se reporta o art. 19, parágrafo único, da Lei de Arbitragem, "adendo" esse, vale notar, à convenção de arbitragem, e não ao compromisso.[7]

No meu modesto entendimento, creio que as previsões do art. 19 em seu parágrafo único se referem ao momento do processo arbitral após a realização do compromisso, não mencionando em momento algum a dispensa deste. Afirmo tal circunstância pela expressa disposição do art. 19, *caput*, que informa claramente que se considera instituída a arbitragem quando aceita a nomeação pelo árbitro, nos seguintes termos:

> Art. 19. Considera-se instituída a arbitragem quando aceita a nomeação pelo árbitro, se for único, ou por todos, se forem vários.

A aceitação do árbitro precede, necessariamente e por razões de lógica, de se saber quem o é, quem foi escolhido para exercer esse *munus* perante o processo arbitral, posto que quando não se sabe quem será o árbitro, impossível colher a concordância de quem quer que seja. As

---

[6] CARMONA, Carlos Alberto. *Arbitragem e processo*: um comentário à Lei n. 9307/96. 2. ed. rev. atual. e ampl. 3. reimpr. São Paulo: Atlas, 2006. p. 133, nota 61.
[7] *Op. cit.*, p. 133.

previsões sobre a qualificação do árbitro estão insertas no art. 10, inciso II, da LA, considerando exigência obrigatória nos seguintes termos:

> Art. 10. Constará, obrigatoriamente, do compromisso arbitral:
> I...
> II – o nome, profissão e domicílio do árbitro, ou dos árbitros, ou, se for o caso, a identificação da entidade à qual as partes delegaram a indicação de árbitros;

Sendo assim, não é apenas pela falta de explicitação da matéria a ser tratada na arbitragem em nascimento, mas também pela obrigatoriedade de se saber quem é o árbitro, circunstância que ocorre no momento em que se firma o compromisso arbitral. Martins também concorda que as previsões do art. 19, *caput*, da LA se referem ao momento processual posterior ao compromisso arbitral, quando tanto o objeto da demanda quanto os árbitros se mostram claros. Ele o faz nos seguintes termos:

> Os limites e alcance da convenção de arbitragem devem estar claros, o suficiente, para se evitar vícios na sentença arbitral. As estipulações contempladas no convênio não podem ser objeto de dúvida ou impropriedades. Devem estar lançadas de modo claro a permitir precisa compreensão pelos árbitros. Afinal, é no convênio onde normalmente se estabelecem as normas básicas de procedimento e onde consta delimitado o objeto da controvérsia (seja determinado ou determinável).[8]

2.3 Compromisso arbitral por órgão institucional

O mais comum é que as partes, de forma voluntária, estabeleçam o compromisso arbitral, dando perfeito cumprimento à cláusula que antes estabeleceram na negociação jurídica. No entanto, pode ocorrer que haja rejeição ao cumprimento da cláusula compromissória por algum dos negociantes, situação que inviabilizava a instituição da arbitragem antes do advento da Lei nº 9.307/96.

A rejeição à instituição da arbitragem pode ser corrigida ou substituída por procedimentos previstos nos arts. 5º e 7º da LA, dando condições de manter a expectativa e possibilidade da utilização da arbitragem, mesmo quando recalcitrante algum dos contratantes. Analiso inicialmente a instituição do compromisso arbitral por órgão arbitral institucional. O art. 5º da LA diz textualmente:

---

[8] MARTINS, Pedro Antônio Batista. *Apontamentos sobre a lei de arbitragem*: comentários à Lei 9307/96. Rio de Janeiro: Forense, 2008. p. 227

Art. 5º. Reportando-se as partes, na cláusula compromissória, às regras de algum órgão arbitral institucional ou entidade especializada, a arbitragem será instituída e processada de acordo com tais regras, podendo, igualmente, as partes estabelecer na própria cláusula, ou em outro documento, a forma convencionada para a instituição da arbitragem.

As previsões legais dos arts. 5º e 7º da LA trazem a possibilidade da instituição do compromisso sem a necessidade de concordância de ambas as partes, podendo ser feita de duas formas. A primeira quando se reportarem às regras de algum órgão arbitral institucional ou entidade especializada, quando então o compromisso será estabelecido de acordo com tais regras. A segunda possibilidade diz respeito à própria convenção das partes, as quais poderão eleger outras formas para a instituição da arbitragem.

Pedro Martins classifica estes dois momentos como cláusulas cheias remissivas e dispositivas, conforme se refiram às regras de uma instituição arbitral ou por convenção das partes, concluindo com a importante informação da possibilidade de instituição do compromisso arbitral independentemente de sentença judicial. Diz o mestre:

> As remissivas vêm expressas na primeira parte do dispositivo, enquanto as cláusulas cheias dispositivas estão previstas na segunda metade da regra legal. Ambas as espécies de cláusula cheia comportam execução específica, assim como a chamada cláusula vazia ou branca. Mas com uma única e relevante diferença: a cláusula cheia, ao reverso da vazia, autoriza a instituição da arbitragem sem que a parte demandante passe pelo procedimento judicial estabelecido no art. 7º da Lei de Arbitragem.[9]

A obrigação da instituição da arbitragem é uma norma contratual importante e merece todos os esforços para ser considerada válida e eficaz, razão pela qual o legislador trouxe a possibilidade de forçar o seu cumprimento de forma facilitada, de modo que não inviabilize a própria previsão contratual de utilização do sistema arbitral. As circunstâncias de antanho, que dificultavam, para não dizer que inviabilizavam completamente, a instituição da arbitragem, contribuíram sobremaneira para que o legislador tivesse bastante cuidado quanto a isso.

---

[9] MARTINS, Pedro Antônio Batista. *Apontamentos sobre a lei de arbitragem:* comentários à Lei 9307/96. Rio de Janeiro: Forense, 2008. p. 106.

Há que se ressaltar que tais possibilidades só restam presentes quando a cláusula compromissória for cheia ou em preto, restando desnecessária a utilização das previsões do art. 7º da LA, indicado quando ela for vazia ou branca. É o que informa claramente a jurisprudência do Tribunal de Justiça do Estado de São Paulo no seguinte aresto:

> Ementa: LEI DE ARBITRAGEM. Inconstitucionalidade afastada pelo Colendo Supremo Tribunal Federal. Consideração a respeito da questão. Não cabimento. Recurso não provido. CONTRATO. Compromisso arbitral. Cláusula "cheia". Nulidade. Inexistência. Contratantes que elegeram o órgão arbitral e se obrigaram a aceitar as normas por ele impostas. Aplicação do art. 5º da Lei n. 9.307/96. Intervenção judicial desnecessária. Art. 7º da mesma lei que trata de cláusula "vazia". Arbitragem já instituída. Tentativa de paralisação da solução da controvérsia. Inadmissível descumprimento de cláusulas contratuais. Reserva mental. Caracterização. Cláusula compromissória que fixa o objeto da arbitragem. Cientificação do alegado descumprimento de cláusulas. Ocorrência. Regulamento da Câmara de Comércio. Nulidade da Cláusula 5.9. Não verificação. Regulamento que assegura, em qualquer hipótese, o contraditório. Recurso não provido.[10]

Em trecho do acórdão, o relator informa que "a cláusula compromissória em questão é denominada 'cheia', pois os contratantes elegeram o órgão arbitral e se obrigaram a aceitar as normas por ele impostas, todas preexistentes e do seu pleno conhecimento". Assim afirmando, segue o relator a dizer sobre a imposição de seu cumprimento, ressaltando que "a arbitragem **será** (negrito do relator) instituída e processada de acordo com tais regras, podendo, igualmente, as partes estabelecer na própria cláusula ou em outro documento, a forma convencionada para a instituição da arbitragem".

Como exemplo de cláusula compromissória que elege uma instituição arbitral temos a da Câmara de Comércio Internacional, cuja versão traduzida diz o seguinte:

> Todas as controvérsias oriundas ou relacionadas ao presente contrato serão resolvidas de forma definitiva segundo o Regulamento de Arbitragem da Câmara de Comércio Internacional, por meio de um ou mais árbitros nomeados de acordo com tal Regulamento.

---

[10] TJ-SP. Apelação Cível 296.036-4/4. Relator. Des. Sousa Lima. Julgamento em 17.12.2003. v. u. 7ª Câmara de Direito Privado.

Sendo apenas um exemplo, fica certo que as cláusulas compromissórias que façam referência às normas de uma instituição para solução da controvérsia eventualmente surgida entre as partes são consideradas cheias e justificam a utilização das previsões do art. 5º da LA. Mesmo que não haja indicação expressa de que este órgão seja o competente para a arbitragem, retira-se da referência às suas regras essa hipótese de modo claro e insofismável. De fato, não se admite a interpretação puramente literal por aqueles que afirmam ser vazia a cláusula que se reporte às regras de uma instituição arbitral só porque não diz expressamente que perante ela será processada.

Se houve referência a tais regras, a conclusão lógica é a de que a própria instituição foi escolhida para a realização da arbitragem. Ilógico seria forçar uma outra instituição a agir de acordo com o regulamento daquela, somente para justificar a alegação simplista de que a cláusula desta natureza seja vazia, a forçar a utilização do procedimento judicial previsto no art. 7º da LA. A doutrina de Luiz Fernando Guilherme tece comentários a esse respeito:

> Com efeito, ao adotar um regulamento de determinada instituição para o processamento da arbitragem equivale, a nosso ver, a atribuir a tal instituição a administração do procedimento arbitral. Essa interpretação se coaduna com os princípios interpretativos da boa-fé e do efeito útil, costumeiramente utilizados na análise das cláusulas arbitrais. Até porque não parece ser coerente com o bom senso que as partes tenham se reportado a regras de uma determinada instituição, mas queiram que a administração da arbitragem se dê por terceiros a ela estranhos.[11]

Há que se ressaltar ainda que a conclusão de que a simples referência às regras de alguma instituição arbitral seja suficiente para ser considerada uma cláusula compromissória cheia não se revela inteiramente verdadeira. Isso porque a remissão não se esgota por si só, sendo necessário verificar as regras de tal instituição, as quais devem permitir o cumprimento das exigências feitas para o compromisso arbitral, nos termos do art. 10 da LA.

O seu regulamento geral deve ser completo o suficiente para que seja possível cumprir com as exigências legais para o compromisso arbitral, discordando da doutrina, que entende dispensável o compromisso nestas circunstâncias. Maria Isabel de Almeida Alvarenga e Eliane

---

[11] GUILHERME, Luiz Fernando do Vale de Almeida (Coord.). *Aspectos práticos da arbitragem*. São Paulo: Quartier Latin, 2006. p. 195-196.

Cristina Carvalho ressaltam na obra coordenada por Luiz Fernando do Vale de Almeida Guilherme, sobre a desnecessidade do compromisso arbitral quando a cláusula for remissiva às regras de uma instituição arbitral, nos seguintes termos:

> A jurisprudência existente sobre o tema também é clara em vislumbrar nas cláusulas que se reportam ao regramento de uma determinada instituição uma cláusula cheia, a permitir a instauração da arbitragem independentemente de compromisso arbitral e de intervenção do Judiciário — e essa instauração se dá, à evidência, justamente perante o órgão cujas regras foram eleitas.[12]

Com a vênia de sempre, ouso não concordar com tal premissa, conforme já abordado anteriormente no início deste capítulo, e digo os motivos. Inicialmente, as regras da instituição arbitral devem ser completas o bastante para tornar possível a escolha do árbitro ou árbitros, delimitar a matéria que será submetida à arbitragem e o seu lugar, além de qualificar inteiramente as partes envolvidas. Ademais disso, deve também eleger uma forma administrativa de analisar a cláusula compromissória em cada situação, avaliando se preenche os requisitos legais para ser considerada cheia e dispensar a utilização das previsões do art. 7º da LA, além de analisar o conteúdo da matéria com vistas a constatar a ocorrência de direito patrimonial disponível, assim como a sua aplicabilidade ao caso concreto.

Apenas a título de exemplo, há consideráveis restrições às cláusulas compromissórias nas relações de consumo ou nos contratos de adesão, restando impossível a instituição da arbitragem se não forem cumpridas as exigências legais. Essa análise deve ser feita pela instituição arbitral, de modo a evitar futura alegação perante o Poder Judiciário de nulidade da sentença por defeito no compromisso arbitral. Se o compromisso arbitral inexistisse no caso das previsões do art. 5º da LA, seria ilógico a previsão do art. 32, II, da LA, que prevê a possibilidade de nulidade de sentença arbitral, acolhendo justamente a alegação de defeito no compromisso. Se ele inexiste, não se pode aplicar a previsão legal, o que sem qualquer sombra de dúvida é absurdo. Carreira Alvim tece comentários a esse respeito, sustentando a tese da necessidade do compromisso em casos desta natureza:

---

[12] GUILHERME, Luiz Fernando do Vale de Almeida. (Coord.). *Aspectos práticos da arbitragem*. São Paulo: Quartier Latin, 2006. p. 196.

Quando a lei diz que a arbitragem pode ser 'instituída', de acordo com as regras de um órgão arbitral institucional ou entidade especializada, não significa esteja dispensando o compromisso, mas admitindo sejam aquelas regras observadas para que seja instituído o juízo arbitral, inclusive para fins de obtenção do compromisso, judicial ou extrajudicial.[13]

Na realidade brasileira, estamos sofrendo com o sistema eleito pelo legislador para se colher a adoção das partes pelo sistema arbitral. No Brasil, a convenção de arbitragem é realizada tanto pela cláusula compromissória quanto pelo compromisso arbitral, cada qual com a sua situação de aplicabilidade conforme o litígio seja potencial ou atual. Esse sistema permite discussão sobre a necessidade de realizar-se ou não o compromisso arbitral para a instituição da arbitragem.

No sistema espanhol previsto pela *Ley* 60/2003, não existe a previsão dupla para a instituição da arbitragem. Desde a edição da *Ley* 36 de 1988, retirou-se do sistema a dicotomia da cláusula compromissória e do compromisso arbitral. No lugar, houve a previsão apenas do chamado "convenio arbitral" no art. 9º da referida legislação, que assim prevê:

> El convenio arbitral, que podrá adoptar la forma de cláusula incorporada a un contrato o de acuerdo independiente, deberá expresar la voluntad de las partes de someter a arbitraje todas o algunas de las controversias que hayan surgido o puedan surgir respecto de una determinada relación jurídica, contractual o no contractual.[14]

Como se pode notar, o convenio arbitral espanhol serve tanto para as controvérsias já existentes como para aquelas que ainda podem ocorrer, situação bem diferente do sistema brasileiro, em que a cláusula compromissória visa a lide em tese, enquanto o compromisso arbitral, o conflito de interesses em concreto. É de bom alvitre ressaltar que na Europa como um todo a cultura arbitral se faz mais evidenciada em seu povo, gerando normas jurídicas mais avançadas, posto que já alimentadas pelo tempo e pela experiência em anos de utilização.

Desde 1988 a Espanha abandonou o sistema ambíguo da cláusula compromissória e compromisso arbitral, sendo justamente este o sistema adotado na legislação brasileira, Lei nº 9.307/96, em seu art. 3º.

---

[13] ALVIM, José Eduardo. *Direito arbitral*. 2. ed. Rio de Janeiro: Forense, 2004. p. 218.
[14] Art. 9º da Lei 60/2003 de arbitragem da Espanha.

As dificuldades na concretização da vontade das partes na instituição do sistema arbitral levaram aquele país a modificar o seu sistema, passando a adotar a previsão única para instituir-se a arbitragem, qual seja, o convênio arbitral. Diz a doutrina de Muñoz sobre as razões desta modificação:

> La LA 1988 introdujo una gran novedad al permitir que se sometieran al convenio arbitral las cuestiones litigiosas surgidas o que puedan surgir. Nuestro Derecho histórico entendía que sólo se podían someter al compromiso arbitral las disputas surgidas ya, prohibiendo, como así lo hacía la Ley de 1953, el arbitraje de controversias futuras. El compromiso arbitral pretendía trabar la litis y sólo respecto de controversias conocidas y determinadas.[15]

Se o sistema espanhol antigo previa a existência tanto da cláusula compromissória como do compromisso arbitral, tal qual o nosso, a discussão sobre a desnecessidade de um compromisso arbitral nas previsões do art. 5º da LA brasileira resta resolvida pela impossibilidade, posto que esse raciocínio se amolda mais ao sistema atual vigente na Espanha. No Brasil, ainda sem muita cultura arbitral, o sistema exige a dupla possibilidade, com a existência do compromisso arbitral mesmo quanto às previsões do art. 5º da LA brasileira.

A conclusão a que se chega é que caberá à instituição arbitral prever e seu regulamento geral, a forma pela qual será o compromisso instituído nas hipóteses em que houver recalcitrância de alguma das partes e for existente cláusula compromissória cheia. A simples falta de comparecimento no chamamento previsto no art. 6º importará na negativa à instituição do sistema arbitral, surgindo a possibilidade de aplicação da norma prevista no art. 5º da LA, sujeita à análise do próprio órgão, o qual poderá negar-se a instituir a arbitragem caso não se verifique a ocorrência de cláusula compromissória cheia ou qualquer outra situação que impeça o conhecimento da demanda pela arbitragem.

Ao comentar a possibilidade do órgão arbitral exercer análise da cláusula compromissória para decidir ou não pela instituição da arbitragem, Carmona confirma de forma tácita a posição ativa deste órgão, rejeitando na prática a teoria da passividade, onde seria desnecessária a realização do compromisso mediante a existência de

---

[15] MARTÍN MUÑOZ, Alberto de; HIERRO ANIBARRO, Santiago. *Comentario a la ley de arbitraje*. Madrid: Marcial Pons, 2006. p. 278.

cláusula compromissória cheia, com referência às regras da instituição arbitral. Diz o doutrinador:

> Hipótese curiosa e bastante diversa daquela imaginada pela Lei diz respeito a situação em que a arbitragem não vem instituída por conta de recusa do órgão arbitral institucional, que declara nula a convenção contida em determinado contrato. Dito de outro modo: o órgão arbitral, considerando inválida a cláusula que o autorizaria a instituir o tribunal, simplesmente recusa a dar início ao procedimento. Assiste-se aqui resistência do órgão arbitral institucional, não da parte contratante (signatária da cláusula compromissória), que eventualmente nem será cientificada acerca do interesse do adversário em dar início a um procedimento arbitral.[16]

É certo que a maioria das instituições arbitrais também exercem a conciliação em suas atividades, realizando o chamamento da parte contrária para audiência conciliatória, até mesmo quando inexistente a cláusula compromissória. A impossibilidade de conciliação leva à instituição da arbitragem pelo referido órgão, desde que presente e válida a cláusula compromissória. Negando sem razões que o sustente, Carmona aconselha a utilização das previsões do art. 7º da LA, solicitando judicialmente a instituição do compromisso.

As normas da instituição arbitral não se restringem à forma da instituição da própria arbitragem, podendo também conter outras previsões que possam ser utilizadas no processamento da demanda e até mesmo na análise de seu mérito mediante normas de ordem material. Assim, é comum a previsão de chamamento por edital, prazo para prolação da sentença arbitral, meios de comunicação processual de ordem especial, etc.

Por último temos a possibilidade de prever, na própria cláusula compromissória, as normas que seriam utilizadas para a instituição da arbitragem. Tendo em vista a necessidade de maiores digressões e clareza em uma cláusula desta natureza, resta ela pouco recomendável em um país de pouca cultura arbitral como é o Brasil. Note-se a informação da doutrina de Pedro Martins:

> Não é das mais aconselháveis a estipulação, pelas próprias partes, do procedimento e da forma de se instituir a arbitragem. A cláusula *cheia* dispositiva deve ser evitada pelo nível de detalhe que dela se espera.

---

[16] CARMONA, Carlos Alberto. *Arbitragem e processo*: um comentário à Lei n. 9307/96. 2. ed. rev. atual. e ampl. 3. reimp. São Paulo: Atlas, 2006. p. 153.

Esta cláusula converge para a chamada arbitragem *ad hoc*, sem muita prática no Brasil.[17]

É bom ressaltar que o poder de instituir a arbitragem contra vontade de um dos demandados não resta absoluto dentro do direito arbitral. Mesmo que a instituição entenda por conveniente a instauração da arbitragem, de imediato não se poderá tomar qualquer providência judicial para interromper o procedimento. Apenas dentro da reclamação arbitral é que se deve alegar a nulidade da cláusula compromissória contaminando o compromisso realizado, solicitando ao árbitro o reconhecimento de tal tese.

Não sendo reconhecida pelo árbitro a alegada invalidade do compromisso arbitral pela falha na cláusula compromissória, não caberá qualquer recurso. No entanto, o prejudicado poderá se socorrer da ação de nulidade de sentença arbitral, prevista no art. 32 da LA, onde a situação poderá ser levantada, e caso acolhida, ensejará a nulidade da sentença prolatada mediante compromisso arbitral irregular ou nulo.

2.4 Instituição do compromisso por sentença judicial

A legislação brasileira sobre arbitragem, ao adotar o sistema duplo para o reconhecimento do convênio arbitral, via cláusula compromissória e do compromisso arbitral, provocou a possibilidade de uma das partes, mesmo diante da assinatura da cláusula compromissória, negar-se à realização do compromisso arbitral que, à evidência prática, é quando resta instituída a arbitragem. Isso ocorre em face do acirramento de ânimos decorrente do conflito de interesses inexistente quando da assinatura da cláusula compromissória e agora presente por ocasião da tentativa de realização do compromisso arbitral.

Quando a cláusula compromissória tiver as informações necessárias para a instituição da arbitragem, tais como a instituição arbitral e suas regras, o compromisso arbitral se constituirá na forma do art. 5º da LA brasileira, conforme já disposto neste mesmo capítulo. No entanto, se a cláusula compromissória for vazia ou branca, ou seja, contiver apenas o interesse das partes em solucionar eventual conflito

---

[17] MARTINS, Pedro Antônio Batista. *Apontamentos sobre a lei de arbitragem*: comentários à Lei 9307/96. Rio de Janeiro: Forense, 2008.

pelo sistema arbitral, sem indicar árbitros ou regras de algum órgão arbitral, não se terá condições de instituir a arbitragem na forma do art. 5º da LA. Necessário será a interferência judicial para os casos em que a parte contrária negar-se ao estabelecimento da arbitragem com a indicação do árbitro. Esta intervenção judicial está prevista no art. 7º da LA brasileira.

É sabido que a regra sobre a intervenção do Judiciário no sistema arbitral é aquela que o aceita apenas nas expressas previsões legais, sendo esta hipótese uma delas. Justamente por isso qualquer interpretação sobre a competência judicial nestas circunstâncias não poderá ser extensiva, como regra geral. Havendo recalcitrância da parte contrária na instituição do compromisso arbitral quando a cláusula compromissória for vazia, poderá o interessado na instituição da arbitragem solicitar tal providência ao juiz togado, respeitando as informações ditadas no art. 7º da LA.

É necessário na sistemática arbitral brasileira, para o início do procedimento arbitral, que se lavre o compromisso arbitral por uma das formas, seja a voluntária, a judicial ou por regulamentação do órgão arbitral. Assegura-se à parte reclamada a plena participação no procedimento, em respeito ao princípio do contraditório e da ampla defesa. No entanto, da mesma forma que no processo judicial, a defesa é um ônus e não uma imposição legal como na área penal.

Em face disso, será possível à parte requerida, mesmo em assinando o compromisso arbitral ou nos casos em que ele é realizado à sua revelia, não participar do procedimento arbitral, sem que isso implique em sua nulidade. Nulidade haveria se não lhe fosse aberta a possibilidade de comparecimento e participação, violando o princípio do contraditório e ampla defesa. Uma vez concedida a oportunidade e não aproveitada pelo reclamado, o processo seguirá até o final sem a sua presença.

A LA fala em revelia da parte em seu art. 22, §3º, fazendo entender que é possível também que ocorra em face do autor, principalmente quando este não comparece a um ato de produção de prova. Mesmo assim, não há o mesmo efeito constatado nos processos judiciais, a considerar verdadeiros os fatos narrados na inicial, como se pode retirar do magistério de Carreira Alvim:

> Mas, enquanto no processo civil a falta de contestação faz presumir verdadeiros os fatos afirmados pelo autor (art. 319, CPC), salvo as hipóteses do art. 320 do Código de Processo Civil, no juízo arbitral o árbitro levará em consideração o comportamento da parte faltosa, ao

proferir a sua sentença (art. 22, parágrafo 2º, primeira parte, LA). As conseqüências que se extraem de ambas as situações é praticamente a mesma.[18]

Sendo assim, é permitido ao árbitro maior elasticidade na solução da perlenga, não ficando adstrito à máxima de considerar verdadeiros os fatos narrados na inicial simplesmente pela ausência da parte requerida. Ainda assim, poderá firmar posicionamento diametralmente oposto, desde que se sustente nas demais circunstâncias dos autos.

São dois os pressupostos para se utilizar o chamado compromisso arbitral judicial, sendo: a existência de cláusula compromissória e a resistência da parte na constituição do compromisso voluntário, nos expressos termos do *caput* do art. 7º informado. Disso se retira que, se a cláusula compromissória for cheia, em regra não haverá interesse jurídico na utilização do procedimento, devendo se extinguir o feito nos termos do art. 267, VI, do Código de Processo Civil, haja vista a inexistência de interesse processual consubstanciado na escolha equivocada da via judicial para a instituição do compromisso arbitral.

Pode ocorrer situação em que, mesmo havendo cláusula compromissória cheia, ainda assim se justifique a utilização do compromisso arbitral pela forma judicial. A título de exemplo, podemos citar o fato relativo ao desaparecimento do órgão arbitral informado na cláusula compromissória, com expressa referência às suas regras. Se o órgão não mais existir por uma motivação qualquer, restará impossível a instituição do compromisso arbitral com base no art. 5º da LA. Desta forma, mesmo sendo a cláusula cheia, não haverá outra saída ao interessado que não seja a de solicitar judicialmente a realização do compromisso com base no art. 7º da LA.

Se houver qualquer situação que implique na impossibilidade de se atender às determinações da cláusula compromissória cheia, na parte de instituição do compromisso arbitral, não se poderá concluir pela nulidade da cláusula, mas sim que a sua implementação possa ser feita mediante requerimento judicial, fazendo surgir o interesse jurídico na demanda.

Quanto à resistência à instituição do compromisso, também haverá carência de ação se não houver a prova de que a parte contrária negou-se à realização do compromisso arbitral de forma voluntária. Sendo assim, o autor da ação que visa à realização do compromisso

---

[18] ALVIM, José Eduardo Carreira. *Direito arbitral*. 2. ed. Rio de Janeiro: Forense, 2004. p. 307

arbitral pela via judicial deve comprovar de início a existência da cláusula compromissória onde não se indique a forma de instituir-se o compromisso ou se isso restar impossível, acompanhado da prova de que houve recalcitrância da parte requerida na sua realização.

A prova da recalcitrância é necessária, mas pode ser realizada pelos diversos meios autorizados pela legislação, inclusive a forma prevista no art. 6º da LA, via notificação à parte contrária, para, em dia, hora e local informado, realizar o compromisso arbitral para a solução de sua controvérsia. Esse é o meio mais seguro, seja pela razoável certeza que proporciona em seu procedimento que documenta os acontecimentos, seja pela expressa previsão legal quanto a ele. A doutrina o recomenda, em que pese não retirar a possibilidade da comprovação de outros meios. Diz Pedro Martins:

> O caminho mais seguro de se comprovar a resistência da parte é aquele expresso no art. 6º da lei. Por esse meio basta a parte juntar aos autos prova da notificação e do não-comparecimento do devedor na data, hora e local predeterminados para a assinatura do compromisso ou da recusa deste em firmar o instrumento. Esse é o caminho legal recomendado pelo legislador. Recomendado, sim, pois não se traduz no único meio de comprovação da resistência do devedor em cumprir com a obrigação oriunda da cláusula compromissória. Qualquer outro meio de prova serve para demonstrar o descumprimento da estipulação arbitral.[19]

Efetuada a apresentação da petição inicial, com os requisitos do art. 282 do CPC e devidamente assinada por advogado, com a ressalva dos casos expressamente previstos em lei que autoriza a sua dispensa,[20] caberá ao magistrado a designação de audiência específica para tal fim, ordenando a citação do réu para nela comparecer. Ressalto que o procedimento está inteiramente previsto no próprio art. 7º da LA, se assemelhando ao que prevê a Lei nº 9.099/95, que trata dos Juizados Especiais Cíveis.

O interesse do legislador em adotar um procedimento célere e com a presença imediata das partes cinge-se ao fato de que a arbitragem tem como escopo a agilidade e a informalidade, situações quase sempre existentes no procedimento relativo aos Juizados Especiais. Isso

---

[19] MARTINS, Pedro Antônio Batista. *Apontamentos sobre a lei de arbitragem*: comentários à Lei 9307/96. Rio de Janeiro: Forense, 2008. p. 119-120.

[20] Há dispensa do advogado nos casos de competência dos Juizados Especiais Cíveis, em que o valor da causa seja inferior a 20 salários mínimos, ou quando o próprio autor for advogado, atuando em causa própria.

proporciona uma interferência judicial mínima e rápida, preservando o interesse das partes que é justamente afastar da jurisdição estatal a solução de seus conflitos via cláusula compromissória. É o que diz a doutrina de Carmona:

> Para disciplinar a demanda de que trata o artigo sob exame, adotou o legislador, como parâmetro, o procedimento sumaríssimo previsto para os Juizados Especiais Cíveis, o que não ocorreu por mero acaso. Para que não fracasse completamente a experiência arbitral, as partes devem passar pelo Poder Judiciário de forma breve e não traumática, de sorte a evitar que o grau de litigiosidade entre elas aumente tanto que praticamente inviabilize a solução arbitral, estimulando expedientes procrastinatórios e tornando certa e esperada a resistência à decisão final dos juízes árbitros. A solução encontrada foi a adoção de procedimento marcadamente informado pelo princípio da oralidade, acentuando os poderes conciliatórios do juiz.[21]

Na audiência designada para tal finalidade, caberá ao magistrado inicialmente conciliar as partes sobre o mérito da demanda, situação em que, tendo sucesso, poderá de forma imediata prolatar sentença homologatória do acordo. Em não sendo possível o acordo quanto ao mérito da demanda, restará a análise da possibilidade de concordância quanto à realização do compromisso arbitral, conforme prevê o §2º do referido artigo. Havendo acordo, o compromisso será de imediato realizado, iniciando-se o sistema arbitral e encerrando a atividade da jurisdição estatal no problema.

Se não houver acordo sobre a realização do compromisso, haverá aplicação do §3º do artigo em discussão, o qual diz textualmente:

> §3º Não concordando as partes sobre os termos do compromisso, decidirá o juiz, *após ouvir o réu, sobre seu conteúdo*, na própria audiência ou no prazo de dez dias, respeitadas as disposições da cláusula compromissória e atendendo ao disposto nos artigos 10 e 21, §2º, desta Lei. (grifo meu)

Encerradas as providências conciliatórias sem sucesso, o juiz colherá as argumentações do requerido que poderão ser apresentadas por escrito ou oralmente, conforme permite o procedimento determinado por lei. O parágrafo citado na parte em destaque pode levar a entender

---

[21] CARMONA, Carlos Alberto. *Arbitragem e processo*: um comentário à Lei n. 9307/96. 2. ed. rev. atual. e ampl. 3. reimp. São Paulo: Atlas, 2006. p. 145.

que ao Juiz Togado só resta possível a análise sobre o conteúdo do compromisso arbitral, situação sustentada pela argumentação de que a interferência da jurisdição estatal na arbitragem deve ser mínima e exclusivamente nos momentos previstos pela legislação.

Tema bastante interessante diz respeito aos poderes do juiz togado na análise das matérias postas pelas partes na discussão sobre a possibilidade de instituição judicial do compromisso arbitral. Se por um lado existem aqueles que advogam liberdade plena do magistrado, existem outros que entendem pela limitação das matérias que podem ser alegadas nesta situação, de modo a preservar o princípio da competência-competência instituído no art. 8º da LA. Por este princípio, caberá ao árbitro, em primeiro plano, a análise de sua própria competência, reservando ao Judiciário a verificação posterior da matéria em sede de ação anulatória.

Para Pedro Martins, as matérias possíveis de análise são apenas aquelas relativas à própria existência da cláusula compromissória e as de ordem pública, conforme previsão do art. 168 do Código de Processo Civil, nos seguintes termos:

> Por todas as razões, e outras mais, tenho que a análise pelo juiz togado é cogente nas hipóteses de vícios de nulidade absoluta. Desta análise não escapa o juiz, por força do que dispõe o artigo 168 do Código Civil. No mais, a análise é de caráter *prima facie*, pois ela, cláusula compromissória, assegura ao autor o direito de ver instituída a arbitragem. Em pouquíssimas situações que escape às hipóteses de nulidade absoluta, poderá o juiz adentrar nas questões de validade, eficácia ou inexistência da cláusula de arbitragem, como, por óbvio, em situações evidentemente teratológicas. Assim, afora as hipóteses de nulidade absoluta do negócio jurídico, a análise do juiz é feita *prima facie*, cabendo ao árbitro, por força do princípio da competência-competência, decidir sobre a existência, a validade e a eficácia da cláusula compromissória.[22]

A matéria relacionada aos poderes do juiz togado na análise das circunstâncias relativas à arbitragem sempre se mostra restringida, de modo a preservar a autoridade do árbitro, decorrente da vontade das partes na instituição da arbitragem. No entanto, o magistrado não pode ser um simples chancelador da cláusula arbitral, posto que se está sendo chamado a decidir é porque haverá necessidade de seu pronunciamento na solução de algumas matérias.

---

[22] MARTINS, Pedro Antônio Batista. *Apontamentos sobre a lei de arbitragem*: comentários à Lei 9307/96. Rio de Janeiro: Forense, 2008. p. 122.

No caso da instituição do compromisso arbitral na via judicial, a dificuldade de se fixar os limites da atuação judicial é reconhecida por todos os doutrinadores, inclusive os de terras externas. No direito espanhol, vigora o sistema único da instituição da arbitragem via o chamado "convenio arbitral", não sendo necessária para se instituir a arbitragem nenhuma outra providência. No entanto, existe a possibilidade de que o convênio espanhol não traga a informação sobre a identificação do árbitro, quando então surge a necessidade de sua fixação pelo Judiciário. É o que informa a lei de arbitragem daquele país:

> Art. 15.5. El tribunal únicamente podrá rechazar la petición formulada cuando aprecie que, de los documentos aportados, no resulta la existencia de un convenio arbitral.

Conforme deixa claro o preceito legal espanhol, o Judiciário estatal só poderá analisar o caso sob a perspectiva da pura existência do convênio arbitral, restando incompetente para a verificação de outras matérias. A própria exposição de motivos da legislação arbitral espanhola trata de explicar o alcance da norma, relatada na doutrina de Motilla, nos seguintes termos:

> Por ello, el juez sólo debe desestimar la petición de nombramiento de árbitros en el caso excepcional de inexistencia de convenio arbitral, esto es, cuando *prima facie* pueda estimar que realmente no existe un convenio arbitras; pero el juez no está llamado en este procedimiento a realizar un control de los requisitos de validez del convenio.[23]

A legislação brasileira não é tão específica quanto as matérias que podem ser expostas à análise do magistrado, o que nos leva a procurar soluções na doutrina conforme já se mencionou anteriormente no ponto de vista de Pedro Martins. Não resta dúvida de que uma das matérias diz respeito justamente à existência da cláusula compromissória, visto que o compromisso arbitral não será instituído sem ela, desde que não haja concordância do requerido.

A intranquilidade doutrinária reside nas alegações quando à validade da cláusula compromissória, situação em que, sendo permitida ao juiz togado a sua análise, se estará violando o princípio da competência-competência, como já informado. A doutrina estrangeira

---

[23] SENES MOTILLA, Carmen. *La intervención judicial en el arbitraje*. Pamplona: Thomson Civitas, 2007. p. 54.

procura estabelecer algumas normas que podem ser seguidas na verificação das hipóteses em que o juiz togado poderá decidir ao invés de enviar as partes para o procedimento arbitral, onde o árbitro decidirá sobre a validade da cláusula compromissória de forma plena.

A admissão de pronunciamento do juiz togado só poderá ocorrer quando, a toda evidência, não se puder instituir o compromisso arbitral, ou seja, a olhos vistos haverá uma impossibilidade clara e insofismável de remessa do caso ao sistema arbitral, pouco importando que seja ou não matéria de ordem pública ou de nulidade absoluta, contradizendo Martins com a devida vênia. Como exemplo se informa a possibilidade da cláusula compromissória dizer respeito a outras pessoas, ou se quiser submeter à arbitragem matéria relacionada a direitos indisponíveis, como os relacionados à família e sucessões. Diz a doutrina:

> No es nada simple limitar las facultades del juez al análisis de un hecho negativo (la inexistencia del convenio) puesto que aunque exista convenio resulta difícil apartar la mirada crítica de los sujetos intervenientes y la propia arbitrabilidad de la materia. Ya sé que lo que digo corre el riesgo de anticipar resoluciones que merecerían un cauce procesal diferente, pero es inevitable que las cosas sucedan de este modo. Si el convenio lo firmaron Ticio y Caio no puede el juez permanecer insensible a que el actor y el demandado sean Sempronio y Lucrecio a no ser que se alegue y demustre algún fenómeno de legitimación habilitante. Y si el convenio establece como objeto de arbitraje la nulidad de un matrimonio, la magnitud de la inarbitrabilidad es de tal alcurnia que cualquier juez que no la tuviera en cuenta resultaria a no dudar un altamente negligente. Pero tanto en uno como en otro caso, las razones que impulsen el rechazo tienen que ser contundentes, sin el más mínimo resquicio de duda.[24]

Nestas circunstâncias, não resta dúvida de que o magistrado deverá negar-se à realização do compromisso arbitral. Quando houve qualquer possibilidade de estar correta a cláusula compromissória, deverá o magistrado afastar a alegação, deixando de adentrar em seu mérito e com isso preservando a competência do árbitro prevista no art. 8º da LA. Discussões doutrinárias, tais como a possibilidade de instituição da arbitragem em litígios trabalhistas, com órgãos públicos, mediante contrato de adesão ou de consumo, pelo grau de dúvida que possuem, não podem ser analisadas pelo juiz togado em sede de

---

[24] MARTÍN MUÑOZ, Alberto de; HIERRO ANIBARRO, Santiago. *Comentario a la ley de arbitraje*. Madrid: Marcial Pons, 2006. p. 350.

instituição do compromisso judicial. Essa matéria só poderá ser tratada pela jurisdição estatal em sede de ação anulatória de compromisso arbitral, prevista no art. 32 da LA brasileira.

De qualquer forma, a sentença do magistrado que aceita ou repugna a instituição do compromisso arbitral tem natureza judicial, fazendo surgir os efeitos da coisa julgada material, tornando imutável a decisão, após esgotadas as vias recursais sem modificação. Se o magistrado entendeu pela existência e até mesmo a validade da cláusula sob determinado aspecto, esta matéria não mais poderá ser tratada em sede de ação de nulidade de sentença arbitral, sob pena de violação às disposições constitucionais sobre a coisa julgada.

Para aqueles que entendem pela amplitude de poderes do juiz togado na instituição do compromisso arbitral, podendo ele analisar tanto a existência como a validade, eficácia e aplicabilidade da cláusula compromissória, relativisando o princípio da competência-competência, os efeitos da coisa julgada restam plenos e importantes para o processo arbitral. Isto é, uma vez decidido o pedido de instituição do compromisso arbitral no modelo judicial, não mais poderão as partes ou até mesmo o árbitro discutir a respeito da existência, validade, eficácia e aplicabilidade da cláusula compromissória, sob pena de violar a coisa julgada. A defesa do requerido no procedimento arbitral instituído não poderá dispor sobre a validade do compromisso arbitral, o qual foi instituído por sentença judicial transitada em julgado. Diz a doutrina de Ricci:

> O compromisso estipulado pelas partes tem que ser avaliado pelos árbitros quanto à sua própria existência, validade e eficácia. Mas a sentença proferida pelo juiz pode ser atacada somente mediante apelação, que é recebida sem efeito suspensivo (art. 520 sub VI, do CPC). O árbitro não pode, portanto, duvidar de sua validade ou eficácia, nem declarar, por causa disso, sua incompetência. Quanto à controvérsia identificada pelo juiz como objeto da arbitragem, a *admissibilidade desta e a competência do árbitro são afirmadas de maneira vinculante*. Sintetizando, podemos dizer que o compromisso formado pelo juiz soluciona, de maneira definitiva, importantes questões prévias do procedimento arbitral.[25]

Quanto à imposição de sucumbência ao vencido, é de bom alvitre realizar algumas considerações sobre a sua possibilidade. Se a parte

---

[25] RICCI, Edoardo Flavio. *Lei de arbitragem brasileira*: oito anos de reflexão: questões polêmicas. São Paulo: Revista dos Tribunais, 2004. p. 105.

contrária negar-se de forma clara à instituição do compromisso, resta evidente que a imposição da sucumbência no caso de procedência do pedido inicial é medida que se impõe. No entanto, é possível que a parte concorde com a instituição do compromisso arbitral, discordando apenas e tão somente da indicação do árbitro ou do local onde ocorrerá a arbitragem. Nestas circunstâncias, caberá ao magistrado suprir as deficiências e incoincidências das partes, não se discutindo a instituição do compromisso arbitral. Nestas condições, não se verifica correta a imposição de sucumbência a quem quer que seja. Diz Carmona, a alicerçar este posicionamento:

> No que toca à sucumbência, haverá o juiz de agir com cuidado e parcimônia: se perceber verdadeira resistência do réu à arbitragem, é certo que o condenará, se vencido, a pagar as despesas e custas processuais a que deu causa, bem como verba honorária; se verificar, porém, desacordo entre as partes apenas sobre a forma de instituir o tribunal arbitral, a demanda ganha outro colorido, e a atividade do juiz será de mero acertamento, hipótese em que não parece recomendável sobrecarregar um ou outro litigante com as verbas decorrentes de sucumbência.[26]

Por último, é bom ressaltar que a sentença que decide sobre a instituição ou não do compromisso arbitral pode ser atacada por recurso de embargos de declaração e apelação, mediante as regras previstas no Código de Processo Civil perfeitamente aplicáveis ao caso. Eventual recurso só possui efeito devolutivo conforme previsão do art. 520, VI, do CPC, alicerçando o posicionamento de que a arbitragem estará imediatamente instituída, independente da apresentação e processamento do recurso. Caso haja solução pelo provimento no sentido de não se instituir o sistema arbitral, resta evidente que eventual reclamação arbitral e todos os atos nela realizados, inclusive possível sentença, restam nulos de pleno direito.

---

[26] CARMONA, Carlos Alberto. *Arbitragem e processo*: um comentário à Lei n. 9307/96. 2. ed. rev. atual. e ampl. 3. reimp. São Paulo: Atlas, 2006. p. 152.

CAPÍTULO 3

TUTELAS DE URGÊNCIA NA ARBITRAGEM

Sumário: 3.1 Aspectos gerais – **3.2** Requisitos – **3.3** Cabimento das tutelas de urgência na arbitragem – **3.4** Tutelas de urgência na pendência de reclamação arbitral – **3.5** Tutela de urgência anterior a reclamação arbitral

3.1 Aspectos gerais

A atividade relativa à prestação jurisdicional, na clássica tripartição entre processos de conhecimento, execução e cautelar, já se encontra ultrapassada pelas novas determinações legais, enfatizadas na questão relativa à efetividade dos provimentos jurisdicionais. As últimas alterações do Código de Processo Civil modificam sensivelmente a forma de se utilizar as medidas consideradas de urgência.

De fato, as circunstâncias relativas à prestação jurisdicional devem se atentar para as medidas que procuram assegurar o objeto da contenda (cautelar), antecipar a entrega da prestação jurisdicional de fundo (antecipada), ou até mesmo tutelas específicas, relacionadas a situações especiais que recomendam um posicionamento que se enquadra como tutela antecipada, e que exigem providências para viabilizar a efetividade do pronunciamento judicial.

A luta contra o tempo é inglória para o Judiciário, sempre embaraçado no excesso de formalismo e acusado de letargia a ponto de fazer perder o objeto de direito perseguido pelo jurisdicionado. Petrônio R. G. Muniz informa claramente sobre a importância do elemento temporal na solução dos conflitos postos à jurisdição, nos seguintes termos:

O elemento temporal, ou seja o timing para a tutela requerida manifestar-se no mundo fático, assume destarte papel protagônico para a sua efetivação. A realidade factual apóia-se em evidências. Nunca poderá ser considerada ou admitida como "efetiva" qualquer tutela jurisdicional decretada a destempo. Tudo isso, reitere-se, também é cediço e incontrastável.[1]

Situações irão ocorrer onde a necessidade de brevidade temporal na prestação jurisdicional seja mais premente, exigindo ferramentas jurídicas que tenham condições de prestar tais tutelas. Se inicialmente a preocupação era apenas de assegurar o direito a ser discutido no processo de conhecimento, surgindo a tutela cautelar, a necessidade de efetividade e o natural desenvolvimento do direito, fez surgir a tutela antecipada, esta destinada a entregar a prestação jurisdicional de mérito antes mesmo da sentença final. A doutrina de Marinoni faz a seguinte distinção sobre as duas formas de tutela de urgência:

> Como visto, a tutela cautelar se destina a assegurar a efetividade da tutela satisfativa do direito material. Por esta razão, é caracterizada pela instrumentalidade e pela referibilidade. A tutela cautelar é instrumento da tutela satisfativa, na medida em que objetiva garantir a sua frutuosidade. Além disso, a tutela cautelar sempre se refere a uma tutela satisfativa de direito, que desde logo pode ser exigida, ou que, dependendo do acontecimento de certas circunstâncias, poderá ser exigida. A tutela antecipatória, porém, é satisfativa do direito material, permitindo a sua realização — e não a sua segurança — mediante cognição sumária ou verossimilhança. Na verdade, a tutela antecipatória, de lado hipóteses excepcionais, tem a mesma substância da tutela final, com a única diferença de que é lastreada em verossimilhança e, por isto, não fica acobertada pela imutabilidade inerente à coisa julgada material.[2]

Nem todos os problemas de urgência restam resolvidos com a tutela cautelar ou antecipatória, posto que na prática se faz possível a violação da integridade de um direito, sem, no entanto, retirá-lo de seu detentor. Temos como exemplo a violação de direitos autorais ou marcários, em que a utilização indevida da produção intelectual não viola o direito em si, mas traz prejuízos de diversos matizes ao seu

---

[1] LEMES, Selma Ferreira *et al.* (Coord.) *Arbitragem*: estudos em homenagem ao prof. Guido Fernando da Silva Soares. São Paulo: Atlas, 2007. p. 287.
[2] MARINONI, Luiz Guilherme; ARENHART, Sérgio Cruz. *Processo cautelar*. 2. tir. São Paulo: Revista dos Tribunais, 2008. p. 61. (Curso de Processo Civil, v. 4).

detentor. A legislação deve também fornecer uma tutela no sentido de evitar a continuidade da violação de tais direitos. Marinoni diz claramente sobre a hipótese:

> A tutela contra o ilícito, em tais hipóteses, não se volta contra um dano, mas apenas contra um ato contrário ao direito que deixa marcas no tempo, constituindo, por assim dizer, uma fonte capaz de gerar danos. Percebe-se com nitidez, a partir daí, que o dano é uma conseqüência do ilícito e, mais do que isto, uma conseqüência eventual — não necessária — do ato contra o direito.[3]

Todo cidadão tem o poder de impedir a violação de seu direito, surgindo como exemplo a teoria do desforço imediato na proteção possessória.[4] No entanto, nem sempre poderá fazê-lo de modo pessoal, como a referida teoria autoriza. Quase sempre deverá socorrer-se do Poder Jurisdicional para fazer cessar a violação, sob pena de ser acusado do crime de exercício arbitrário das próprias razões.

Visando justamente atender a tais reclamos, temos a chamada tutela específica, evidenciada no art. 461 do Código de Processo Civil, a qual se preocupa com a proteção da integridade do direito. Como exemplo dela temos a chamada tutela inibitória e de remoção do ilícito, as quais não exigem para a sua aplicabilidade a comprovação de dano ou de eventual culpa. Cinge-se a constatar a violação de um direito, tais como a imagem ou o nome de uma pessoa. A utilização indevida destes direitos da personalidade, mesmo que não atinjam a honra e boa fama de seu detentor, não se faz aceitável no Estado Democrático de Direito, gerando a possibilidade de ordenar a imediata paralisação da atividade nociva (remoção do ilícito), ou até mesmo a proibição de sua realização (inibitória), com aplicação notadamente das *astreintes* para o caso de descumprimento.

3.2 Requisitos

Em termos gerais, os requisitos para as tutelas de urgência se fazem também diferentes em face de se considerarem como cautelares ou antecipatórias de tutela. De fato, as de natureza cautelar estão lastreadas na preservação do direito, enquanto as antecipatórias estão relacionadas

---

[3] MARINONI, Luiz Guilherme; ARENHART, Sérgio Cruz. *Processo cautelar*. 2. tir. São Paulo: Revista dos Tribunais, 2008. p. 71-72. (Curso de Processo Civil, v. 4).
[4] Art. 1210 parágrafo 1º do Código Civil Brasileiro. (Lei nº 10406/02).

à entrega do próprio direito material em discussão. Marinoni faz diferenciação objetiva dos dois institutos de ordem processual:

> De modo que a tutela cautelar assegura, enquanto a tutela antecipatória tem a sua substância dependente da própria natureza da tutela final. Ou seja, a tutela antecipada pode ser inibitória, de remoção de ilícito, etc., ao passo que a tutela cautelar é sempre de segurança.[5]

Quando se trata de tutela de urgência acautelatória, os requisitos para a sua concessão restam evidenciados na clássica menção à "fumaça do bom direito" e o "perigo da demora". É certo que para a grande maioria dos doutrinadores estes requisitos não se fazem únicos, relacionando outros em face da temporariedade da medida, não satisfatividade, instrumentalidade, referibilidade e cautelaridade. Como a finalidade deste trabalho não é diretamente o estudo das tutelas de urgência, mas sim o cabimento na esfera arbitral, faço a análise somente das duas principais, quais sejam o *fumus boni juris* e o *periculum in mora*.

Para a obtenção da tutela cautelar, o autor deve trazer para os autos provas ou argumentações que levem o magistrado ao raciocínio sobre a possibilidade de êxito na discussão final sobre o direito material em análise. Ou seja, que existe uma considerável possibilidade de que o requerente da cautelar esteja correto em seu pedido relativo ao mérito da demanda.

Resta óbvio que este posicionamento é superficial, não se exigindo da parte a comprovação plena de seu direito material. O que se exige é que ele seja provável diante das circunstâncias, emitindo o magistrado um juízo superficial e sumário. Justamente por isso, resta perfeitamente possível ao presidente do feito decidir ao final pela improcedência, seja da medida cautelar seja da própria ação principal, não vinculando seu anterior entendimento.

Já quanto ao perigo da demora, a legislação prevê a possibilidade de concessão de proteção a situações cujo direito está exposto a perigo, necessitando de uma medida rápida de modo a preservá-lo. O perigo de dano é analisado sob o prisma da objetividade, devendo ser demonstrado de forma clara e não por meras conjecturas.

O perigo é sempre necessário que se demonstre, não bastando que haja simplesmente a mora ou o desrespeito ao direito a ser tutelado no processo principal. Marinoni evidencia a necessidade de se antever

---

[5] MARINONI, Luiz Guilherme; ARENHART, Sérgio Cruz. *Processo cautelar*. 2. tir. São Paulo: Revista dos Tribunais, 2008. p. 86. (Curso de Processo Civil, v. 4).

o perigo sobre o direito a ser tutelado, diferenciando da mora prevista na lei, o fazendo nos seguintes termos:

> O perigo de dano deve ser fundado em elementos objetivos, capazes de serem expostos de forma racional, e não em meras conjecturas de ordem subjetiva. Além disto, embora o perigo de dano faça surgir uma situação de urgência, tornando insuportável a demora do processo, não há razão para identificar o perigo de dano como *periculum in mora*, como se ambos tivessem o mesmo significado. O perigo de dano faz surgir o perigo na demora do processo, existindo, aí, uma relação de causa e efeito. Por isto mesmo, para se evidenciar a necessidade de tutela cautelar, não basta alegar *periculum in mora*, sendo preciso demonstrar a existência de causa, ou seja, o perigo de dano.[6]

Em que pese também ser considerada uma tutela de urgência, a antecipação de tutela prevista no art. 273 do CPC tem requisitos bem diversos da cautelar, até mesmo porque seu desiderato final é bem mais importante. Se por um lado a cautelar apenas preserva o direito, a tutela antecipada o entrega de forma imediata, sem que, na maioria das vezes, sequer se tenha ouvido a parte contrária.

Sempre necessária para efetividade da prestação jurisdicional e para combater os efeitos nefastos do tempo, a tutela antecipada, com suas previsões no artigo citado, corrigiu uma antiga distorção, que era justamente a utilização da tutela cautelar para dar efetividade a um direito, o que corresponde à entrega deste de forma antecipada. Sendo mais importante e com probabilidade de danos mais graves à parte contrária, a legislação trouxe exigências mais rígidas para a sua concessão. Dispõe o art. 273 do CPC, apenas na parte de seus incisos I e II:

> Art. 273. O juiz poderá, a requerimento da parte, antecipar, total ou parcialmente, os efeitos da tutela pretendida no pedido inicial, desde que, existindo prova inequívoca, se convença da verossimilhança da alegação e:
> I – haja fundado receio de dano irreparável ou de difícil reparação; ou:
> II – fique caracterizado o abuso de direito de defesa ou o manifesto propósito protelatório do réu.

Conforme se verifica já na *caput* do artigo citado, exige-se a prova inequívoca que faça o juiz se convencer da verossimilhança

---

[6] MARINONI, Luiz Guilherme; ARENHART, Sérgio Cruz. *Processo cautelar*. 2. tir. São Paulo: Revista dos Tribunais, 2008. p. 61. (Curso de Processo Civil, v. 4).

da alegação, como ponto de partida para a sua concessão. Não basta mais a fumaça do bom direito previsto para as cautelares, posto que a exigência agora é bem mais séria. Por prova inequívoca se entende aquela que não deixa dúvidas, mesmo em se tratando de uma análise inicial e por muitas vezes incompleta do magistrado. Diz a doutrina ao conceituar prova inequívoca:

> Por prova inequívoca entende-se aquela que tem preponderância de fatores absolutos sobre os relativos, ou seja, a prova suficiente para levar o juiz a acreditar que a parte é titular do direito material disputado. E por tratar-se de um juízo provisório, basta que, no momento da análise do pedido de antecipação, todos os elementos convirjam no sentido de aparentar a probabilidade das alegações. Para tanto, cabe ao autor demonstrar que a prova é consistente, e quando possível indicar o caminho ao Estado-juiz para se chegar até a mesma, na perspectiva de fornecer subsídios ao seu pedido antecipatório, pois como é sabido, cabe às partes indicar os fatos e os fundamentos jurídicos, conforme verificado o princípio da inércia previsto nos arts. 128 e 460, caput CPC.[7]

Mesmo havendo prova inequívoca, ainda assim exige o artigo citado a complementação de outros requisitos para que a tutela seja concedida, fazendo-o nos incisos I e II de forma alternativa, ou seja, pode ser tanto um como o outro caso. No primeiro inciso, vem a urgência propriamente dita, caracterizada pela existência de dano irreparável ou de difícil reparação. Neste caso, a intenção legal é de evitar ou minimizar o dano em decorrência da violação ao direito material envolvido, posto que a sua correção geralmente exige tempo e gastos, nem sempre com a garantia de sucesso.

A preocupação com a ética e com a efetividade do processo também enseja a tutela antecipada prevista no inciso II do artigo em comento. O abuso de direito de defesa ou ação protelatória manifesta, age contra a efetividade do processo e vai ainda de encontro ao princípio constitucional da duração razoável deste. Em face disso e justamente para evitar a utilização nefasta de recursos ou outros procedimentos legais para atrasar a conclusão do processo é que se justifica a concessão da tutela antecipada.

Em complemento aos requisitos positivos da tutela antecipada, a lei ainda ordena a análise de outro de forma negativa, ou seja, no

---

[7] SANTOS, Jonábio Barbosa dos; ARAÚJO, Márcia Cavalcante de. Tutela antecipada. *Juris Plenum*, Caxias do Sul, v. 1, n. 98, jan./fev. 2008. 2 CD-ROM.

sentido de verificar a inexistência da relação de fato para ensejar a concessão da medida. Não se concederá a tutela antecipada nas situações em que a medida for irreversível, ou seja, não puder ser desfeita posteriormente, quando a análise do mérito da demanda for mais profunda e definitiva.

Não se pode esquecer que a tutela antecipada é uma decisão de urgência e de análise superficial, embora exija a prova inequívoca dos fatos alegados. A injustiça, incapaz de ser corrigida, não pode ser aceita em face do interesse legislativo de dar efetividade ao processo judicial. É certo que a jurisprudência já se pacificou no sentido de que o magistrado poderá conceder a tutela antecipada até mesmo por ocasião da sentença final,[8] quando terá tido acesso a todas as argumentações das partes e da prova produzida, reduzindo consideravelmente a possibilidade de *error in judicando*.

No entanto, mesmo assim não se pode esquecer da possibilidade de recurso e seu provimento, mantendo-se o cuidado de sua concessão quando houver possibilidade de reversão. As medidas de urgência reclamam agilidade e cuidado, de modo a evitar tanto o perecimento do direito como a sua concessão indevida diante de cada caso concreto. As decisões que as concedem ou denegam, justamente por isso e pela exigência constitucional, devem ser fundamentadas a ponto de deixar claras as razões pelas quais se decidiu.

3.3 Cabimento das tutelas de urgência na arbitragem

Da mesma forma que no sistema de jurisdição estatal, as ações submetidas ao sistema arbitral podem exigir a tutela de urgência, seja em face das cautelares, seja nos casos de antecipação de tutela. O cabimento de tais formas de atuação jurisdicional no sistema arbitral é unânime na doutrina, e também claramente evidenciada pelas previsões do art. 22 da Lei de Arbitragem brasileira.

---

[8] (STJ-198339) "Agravo regimental em recurso especial. Processual civil. Tutela antecipada concedida na sentença. Recurso cabível. Medida tomada contra a Fazenda Pública. Prejudicialidade. De acordo com o princípio da singularidade recursal, tem-se que da sentença cabível apelável e da decisão interlocutória, agravo de instrumento. Logo, o recurso cabível contra sentença em que foi concedida a antecipação de tutela é a apelação. Resta prejudicada a análise quanto à impossibilidade de se conceder tutela antecipada contra a Fazenda Pública uma vez determinado que o agravo de instrumento interposto contra essa decisão não seja conhecido, ante a interposição inadequada do recurso. Agravo Regimental a que se nega provimento (Agravo Regimental no Recurso Especial nº 456633/MG (2002/0094010-7), 6ª Turma do STJ, Rel. Paulo Medina. j. 02.05.2006, unânime, *DJ*, 01 ago. 2006).

É certo que não há na legislação arbitral norma específica na forma como encontrada nos arts. 273, 461 e 798 do Código de Processo Civil, existindo apenas as informações do art. 22 da LA. No entanto, não será por falta de normas de caráter processual que tais medidas não podem ser aplicadas no sistema arbitral, até mesmo porque o art. 21 da LA trata especificamente da capacidade do árbitro em estipular normas de procedimento. Diz o texto legal:

> Art. 21. A arbitragem obedecerá ao procedimento estabelecido pelas partes na convenção de arbitragem, que poderá reportar-se às regras de um órgão arbitral institucional ou entidade especializada, facultando-se, ainda, às partes delegar ao próprio árbitro, ou ao tribunal arbitral, regular o procedimento.
> §1º Não havendo estipulação acerca do procedimento, caberá ao árbitro ou ao tribunal arbitral discipliná-lo.

Desta forma, mesmo que não haja previsão processual na Lei de Arbitragem ou nas normas regulamentares do órgão arbitral, poderá o árbitro imprimir procedimento previsto na legislação processual ordinária ou até mesmo aplicar procedimento que julgar conveniente, desde que respeite os princípios da ampla defesa e contraditório, exigidos na própria legislação arbitral, em consonância com a Constituição da República. Sendo assim, há perfeito cabimento processual de aplicação das medidas de urgência. Carreira Alvim mostra clareza ao afirmar sobre a possibilidade:

> Da mesma forma, os provimentos antecipatórios, tanto a tutela antecipada (art. 273 do CPC), quanto a tutela específica (Art. 461 do CPC) têm perfeito cabimento, aplicando-se-lhes as regras estritamente processuais, se outras não forem estabelecidas pelas partes, ou fixadas pelo árbitro, com o seu consentimento.[9]

Por fim, o próprio §4º do art. 22 da LA informa que "ressalvado o disposto no §2º, havendo necessidade de medidas coercitivas ou cautelares, os árbitros poderão solicitá-las ao órgão do Poder Judiciário que seria, originariamente, competente para julgar a causa", colocando fim a qualquer possibilidade de discussão sobre a falta de cabimento das medidas de urgência no sistema arbitral. O que resta verificar é a forma correta, principalmente no que tange à competência e poderes para prestação destas tutelas de urgência.

---

[9] ALVIM, José Eduardo Carreira. *Direito arbitral*. 2. ed. Rio de Janeiro: Forense, 2004. p. 333.

3.4 Tutelas de urgência na pendência de reclamação arbitral

A lei, quando informa ser dever do árbitro "solicitar" a aplicação das medidas de urgência, adota o sistema previsto em quase todas as legislações do mundo sobre os poderes do árbitro. Também no Brasil, o árbitro não possui todos os poderes da jurisdição, quais sejam *notio, vocatio, coercio, judicio e execucio*. Tais poderes só são encontrados em sua totalidade na figura do juiz togado, o qual representa o Estado na sua função de solucionar os conflitos de interesse. O árbitro também é um representante do Estado-Jurisdição, conforme já discorrido, mas seus poderes são restritos à *cognitio e judicium*, e além de tudo, apenas quanto ao processo onde foi escolhido como árbitro.

Sendo assim, ao árbitro resta possível conhecer das reclamações arbitrais e formar seu juízo de convencimento, deitando sua sentença arbitral. Não terá, no entanto, condições de coercibilidade delas, impedindo a sua execução. Para tanto, deverá solicitar o auxílio do juiz togado que as possui e poderá dotar a decisão arbitral dos poderes de coercibilidade e executoriedade. Carreira Alvim diz textualmente:

> É forçoso, no entanto, reconhecer que o árbitro só tem do juiz romano a *iurisdictio*, que importa no poder de conhecer (*cognitio*) e julgar (*iudicium*), enquanto que o juiz togado tem, também o *imperium*, do que resulta o seu poder de executar a sentença, fazendo efetivos atos constritivos da liberdade individual no caso concreto; o que não significa que, faltando ao árbitro o *imperium*, perca a sua atividade de caráter jurisdicional.[10]

Assim, não resta dúvida de que caberá ao árbitro a análise de eventual pedido de tutela de urgência, não sendo correta a interpretação puramente literal de que teria ele de encaminhar o pedido da parte ao juiz togado originariamente competente para julgamento da causa. Carmona informa que existem aqueles que preferem adotar a interpretação puramente literal do art. 22 da LA, entendendo que o árbitro não tem poderes para a concessão da medida cautelar, na forma como antes se verificava nos antigos termos do art. 1086, II, do Código de Processo Civil.

Ressalta o ilustre especialista da matéria que esta interpretação não se sustenta, posto que colocaria o árbitro apenas como um intermediário entre a parte e o juiz togado, retirando efetividade e agilidade do

---

[10] ALVIM, José Eduardo. *Direito arbitral*. 2. ed. Rio de Janeiro: Forense, 2004. p. 332.

procedimento. Se assim o fosse, poderia a parte se dirigir diretamente ao juiz togado, economizando tempo e trabalho. Diz o texto doutrinário:

> Tal visão ampla dos poderes do árbitro está longe de obter a unanimidade dos intérpretes. Muitos preferem apegar-se à letra da lei, imaginando que o árbitro deva apenas servir de interlocutor, junto ao juiz togado, para o manejo de uma demanda cautelar qualquer. Isto levaria a situações francamente insustentáveis, tornando-se o árbitro um mero substituto processual da parte, que apenas instaria o árbitro a requerer (em nome próprio) a tutela de um pretenso direito do litigante. Considerando-se que a medida cautelar visa a assegurar o resultado útil do processo, é razoável (embora nem sempre prático) conceder ao órgão julgador que proferirá a decisão sobre a demanda principal a competência para detectar a necessidade ou não de tutela cautelar.[11]

Além do mais, se caberá ao árbitro a decisão final sobre a demanda, onde analisará as provas e proferirá a sentença arbitral definitiva, inalcançável inclusive por qualquer recurso com a ressalva dos aclaratórios, não há razão para não entender que possa fazer o menos, que é justamente prestar tutela cautelar ou antecipatória nos casos em que restar cabível. Quem pode o mais, pode o menos, diz o adágio jurídico.

No direito espanhol, a legislação permite que a parte faça opção entre o árbitro e o juiz togado, não podendo fazer utilização de ambos, principalmente quando qualquer deles tiver indeferido a medida. Tal se consubstanciaria em má-fé processual. Diz a doutrina espanhola sobre a possibilidade da competência alternativa e concorrente do árbitro com o juiz togado para as medidas acautelatórias:

> La nueva LA regula la tutela cautelar mediante una "doble vía": por una parte, la potestad de la autoridad judicial para dictar medidas cautelares en virtud de lo dispuesto en los arts. 8 y 11 de la Ley de Arbitraje y, por otra parte, la potestad declarativa de los árbitros en materia cautelar — no ejecutiva — salvo acuerdo en contrario de las partes.[12]

O sistema espanhol abre a permissão para utilização de ambas as jurisdições para efeito de requerimento das tutelas de urgência, não

---

[11] CARMONA, Carlos Alberto. *Arbitragem e processo*: um comentário à Lei n. 9307/96. 2. ed. rev. atual. e ampl. 3. reimp. São Paulo: Atlas, 2006. p. 266.
[12] MARTÍN MUÑOZ, Alberto de; HIERRO ANIBARRO, Santiago. *Comentário a la ley de arbitraje*. Madrid: Marcial Pons, 2006. p. 402.

sendo este o princípio eleito pelo direito brasileiro, onde a competência não se faz concorrente, mas somente complementar. Caberá ao árbitro a análise do pedido de tutela de urgência, com posterior solicitação ao juiz togado no caso de ser necessária a coerção para a sua execução. Deve-se ressaltar que nem sempre será necessária a intervenção do juiz togado, posto que a parte destinatária da tutela cautelar poderá cumpri-la de forma voluntária, ou, a depender do tipo de determinação, ser desnecessária a execução em face de situações práticas. A doutrina espanhola cita alguns exemplos de situação em que se fará necessária a concessão da coercibilidade pelo juiz togado:

> Como antes veíamos, la potestad atribuida a los árbitros para adoptar medidas cautelares se limita a la vertiente declarativa siendo necesaria la asistencia judicial para la materialización de los actos coactivos en que éstas se resuelven (afectación de bienes, desapoderamiento, mandamiento para anotaciones registrales, prohibición de acción u omisión, etc.).[13]

Sendo do árbitro a análise dos requisitos, seja da medida cautelar ou antecipada, resta claro que deverá ele deitar suas razões de modo a evidenciar os motivos que lhe ocorreram para o deferimento ou indeferimento da medida, cumprindo com a exigência arbitral e constitucional de fundamentação das decisões judiciais. Sendo indeferida a medida, não restará ao seu requerente qualquer providência, posto que as decisões arbitrais restam irrecorríveis nos termos do art. 18 da LA.

Uma vez concedida a tutela, deverá a parte contrária ser dela intimada para o seu devido cumprimento, com a ressalva das situações que reclamem a execução *inaldita altera pars*, sob pena de frustração da medida diante do prévio conhecimento da parte atingida. Não sendo este o caso, a parte contrária deve ser intimada da decisão, com solicitação do árbitro para o seu cumprimento. Diz-se solicitação, tendo em vista que não há poder coercitivo do árbitro, o que não impede que faça simples pedido de cumprimento de sua ordem.

Negado o cumprimento ou nos casos em que necessária a providência sem prévia ciência da parte contrária, será necessário que o árbitro, e não a parte, faça solicitação da força coercitiva ao juiz togado, em estreito cumprimento às determinações do art. 22 da LA brasileira.

---

[13] SENES MOTILLA, Carmen. *La intervención judicial en el arbitraje*. Pamplona: Thomson Civitas, 2007. p. 95.

Carmona entende que isso pode ser feito sem maiores formalismos, por mero ofício expedido pelo árbitro e direcionado ao juiz competente para a causa, caso fosse judicial. Diz a doutrina do renomado mestre:

> O árbitro dirigir-se-á ao juiz através de mero ofício, instruído com cópia da convenção de arbitragem e do adendo de que trata o artigo 19, parágrafo único da Lei de Arbitragem, se existir. Enquanto não houver regulamentação para os trâmites necessários ao cumprimento da solicitação do concurso do juiz togado, o melhor método será o da distribuição do ofício a um dos juízos cíveis competentes para o ato.[14]

É certo que o sistema arbitral é desapegado a maiores formalismos, não podendo dizer o mesmo quanto à Justiça estatal. Sendo assim, será bem possível que os sistemas de distribuição eletrônica não possuam forma de fazê-lo em face de simples ofício endereçado ao juiz togado, ou até mesmo que o magistrado determinará, ao receber a missiva, a sua autuação de modo que fique registrado nos livros judiciais.

Não será raro notar-se a devolução de expediente sob a justificativa de inexistência de previsão legal para a distribuição e análise de tais ofícios, em que pese clara a determinação legal de solicitar ao juiz togado a concessão de efeito coercitivo à ordem cautelar do árbitro. Sendo assim, para evitar discussões e perda de tempo, entendo perfeitamente possível a utilização das previsões do art. 1.103 e seguintes do Código de Processo Civil. O art. 1.104 diz textualmente:

> Art. 1.104. O procedimento terá início por provocação do interessado ou do Ministério Público, cabendo-lhes formular o pedido em requerimento dirigido ao juiz, devidamente instruído com os documentos necessários e com a indicação da providência judicial.

A utilização de um procedimento, além de cumprir com uma exigência legal e prática para análise do pedido de concessão da coercibilidade da decisão arbitral, permite também que se respeitem os princípios da ampla defesa e contraditório na prestação jurisdicional pretendida. Por simples ofício, consoante ensinamento de Carmona, não há procedimento a ser cumprido que respeite o contraditório, fazendo do juiz togado apenas um simples chancelador da decisão arbitral.

---

[14] CARMONA, Carlos Alberto. *Arbitragem e processo*: um comentário à Lei n. 9307/96. 2. ed. rev. atual. e ampl. 3. reimpr. São Paulo: Atlas, 2006. p. 267.

Carreira Alvim também entende que a atividade do juiz togado não é de simples concessão do *imperium* nas solicitações arbitrais relativas às tutelas de urgência, sendo necessário a oitiva da outra parte para se aquilatar o cabimento da medida. Diz o doutrinador:

> Deve a parte destinatária da ordem aguardar que o árbitro peça o concurso do juiz togado para efetivar a sua decisão, e, logo que intimada para cumpri-la, apresentar as razões que tem para não cumpri-la, instaurando, assim, um incidente processual que permitirá ao juiz decidir se deve ou não garantir a efetivação da decisão arbitral impugnada.[15]

Nestas circunstâncias, não há como não surgir a possibilidade de um conflito de entendimento, negando-se o juiz togado em conceder o pedido de coercibilidade à decisão. Em nosso sistema arbitral no que tange às medidas de urgência, não se aplica o princípio norteado pelo art. 8º da LA brasileira, aquele relativo à competência-competência, a permitir que o juiz togado analise o cabimento da medida cautelar após a sua concessão ou negativa pelo árbitro.

No entanto, a atividade do juiz togado no pedido de coercibilidade da tutela de urgência não é de reanalisar os requisitos do pedido cautelar ou antecipatório, posto que não há qualquer previsão legal neste sentido e nem se sobressai do sistema uma conclusão desta natureza. Sua função será outra, como convém explicar.

Sendo assim, resta verificar quais as circunstâncias em que o juiz togado poderá negar a coercibilidade solicitada, sem violar a competência do árbitro para a análise da matéria que lhe foi posta a julgamento, em estreito cumprimento ao que determina a cláusula compromissória e compromisso arbitral. De início verifico que os requisitos específicos de cada modalidade de tutela de urgência são de competência específica do árbitro, não podendo o juiz togado sobre eles dispor. A fumaça do bom direito, o perigo da demora, a verossimilhança da alegação e a prova inequívoca, são consideradas como fundamento de mérito da tutela de urgência, a qual é sempre confiada ao árbitro por determinação da convenção de arbitragem. É o que informa a doutrina espanhola, perfeitamente aplicável ao nosso ordenamento no caso em comento:

> En último lugar, respecto de la impugnación de la decisión sobre la controvérsia cautelar en sí misma considerada, entendemos que el

---

[15] ALVIM, José Eduardo. *Direito arbitral*. 2. ed. Rio de Janeiro: Forense, 2004. p. 342-343.

tribunal de anulación no podrá revisar el injuiciamento de los árbitros sobre el *fumus boni iuris* y *el periculum in mora* a menos que la decisión sea irrazonable o inmotivada, supuesto en el que el laudo — o resolución cautelar — sería anulable por contravención del orden público.[16]

De início, caberá ao juiz togado a verificação de sua competência para a análise do pedido, em regra atribuído às varas cíveis não especializadas. Em se tratando de competência em razão da matéria, ela pode ser declinada de ofício pelo magistrado, com a remessa ao juiz competente no caso de se constatar a incompetência daquele que teve conhecimento do pedido de coercibilidade da decisão cautelar ou antecipatória.

Em sendo competente, deverá passar à análise do título e demais documentos que devem estar juntos ao pedido. Deverá estar presente a decisão arbitral que concede a medida, acompanhada da prova da existência da demanda arbitral e o compromisso arbitral que a instituiu, não importando a forma como surgiu. Não será possível ao juiz togado a análise da validade do compromisso, mas somente de sua existência, posto que pelo princípio da competência-competência, instituído no art. 8º da LA brasileira, caberá ao árbitro a análise da validade do compromisso, o que só é feito por ocasião da sentença final.

Como se trata de uma medida de urgência, provavelmente ela será ditada antes da sentença final, quando ainda não houve a análise pelo árbitro de eventual arguição de nulidade do compromisso existente. Antes do árbitro, resta impossível pelo princípio informado, a análise da validade do compromisso arbitral pelo juiz togado, o que só ocorrerá por ocasião da ação de nulidade prevista no art. 33 da LA. Sendo assim, a conclusão a que se chega é que o juiz togado cingirá sua análise à existência do compromisso, não podendo adentrar no âmbito de sua validade.

A análise da decisão arbitral será quanto à forma em que foi ditada, principalmente no que se refere às partes envolvidas, se há coincidência quanto àquelas que firmaram o compromisso arbitral e sejam partes na reclamação arbitral em andamento. Não resta dúvida de que a cautelar que determina ação contra direito de terceiro, de forma clara e direta, não pode ter sua execução autorizada, sob pena de atingir direito de quem não é parte, justificando a intervenção de terceiro, via competentes embargos.

---

[16] SENES MOTILLA, Carmen. *La intervención judicial en el arbitraje*. Pamplona: Thomson Civitas, 2007. p. 98.

Deve-se também analisar a existência de fundamentação da decisão, posto que a Constituição Federal proíbe que as decisões judiciais, incluindo as arbitrais por expressa disposição de lei, sejam desfundamentadas. Nesse ponto, a doutrina espanhola faz coro à brasileira:

> De este modo, a título de ejemplo, cuando el laudo no estuvo motivado, fuere de derecho o fuere de equidad, debiendo serlo, el artículo 41 da LA establece la posibilidad de que la parte pudiere denunciarlo a través de la acción de anulación. Si así no lo hizo se produce una suerte de convalidación, a mi parecer, que impide aprovechar el momento de ejecución para impedir la eficacia des mismo.[17]

Também se faz possível a negativa de concessão da coercibilidade se a parte contrária justificar as razões pelas quais não cumpriu com o desiderato arbitral, o fazendo nos casos de evidente impossibilidade provocada por motivos diversos. Neste caso, é bom que se informe ser necessária a análise do caso em concreto, posto que não se deve aceitar qualquer justificativa, mas apenas aquelas que deixam claro a impossibilidade de cumprimento da decisão arbitral.

De qualquer forma, não se tem como explicitar todos os acontecimentos que possam justificar a denegação da tutela de coerção pelo juiz togado, situação de difícil análise em casos hipotéticos, como bem salienta a doutrina espanhola ao discorrer sobre tais possibilidades de denegação da execução da ordem arbitral pelo juiz togado. Convém analisar caso a caso para se verificar a possibilidade de concessão da coercibilidade à decisão arbitral:

> No es posible, en cualquier caso, realizar una afirmación general qeu resuelva todos y cada uno de los supuestos en que pudiere entrar a conocer ej juez de ejecución y negarse a despachar la misma. Habrá que estar caso por caso.[18]

Em conclusão, deve-se ter o cuidado de não se adentrar na competência arbitral para a concessão da coercibilidade da medida cautelar, posto que, do contrário, se estará descumprindo a própria vontade das partes em eleger o sistema arbitral para a solução de seus conflitos. Presentes os requisitos mínimos exigidos pela legislação em cada situação em concreto, a coercibilidade deve ser concedida de forma a fazer cumprir

---

[17] BARONA VILAR, Silvia. *Medidas cautelares en el arbitraje*. Valencia: Aranzadi, 2006. p. 387.
[18] *Op. cit.*, p. 387.

a determinação arbitral, mesmo que o juiz togado, se estivesse no lugar do árbitro, por razões de fundo, não concedesse a medida.

Por razões especiais, que podem estar evidenciadas em cada caso concreto, é possível ao magistrado estatal a concessão imediata da coercibilidade ante o pedido do árbitro, desde que possua os requisitos legais. Isso se explica naquelas situações em que a medida é concedida *inaudita altera pars*, sob pena de sua completa ineficácia diante da prévia ciência da parte contrária. Isso não importa em finalização do procedimento, mas apenas a concessão da coercibilidade no início dele, podendo ser modificada a qualquer tempo por razões que a justifiquem, ou até mesmo ao final do procedimento após a oitiva da parte requerida e atendimento aos seus legais reclamos.

Concedida ou não a coercibilidade ao final do procedimento, verifico tratar-se de uma sentença, cabendo o recurso apelatório à instância superior. A legitimidade para a interposição de eventual recurso não é do árbitro que fez a solicitação, mas sim da parte que resta prejudicada com a decisão judicial. Da mesma forma que o juiz de primeiro grau, não poderá o Tribunal de Justiça adentrar ao mérito da concessão da tutela de urgência pelo árbitro, mas somente analisar a possibilidade ou não de sua coercibilidade, em face dos mesmos motivos já informados com relação ao juiz togado. Carreira Alvim também entende cabível a apelação, a qual não terá efeito suspensivo por se tratar de matéria de urgência:

> Se equivocada for a decisão judicial, cabe à *parte prejudicada* recorrer ao tribunal estatal, não dispondo o árbitro de legitimação para fazê-lo, mesmo havendo ele solicitado a efetivação da medida coercitiva, cautelar ou antecipatória. Recusando-se o juiz togado a atender à solicitação do juízo arbitral, devem as partes ser intimadas dessa decisão, podendo interpor o recurso cabível, se for o caso. Não fica descartada também a hipótese de reclamação ou correição parcial, conforme previsto nos regimentos internos dos tribunais. Como a decisão judicial, de qualquer forma, põe fim ao procedimento na sua fase judicial, mais adequado parece o recurso de apelação.[19]

Por último, é de bom alvitre esclarecer que o árbitro colhe seus poderes do compromisso arbitral, podendo as partes restringirem ou ampliarem seus poderes para atender aos reclamos da causa. Sendo assim, pode o compromisso arbitral vedar a análise de medidas de

---

[19] ALVIM, José Eduardo. *Direito arbitral*. 2. ed. Rio de Janeiro: Forense, 2004. p. 344.

urgência ou restringir a forma ou a matéria delas, restando ao árbitro a obrigação de obediência. Havendo abuso ou excesso nos poderes do árbitro, a coercibilidade poderá ser denegada justamente, sem que isso se constitua como invasão de competência pelo juiz togado. Se o compromisso arbitral nada informar especificamente sobre as medidas de urgência, a conclusão a que se chega é que a prestação jurisdicional arbitral será a mais completa possível, podendo o árbitro exercer seu mister também quanto aos pedidos de tutela de urgência.

Carmona prevê inclusive a possibilidade de se reconhecer somente ao juiz togado a competência para as tutelas cautelares, desde que previsto na convenção de arbitragem. Ensina:

> É conveniente ressaltar que as partes podem excluir, consensualmente, os poderes cautelares dos árbitros. De fato, tendo em vista a autonomia da vontade dos contratantes — prestigiada pela Lei de Arbitragem — nada impede que na convenção de arbitragem estipulem as partes que eventuais medidas cautelares, se necessárias, sejam diretamente pleiteadas ao juiz togado.[20]

Todo o raciocínio desenvolvido a respeito das tutelas de urgência pode ser aplicado à possibilidade de coerção para comparecimento de testemunha à audiência de instrução arbitral, desde que se verifique a recalcitrância injustificada da pessoa arrolada. Como o árbitro não tem poder de coerção, a testemunha só poderá ser conduzida "debaixo de vara" em face de determinação judicial solicitada nos termos do art. 22 da LA brasileira.

A Câmara de Comércio Brasil Canadá traz em seu regulamento, no art. 9.18, a cláusula relativa às medidas cautelares nos seguintes termos:

> 9.18. O Tribunal Arbitral adotará as medidas necessárias e convenientes para o correto desenvolvimento do procedimento e, quando oportuno, requererá à autoridade judiciária competente a adoção de medidas cautelares e coercitivas.

A Câmara de Mediação e Arbitragem de São Paulo prevê tanto as medidas cautelares como também a hipótese das testemunhas que se negam ao comparecimento, nos seguintes termos:

> 12.2. Na hipótese de recusa da testemunha em comparecer à audiência de instrução ou, se comparecendo escusar-se, sem motivo legal, a depor,

---

[20] CARMONA, Carlos Alberto. *Arbitragem e processo*: um comentário à Lei n. 9307/96. 2. ed. rev. atual. e ampl. 3. reimpr. São Paulo: Atlas, 2006. p. 268.

o Tribunal Arbitral poderá requerer ao Juízo competente a adoção das medidas judiciais adequadas para a tomada de depoimento da testemunha faltosa.

A 2ª Corte de Conciliação e Arbitragem de Goiânia traz inclusive a possibilidade de medida cautelar específica relacionada à obrigação de apresentação ou exibição de documentos em seu art. 45, *in verbis*:

> Art. 45 – A partes podem requerer ao árbitro que ordene à parte contrária ou a terceiro a exibição de documento ou coisa que se ache em seu poder. Parágrafo único – Caso a parte ou o terceiro se recuse a apresentar o documento ou coisa, a parte interessada poderá requerer ao Poder Judiciário a busca e apreensão do documento ou coisa, na forma do §4º, art. 22 da Lei n.º 9.307/96.

3.5 Tutela de urgência anterior a reclamação arbitral

Pelo sistema brasileiro, a instituição da arbitragem se dá com o compromisso arbitral e a aceitação do múnus pelo árbitro, nos precisos termos do art. 19 da LA. Disso se retira que, mesmo antes do surgimento do conflito de interesses, já se estará estipulando contratualmente que a autoridade para a sua solução será a arbitral, nos termos da cláusula compromissória que as partes estiverem convencionado.

No entanto, a cláusula compromissória poderá ser vazia, não indicando quem seria o árbitro responsável para a solução de eventual conflito, ou até mesmo poderá ser cheia, com a indicação das regulamentações de uma entidade arbitral, pelas quais se escolherá o árbitro no caso de eventual conflito de interesses. Em qualquer das duas possibilidades, não haverá, inicialmente, um árbitro escolhido para a solução de eventual conflito, sendo necessário o procedimento para a constituição do compromisso arbitral, nos termos previstos nos arts. 5º e 7º da Lei de Arbitragem.

Levando em consideração que os procedimentos dos arts. 5º e 7º da LA podem levar um tempo considerável, caso haja necessidade de alguma medida urgente, seja cautelar ou antecipatória, ainda não teríamos a autoridade competente para a sua análise. Aguardar o desfecho dos procedimentos iniciais para a instituição da arbitragem pode significar a perda definitiva do direito subjetivo da parte, havendo necessidade de se resguardá-lo de outra forma.

Embora a Lei de Arbitragem não traga nada de forma específica, tanto a doutrina como a jurisprudência entendem que a competência para análise de tais matérias são do juiz togado, atendendo às necessidades de análise das tutelas de urgência de forma rápida, consoante exige o caso concreto. A doutrina de Carreira Alvim informa:

> A doutrina tem admitido o recurso à justiça estatal quando ainda não instituída a arbitragem, dado o caráter urgente da medida, e porque para a instituição do compromisso arbitral "são necessários vários passos, caminhos, assinatura de documentos", não podendo a parte interessada esperar.[21]

De fato, não se pode admitir por razões lógicas, que a parte necessite de uma medida de urgência e só possa solicitá-la depois de instituído o compromisso arbitral, quando, então, provavelmente será tarde demais em razão do tempo necessário para notificação, audiência e instauração do sistema arbitral com a aceitação da causa pelo árbitro. A situação se resolve na concessão de poderes ao juiz togado para a sua análise, sem que com isso se desnature a convenção de arbitragem, ou seja, sem que se perca a competência arbitral para a solução da perlenga.

Mesmo em se tratando de competência da Justiça estatal para análise da medida cautelar, não há revogação dos efeitos da cláusula compromissória, restando ainda necessária a apresentação de reclamação perante o órgão arbitral escolhido na cláusula compromissória. A tutela judicial é restrita à necessidade de urgência quando ainda não se tem escolhida a autoridade arbitral que dela deverá ter conhecimento.

Mesmo nos casos em que já houver árbitro escolhido, há uma possibilidade de se recorrer à Justiça estatal para as medidas urgentes. Isso ocorre, a título de exemplo, quando a cláusula compromissória ou compromisso arbitral proibir o árbitro de analisar medidas desta natureza, o que é perfeitamente válido conforme já dito em linhas volvidas. Às partes se atribui a capacidade de delimitar os poderes do árbitro, limites os quais não poderá ultrapassar, sob pena de nulidade da tutela por ele concedida.

Nestas circunstâncias, não havendo competência do árbitro para a análise das medidas de urgência, ainda restará às partes a possibilidade de se socorrerem ao juiz togado, posto que neste caso, a competência e a necessidade da medida independem do que for estipulado em cláusula compromissória. Carreira Alvim cita Pinheiro Carneiro que entende cabível a análise direta pelo juiz togado nos casos desta natureza:

---

[21] ALVIM, José Eduardo. *Direito arbitral*. 2. ed. Rio de Janeiro: Forense, 2004. p. 335.

Afirma ainda que, não dispondo a convenção de arbitragem a respeito, as partes poderão requerê-las diretamente ao juiz que seria competente para o julgamento da causa, e admite até que o árbitro possa "de ofício" solicitá-la ao juiz, quando indispensável para garantir a própria efetividade da arbitragem.[22]

De tais ensinamentos se conclui que o árbitro tanto poderá solicitar ao juiz togado a coercibilidade da tutela de urgência que houver concedido, como também fazê-lo de forma completa, ou seja, tanto para a análise de fundo da medida como para sua efetividade, neste último caso, quando as normas da arbitragem instituída não lhe outorgarem poderes para a decisão. É de bom alvitre ainda lembrar que os poderes do árbitro são amplos dentro do que determina o compromisso arbitral, restando claro que poderá também prestar tutela de urgência quando nada houver escrito que o impeça. Na omissão, o *iudicium* se faz completo.

Caso haja inexistência do árbitro pelas razões expostas ou falte a ele a competência para análise das tutelas de urgência, poderá tanto o árbitro como a própria parte, neste caso especificadamente, solicitar ao juiz togado a providência jurisdicional adequada ao caso. Isso inclusive demonstra a possibilidade de o árbitro ditar medidas de urgência "de ofício", da mesma forma que ao juiz togado também se reconhece a possibilidade, desde que as demais exigências com relação ao poder arbitral estejam presentes. A jurisprudência já reconheceu esta possibilidade conforme os Autos de Processo nº 2002.00.2.007481-2, do Tribunal de Justiça do Distrito Federal.[23]

Caso a competência do juiz togado seja completa, ou seja, tanto para a análise da matéria quanto para a concessão de coercibilidade, o procedimento cautelar terá completo trâmite por esta autoridade, seguindo inclusive até sentença final. Qualquer decisão do juiz togado deve ser comunicada via ofício ao árbitro, para conhecimento e providências que sejam cabíveis ao caso em concreto.

---

[22] ALVIM, José Eduardo. *Direito arbitral*. 2. ed. Rio de Janeiro: Forense, 2004. p. 340.
[23] EMENTA. Constitucional, civil e processo civil. Mandado de segurança. Agravo. Princípio da lealdade processual. Decisão de relator concessiva de liminar. Recurso cabível. Execução. Interlocutórias. Carta de Sentença. Contrato de interconexão. Convenção de arbitragem. Limites. Acesso ao poder judiciário. Medidas urgentes. Proteção à ordem econômica. Serviço de telefonia. Intervenção do Ministério Público. (...) 5. Ausente do sistema arbitral a figura das providências cautelares e antecipatórias de tutela, pertinente a análise, pelo Poder Judiciário, de pedido fundado em lesão ou ameaça de lesão. E perde relevo o debate sobre a indisponibilidade desse direito quando, no Contrato de Interconexão celebrado entre as partes, encontram-se cláusulas admitindo o referido acesso para apreciar medidas urgentes e as que versem sobre a Lei de Proteção à Ordem Econômica. (Tribunal de Justiça do Distrito Federal. Agravo regimental em agravo de instrumento. Autos do processo 2002.00.2.007481-2. Relator: Des. Valter Xavier. Julgamento: 21.10.2002. m. v. 1ª Turma Cível).

Sendo certo que pode o juiz togado, nos casos em que cabível, tanto analisar o mérito da cautelar solicitada, como apenas conceder-lhe a coercibilidade, surge dúvida de grande importância que diz respeito à possibilidade de o árbitro revogar a medida concedida pelo juiz togado. Nestas circunstâncias, é necessário que analisemos cada uma das possibilidades.

Se o juiz togado apenas conceder a coercibilidade à decisão do árbitro que concedeu a medida de urgência, não resta dúvida de que poderá o árbitro revogá-la posteriormente, desde que o faça com a demonstração de suas razões. É comum que a medida possa perder eficácia diante da aparição de novos fatos, ensejando modificação no entendimento do árbitro. Se ao juiz togado é permitido rever seu posicionamento quando da concessão das medidas de urgência, não há razão para não entender da mesma forma com relação ao árbitro, que no processo é juiz de fato e de direito. A jurisprudência reconhece esta possibilidade, não havendo interferência de uma autoridade na competência de outra:

> (TJMG-096359) Ação cautelar inominada preparatória. Cláusula arbitral. Ajuizamento da ação no juízo estadual. Possibilidade. Deferimento da medida. Posterior ajuizamento do procedimento arbitral. Remessa dos autos ao árbitro para manutenção ou não da tutela concedida.
> Sendo a medida cautelar aviada antes de instaurada a arbitragem é cabível ao Juízo Estatal a concessão da medida perseguida, devendo, contudo, serem os autos remetidos ao Juízo Arbitral para que o mesmo aprecie a manutenção ou não da tutela concedida assim que iniciado o procedimento arbitral. De ofício, determinaram a remessa dos autos ao Juízo Arbitral para manutenção ou não da tutela concedida. (Agravo nº 1.0480.06.083392-2/001(1), 12ª Câmara Cível do TJMG, Rel. Domingos Coelho. j. 14.02.2007, unânime, Publ. 03.03.2007)

A doutrina citada por Pedro Martins também corrobora este entendimento:

> Estabelecida, portanto, a noção de que as medidas cautelares são naturalmente ancilares e efêmeras, podendo ser revogadas a qualquer tempo, como reza o art. 807 do CPC, forçoso é concluir que os árbitros, a quem cabe julgar o processo principal, podem sobre elas dispor, inclusive revogando-as, caso se verifique, por exemplo, o desaparecimento do estado de perigo existente à época da concessão da medida. (Lobo e Rangel Ney. Pp. 358-366.) Apud Pedro Martins.[24]

---

[24] MARTINS, Pedro Antônio Batista. *Apontamentos sobre a lei de arbitragem*: comentários à Lei 9307/96. Rio de Janeiro: Forense, 2008. p. 251.

Iguais poderes possui o árbitro quanto à possibilidade de revogação da tutela cautelar deferida pelo juiz togado, quando este a tiver concedido antes da realização do compromisso arbitral, posto que neste caso a autoridade estatal age como mera substituta da arbitral que ainda não é conhecida, mas o será brevemente. Com a instituição do compromisso arbitral, o árbitro passa a ser conhecido e então assume inteiramente a sua competência, podendo inclusive conceder ou revogar medidas cautelares já existentes. Surgindo a autoridade competente no âmbito arbitral, cessará automaticamente a competência da jurisdição estatal, devendo o juiz togado remeter os autos à autoridade arbitral.

No caso de haver recurso da decisão do juiz togado no sistema pré-arbitral, este recurso só terá andamento até que seja escolhido o árbitro. Assim que isso ocorrer, acabará a competência da justiça pública conforme já mencionado. O recurso, caso ainda não tenha sido julgado, deverá ser extinto com interpretação analógica do art. 267, VI, do Código de Processo Civil. Tal artigo diz respeito à existência da convenção de arbitragem, que no caso deve ser considerada apenas na espécie compromisso arbitral instituído entre as partes.

Ressalto que não é o caso de se remeter o recurso para a instituição arbitral onde tenha sido proposta a reclamação arbitral, posto que neste sistema não existe a figura do recurso, seja ele agravo de instrumento ou até mesmo apelação. A única saída para o recurso eventualmente interposto nestas circunstâncias, é realmente a sua extinção, conforme já mencionado.

É bom ressaltar que não há como ser diferente, posto que o juiz togado não estará plenamente na sua competência, mas a exercerá de modo transitório até que haja o compromisso arbitral transferindo os poderes sobre o mérito da cautelar para a autoridade arbitral.

Situação bem diferente se traduz quando falte ao árbitro poderes para a análise do mérito do pedido cautelar. Neste caso não lhe é lícito a revogação da medida, mesmo que surja situação nova que o justifique. Caberá à parte solicitar ao juiz togado que a concedeu, para que, diante das novas situações de fato, reveja o seu posicionamento, o que é perfeitamente lícito no sistema processual em vigor. Com isso, se mantém intacta a competência de cada uma das autoridades mencionadas, preservando-se os efeitos da cláusula compromissória, sem deixar a parte ao largo das tutelas de urgência de que por ventura venha a necessitar, as quais serão concedidas pelo juiz togado.

Nos casos de solicitação de medidas cautelares antes da constituição do compromisso arbitral, caberá, como já dito, a análise destas ao juiz togado. Caso seja concedida, aos moldes do que determina a legislação que rege as medidas cautelares, a ação dita principal deverá ser proposta no prazo de 30 dias a partir da implementação da medida concedida, sob pena de perder a eficácia.

A ação principal é justamente a propositura da reclamação arbitral perante o órgão arbitral escolhido ou em face do próprio árbitro, caso a cláusula compromissória já o tenha, de antemão, escolhido. É certo que a instituição da arbitragem se dá com a aceitação do árbitro, conforme já demonstrado. No entanto, pode ocorrer de haver resistência à instituição do compromisso pela parte adversa, o que não pode ser capitalizado em desfavor do autor na contagem do prazo para a interposição da ação principal. Sendo assim, com a simples apresentação da reclamação arbitral estará cumprida a exigência legal, passando-se aos demais atos do procedimento.

Caso o compromisso não seja realizado por qualquer motivo, sem nenhuma sombra de dúvida a cautelar estará irremediavelmente perdida, posto que não tem sobrevivência própria, sempre dependendo de uma ação principal. Apresentada a reclamação arbitral e escolhido o árbitro, caberá ao juiz togado a imediata remessa dos autos de ação cautelar a ele, posto que perdeu a competência transitória que possuía. É o que determina a jurisprudência mineira.[25]

Tanto a tutela cautelar como antecipatória restam cabíveis em sede arbitral, como já fartamente demonstrado e também corroborado pela doutrina de João Roberto da Silva, nos seguintes termos:

> O Árbitro, ou o Tribunal Arbitral têm competência para decretar a medida cautelar (típica ou atípica, voluntária ou contenciosa, nominada ou inominada). Indo mais além, podem ainda, o Árbitro ou o Tribunal Arbitral apreciar e conceder tutela antecipatória, ou inibitória. Contudo, foge do mesmo a competência para executá-la, haja vista não deter poder de coerção.[26]

---

[25] (TJMG-096359) Ação cautelar inominada preparatória. Cláusula arbitral. Ajuizamento da ação no juízo estadual. Possibilidade. Deferimento da medida. Posterior ajuizamento do procedimento arbitral. Remessa dos autos ao árbitro para manutenção ou não da tutela concedida. Sendo a medida cautelar aviada antes de instaurada a arbitragem é cabível ao Juízo Estatal a concessão da medida perseguida, devendo, contudo, serem os autos remetidos ao Juízo Arbitral para que o mesmo aprecie a manutenção ou não da tutela concedida assim que iniciado o procedimento arbitral. De ofício, determinaram a remessa dos autos ao Juízo Arbitral para manutenção ou não da tutela concedida (Agravo nº 1.0480.06.083392-2/001(1), 12ª Câmara Cível do TJMG, Rel. Domingos Coelho. j. 14.02.2007, unânime, Publ. 03.03.2007).

[26] SILVA, João Roberto da. *Arbitragem*: aspectos gerais da Lei n. 9307/96: comentários, doutrina, prática, jurisprudência. 2. ed. Leme: J. H. Mizuno, 2004. p. 75.

Em uma reclamação arbitral, de acordo com a vontade das partes estampada na cláusula compromissória ou compromisso arbitral, é possível a escolha de apenas um árbitro ou de um conjunto deles, sendo de bom alvitre que seja uma quantia ímpar para que não ocorra um possível empate. Quando for somente um, ele é chamado simplesmente de árbitro. Quando for um conjunto deles, convencionou-se chamar de Tribunal Arbitral, numa clara referência à existência de uma decisão colegiada.

Feitas estas considerações, a pergunta que surge é sobre a possibilidade de se utilizar medida relacionada à tutela antecipatória antes de instituída a arbitragem, ou seja, antes que se saiba quem será ou serão os árbitros que nela vão exercer o seu múnus. Nas cautelares, não resta dúvida de que a competência é do juiz togado, mas igual posicionamento não deve ser mantido quando se tratar de uma tutela antecipada.

Isso se mostra claro quando se discorre sobre a diferença entre as tutelas cautelares e antecipatórias. Enquanto nas primeiras o julgador se contenta apenas com a fumaça do bom direito, nas antecipatórias terá que entender ser a prova inequívoca, convencendo-se da verossimilhança da alegação. É certo que em ambas as situações a tutela é transitória, podendo ser revogada a qualquer momento, mas não resta dúvida de que ao conceder uma tutela antecipada, já se julgou o mérito da causa, mesmo em sede provisória, com possibilidade de sua reversibilidade no futuro.

Para evitar interferências injustificáveis e inapropriadas entre o poder estatal e a arbitragem, convém manter claras as competências, posto que o Poder Judiciário não é um censor ou controlador da atividade arbitral, só intervindo quando a legislação assim o determinar. A legislação é completamente omissa quanto a isso, restando ao estudioso do direito a análise de outras fontes para se chegar a uma conclusão lógica. Inadmitindo a utilização do juiz togado nos casos em comento, Pedro Martins informa:

> Outrossim, mesmo nos casos de exceção antes referidos, em que a competência da justiça comum é ressalvada, devem os membros do Judiciário abster-se de conceder medidas cautelares ou provisórias que possam configurar decisão de mérito da questão em discussão, sob pena de ver deslocada a jurisdição, em violação à convenção de arbitragem. Frente a essa conclusão, torna-se difícil o deferimento, pelo juiz togado, de requerimento de tutela antecipada quando a apreciação do direito material for endereçada a tribunal arbitral por livre e comum escolha.[27]

---

[27] MARTINS, Pedro Antônio Batista. *Apontamentos sobre a lei de arbitragem:* comentários à Lei 9307/96. Rio de Janeiro: Forense, 2008.

O conflito de jurisdição se faz evidente, sendo que neste caso resta claro que a competência para a análise de tutela antecipatória será sempre do árbitro, autoridade escolhida pelas partes para a decisão final do conflito de interesses, não sendo aconselhável, pelos motivos expostos, que haja decisão a esse respeito pelo juiz togado. Com estas conclusões, as partes que escolherem a Justiça arbitral para a solução de seus conflitos ficariam, em princípio, sem a possibilidade de deferimento de tutela antecipada antes de escolhido o árbitro, restando evidente o prejuízo na negativa de atendimento por impossibilidade.

Por outro lado, não se deve entender possível a aplicação da fungibilidade prevista no art. 273, §7º, do Código de Processo Civil, a justificar competência do juiz togado para as matérias relacionadas à tutela antecipada em face do sistema arbitral, quando da análise do pedido de tutela cautelar imprópria. As justificativas são de duas vertentes.

Na primeira, a lei prevê apenas o que se convencionou chamar de fungibilidade regressiva, quando a autoridade competente para a concessão da medida antecipatória de tutela ver reconhecidos os requisitos da tutela acautelatória, aplicando-se o princípio de que, "quem pode o mais, pode o menos". Poderá ele conceder a tutela cautelar em casos desta natureza.

Já a chamada fungibilidade progressiva, ou seja, a análise do pedido de tutela antecipada em sede de ação cautelar, além de não estar prevista na lei de regência, não se amolda ao procedimento a ela destinado. Nas cautelares, não se julga o mérito, situação cabível apenas no processo principal. Justamente por isso, incabível, no entendimento da maioria da doutrina, a chamada fungibilidade progressiva. Diz o ensinamento de Morgabach:

> O raciocínio da "fungibilidade de pedidos" justifica apenas a possibilidade da chamada "fungibilidade regressiva", isto é, a antecipação de tutela para providência cautelar. O contrário tem-se "fungibilidade progressiva" que não seria possível, já que a mera fungibilidade de pedidos não explica como o juiz recepcionará uma ação cautelar inominada incidental ou preparatória tal qual fosse um pedido de antecipação de tutela sem substituir o procedimento cautelar utilizado pela parte, pelo procedimento de rito comum (ordinário ou sumário).[28]

---

[28] MORBACH, Cristiano Barata. A fungibilidade de mão dupla no campo das tutelas de urgência: uma outra visão. *Jus Navigandi*, Teresina, ano 9, n. 358, p. 2, 30 jun. 2004. Disponível em: <http://jus.uol.com.br/revista/texto/5391>. Acesso em: 19 abr. 2006.

Em assim sendo, impossível, sob pena de violar-se a norma procedimental, reconhecer poderes ao juiz togado para concessão da tutela antecipada em sede de pedido simplesmente cautelar. A intervenção judicial no sistema arbitral é mínima, ou seja, apenas quando a lei o permitir de forma expressa, o que não é o caso em comento.

Haveria, *in casu*, um vácuo de jurisdição, posto que a parte não pode reclamar medida antecipatória ao juiz togado e nem ao árbitro, posto que este ainda não foi escolhido. O princípio da inafastabilidade do controle judiciário estaria sendo violado ao impedir que se procedesse a um pedido de tutela antecipada por falta de autoridade competente para sua análise. Isso, no entanto, não ocorre, posto que é perfeitamente possível às partes no sistema arbitral, cercear o acesso ao Poder Judiciário no que tange ao pedido de coerção das ordens arbitrais ou até mesmo no caso de antecipação de tutela. A convenção arbitral pode sobre isso dispor, sem que haja qualquer ranço de inconstitucionalidade.

Uma solução a este vácuo de jurisdição foi observada pela Corte Internacional de Arbitragem no ano de 1990, usando o vocábulo *refere*, o qual tem o sentido jurídico de uma pessoa escolhida por ordem de um Tribunal Arbitral para a solução de uma pendência pré-arbitral. Desta forma, caso as normas de uma instituição arbitral preveja a presença de uma autoridade arbitral para análise das tutelas antecipatórias, resta possível atender ao pedido das partes nos termos do art. 5º, da LA. Diz a doutrina de Petrônio R. Muniz:

> Prevenindo possíveis equívocos com o processo arbitral, *stricto sensu*, o Grupo de Trabalho da CCI utilizou propositadamente o termo refere para designar o procedimento e a pessoa responsável pela decisão (*ordonnance*), afastando a idéia de sentença (*sentence*) privativa do árbitro.[29]

Vê-se que a saída foi descaracterizar a tutela antecipatória como sentença de mérito, o que é corroborado pelo direito brasileiro que, regra geral, prevê o recurso de agravo para atacar eventual decisão antecipatória de tutela. Sendo assim entendido, não seria difícil aceitar que houvesse escolha de uma autoridade arbitral nos próprios regulamentos das instituições arbitrais, com competência para análise de tais matérias, mantendo-se a competência no âmbito arbitral e

---

[29] *Apud* LEMES, Selma Ferreira. *et al.* (Coord.). *Arbitragem*: estudos em homenagem ao prof. Guido Fernando da Silva Soares. São Paulo: Atlas, 2007. p. 297.

respeitando a regra geral de não interferência estatal no sistema arbitral. O mesmo doutrinador manifesta-se favorável à possibilidade de disposição dos regulamentos quanto a tais possibilidades:

> Atribuir, em ambos os casos, a um terceiro previamente qualificado, competência para decidir, em caráter provisório e de urgência, a lide que lhe for submetida, cabendo ao tribunal arbitral a missão de confirmar a decisão, modificá-la ou extingui-la em competente sentença, quando já constituído e em funcionamento.[30]

Mesmo encontrando respaldo no direito comparado, a matéria está longe de ser pacífica, demandando maior tempo para a verificação dos casos em concreto e seus desdobramentos. O que me parece impossível diante de nosso sistema, tanto o judicial como o arbitral, é que haja uma decisão sem processo em andamento, seja ele cautelar ou principal. A escolha de uma autoridade pela sistemática de uma instituição arbitral leva ao absurdo de se reconhecer pronunciamento judicial sem processo. Isso ocorre porque o sistema arbitral só se concretiza com a escolha do árbitro e sua aceitação, quando então surgem os poderes jurisdicionais limitados ao *iudiciun*. Antes disso, nada existe que justifique uma decisão com caráter judicial, mesmo que provisória por quem quer que seja.

O vácuo jurisdicional teria solução se nosso sistema arbitral tivesse a característica do sistema espanhol, onde se aboliu, desde 1998, a figura dúplice da convenção de arbitragem. No Brasil, a convenção de arbitragem pode ser reconhecida tanto na cláusula compromissória como no compromisso arbitral, sendo que este último é necessário para a instituição do sistema arbitral, seja ele voluntário ou imposto pelas normas existentes nos arts. 5º e 7º da LA.

No sistema espanhol existe o convênio arbitral, sistema que é utilizado tanto para as desavenças futuras como as atuais, desaparecendo a necessidade de um sistema de confirmação da escolha das partes pelo meio arbitral para a solução de seu conflito. Uma vez surgido o conflito, de imediato se instaura o sistema arbitral, sem necessidade de se realizar a figura do compromisso, conforme é o caso da legislação pátria. Se nosso sistema fosse como o espanhol, a autoridade arbitral seria conhecida de imediato, sem a necessidade dos procedimentos para a instauração do sistema arbitral pela via do compromisso. Seria esta a solução do vácuo jurisdicional no meu ponto de vista.

---

[30] *Op. cit.*, p. 297.

Outra solução para tal problema seria a realização de uma cláusula compromissória já acompanhada da indicação dos ou do árbitro, com sua imediata aceitação, assinando o contrato. Sendo faticamente possível, faríamos um misto de cláusula compromissória e compromisso arbitral, em que pese ainda não houvesse qualquer indício de um possível conflito de interesses a ser dirimido pelo sistema arbitral. É certo que a realização pura e simples da cláusula compromissória não pode ser encarada como início do processo arbitral, o qual só se evidencia com a aceitação do árbitro, mas sem dúvida já há uma vinculação entre as partes, as quais restam proibidas de lançar mão da jurisdição estatal para solução de eventuais conflitos de interesse sobre o negócio jurídico realizado.

O conhecimento e aceitação prévios do árbitro leva à fixação da autoridade, que terá o poder de dizer o direito no caso concreto, suprimento à falta de autoridade competente para a análise de requerimento de natureza cautelar ou até mesmo antecipatória de tutela. Carreira Alvim prevê a hipótese:

> Na verdade, a relação processual *in fiere* existe desde o compromisso, vindo a *completar-se* com a aceitação do encargo pelo árbitro. Registre-se, por oportuno, que o juízo arbitral pode preexistir ao próprio processo, se os árbitros assinarem — o que não é indispensável —, juntamente com as partes, a convenção de arbitragem (cláusula compromissória ou compromisso), aceitando o encargo de resolver os litígios (futuros e atuais) resultantes do contrato. A subscrição, pelo árbitro, do próprio contrato que contém a cláusula compromissória importa aceitação da nomeação.

Por último é de bom alvitre ressaltar que as decisões que definem as tutelas de urgência não estão sujeitas à ação de nulidade, posto que as previsões sobre ela no direito brasileiro só fazem referência à sentença definitiva na reclamação arbitral.

A seguir, trataremos especificamente da ação de nulidade de sentença arbitral quanto às hipóteses de seu cabimento e seus aspectos processuais.

CAPÍTULO 4

PROCESSO ARBITRAL

Sumário: 4.1 Instituição do processo arbitral – **4.2** Pressupostos processuais arbitrais – **4.3** Princípios informadores do processo arbitral – **4.4** Suspensão e extinção do processo arbitral – **4.5** Procedimento arbitral – **4.6** O árbitro – **4.7** Exceção de litispendência – **4.8** Coisa julgada arbitral – **4.9** Prejudicialidade interna e externa – **4.10** Reconvenção na arbitragem – **4.11** Revelia na arbitragem – **4.12** A prova no sistema arbitral

4.1 Instituição do processo arbitral

Processo, na lição de Baracho,[1] e "o conjunto de atos, fatos ou operações que se agrupam de acordo com certa ordem, para atingir um fim, cujo objetivo fundamental e a decisão de um conflito de interesses jurídicos". Sendo assim, trata-se de uma ferramenta posta à disposição dos jurisdicionados para a solução de seus problemas, conflitos de interesse ou lides, como a melhor técnica exige.

A função jurisdicional do Estado é que irá dizer com quem está a razão. Por força de lei, o Estado concedeu a particulares, órgão, pessoas, poderes para dizer o direito, ou seja, para ter função jurisdicional em casos específicos, assim considerados como direitos patrimoniais disponíveis. Nestas circunstâncias, o Estado não será o único a prestar a função jurisdicional, podendo as partes eleger um particular que lhes atenda nesta necessidade.

---

[1] BARACHO, José Alfredo de Oliveira. *Processo constitucional*. Rio de Janeiro: Forense, 1984. p. 117.

O processo, da mesma forma que já possuímos no ambiente estatal, também se faz presente no ambiente arbitral, com algumas poucas circunstâncias de natureza específica. Na regra geral, possui composição angular, ou seja, autor, árbitro e réu. Isso reforça o caráter publicístico da arbitragem, posto que cada um dos sujeitos processuais possui poderes, direitos e faculdades, além do ônus que lhe é específico.

A relação processual arbitral, aos moldes da relação jurisdicional pública, tem características relacionadas à sua autonomia, progressividade, complexidade, unidade e caráter tríplice. A autonomia ressalta que o direito de ação é inteiramente liberto do direito material, posto que o processo arbitral irá nascer, desenvolver-se e extinguir-se de forma independente do direito que cada parte possua.

A progressividade informa que o processo arbitral tem movimentação constante. Após o seu nascimento, se desdobra em atos até o seu final, que se dá com a sentença arbitral, numa sequência de atos mais ou menos previsíveis. A complexidade se revela no direito de cada uma das partes, autor e réu, além da própria progressividade que se origina do dinamismo processual. Já a unidade se revela pela finalidade única do procedimento, qual seja, a solução do conflito de interesse envolvendo as partes, mesmo que sejam várias as matérias e também os atos a serem realizados no procedimento.

Por último, temos o caráter tríplice, posto que reúne numa mesma relação, autor, réu e árbitro, podendo também se referir a Tribunal Arbitral quando o julgamento se der por mais de um árbitro.

O início do processo arbitral não se dá como nas ações perante o Judiciário estatal, onde temos o processo pela simples apresentação da petição inicial. No sistema arbitral, a reclamação inicial não institui o processo arbitral, mas apenas a primeira etapa para a sua constituição. Com a notificação do requerido para a realização do compromisso arbitral, passamos a segunda fase, o que ainda não se constitui definitivamente como processo arbitral. Até então, trata-se somente de simples procedimento inicial, sem característica de processo como meio de se entregar a prestação jurisdicional.

Ao assinar o compromisso arbitral, ou com a instituição destes pelas outras formas previstas na legislação, as partes cumprem a penúltima fase do procedimento, cabendo a instituição da arbitragem, e por consequência o surgimento do processo arbitral com a aceitação do encargo pelo árbitro escolhido. Até então, temos apenas as partes, autor e réu. Com a aceitação do árbitro nomeado, fechamos a triangulação processual, autor, réu e árbitro ou Tribunal Arbitral.

Pode ocorrer a instituição do processo arbitral independente da escolha e aceitação do árbitro, considerando-se uma situação específica e *sui generis*. Isso ocorre no caso da cláusula compromissória se referir a um órgão ou entidade arbitral, recorrendo às suas regras para a instituição do compromisso, escolha do árbitro e procedimento para o andamento da reclamação arbitral. Instituída a arbitragem, a escolha do árbitro passa a depender das normas do organismo arbitral, não sendo raro que isso ocorra de forma imediata, em conjunto com o compromisso arbitral.

4.2 Pressupostos processuais arbitrais

Os pressupostos processuais em relação ao sistema arbitral também se constituem os mesmos da jurisdição estatal, com algumas situações de ordem especial. Os pressupostos de existência e de desenvolvimento são inteiramente aplicáveis ao sistema arbitral. Os de existência de ordem subjetiva se referem aos atores processuais, autor, réu e árbitro, enquanto os de ordem objetiva se referem à controvérsia, ou seja, o objeto do processo, o direito em disputa pelas partes.

Já o árbitro também possui suas próprias características. Em princípio, não haverá a figura do juiz previamente existente para aquela demanda, consoante se prevê no sistema estatal. Ele e escolhido pelas partes ou se apresenta na relação de árbitros de uma entidade arbitral escolhida em cláusula compromissória cheia. Sua escolha será feita de acordo com tais regras.

Já a demanda como pressuposto processual de existência de natureza objetiva pode estar delineada em petição que inicia os procedimentos para a instituição da arbitragem. No entanto, a legislação exige que o compromisso arbitral a demonstre, juntamente com o nome e qualificação das partes, nos termos do art. 10 da LA.

E claro que o compromisso arbitral não precisará conter todas as argumentações de cada uma das partes, posto que se tornaria uma peça longa e minuciosa, contribuindo de forma negativa para o desenvolvimento do processo. É perfeitamente possível que o compromisso demonstre de forma bem concisa a matéria objeto da arbitragem, ou faça referência às peças já apresentadas pelo autor e pelo réu. O que importa é que fique claro qual será a matéria objeto da arbitragem, cumprindo o pressuposto processual de existência. A importância deste pressuposto é considerável, posto que vincula o árbitro ao sentenciar o feito.

Já os pressupostos de validade dão ao processo condições de desenvolvimento adequado, cujos efeitos são exigíveis das partes nele envolvidas, ou seja, que não haja razões para nulificar a relação processual e extinguir o feito. Os subjetivos são os que se referem às partes quanto à capacidade de estar em juízo, além da relação de comprovação postulatória. Os referentes ao árbitro dizem respeito à competência e imparcialidade. O objetivo se refere ao litígio, não atingido pela coisa julgada ou pela litispendência, situações que impediram a continuidade do procedimento.

As partes no sistema arbitral só podem ser aquelas que possuem capacidade para os atos da vida civil, ou seja, aqueles maiores de 18 anos e que não se enquadrem como incapazes, absoluta ou relativamente falando. Para tanto, deve-se aplicar as previsões do Código Civil no que diz respeito à capacidade de fato e de direito de tais pessoas.

Não se faz necessário que a parte funcione no sistema arbitral representada por advogado, embora isso seja inteiramente indicado pela especialidade da matéria. Na arbitragem, a capacidade postulatória não é exclusiva do advogado, mas pertence também a todos que possam constituir validamente o compromisso arbitral.[2] Não há limitações de alçada, permitindo que a parte não esteja assistida por advogado, mesmo que milionária a causa. Já o árbitro, a doutrina de Carreira Alvim fala em competência e imparcialidade, ressaltando que o primeiro termo, a competência, nada tem com o limite da jurisdição estatal, inexistente no sistema arbitral. Tem ele o escopo de delimitar o raio de atuação do árbitro, situação prevista no compromisso arbitral e ordenada no art. 13, §6º, da Lei de Arbitragem.

Competência neste caso se refere à matéria submetida à arbitragem. Só será competente o árbitro que julgar ações relativas a direitos patrimoniais disponíveis e que estejam razoavelmente previstas no compromisso arbitral firmado pelas formas previstas na Lei de Arbitragem. O art. 13, §6º, da LA fala em competência, mas seu sentido é o social, ou seja, capacidade para a solução do litígio, conhecimento da matéria discutida. E certo que não se exige a formação jurídica, em que pese seja altamente recomendável.

Quanto à imparcialidade, devemos aplicar por analogia as previsões dos arts. 134 e 135 do Código de Processo Civil. Caberá à parte alegar suspeição ou impedimento no primeiro momento que falar

---

[2] ALVIM, José Eduardo *Direito arbitral*. 2. ed. Rio de Janeiro: Forense, 2004. p. 133.

no processo arbitral, isto é, depois da aceitação do árbitro em face do encargo que lhe foi proposto, nos termos do art. 20 da LA.

A originalidade do litígio visa evitar que se decida a mesma celeuma mais de uma vez, produzindo duas ou mais coisas julgadas. Sendo assim, a coisa julgada ou a litispendência devem ser excluídas para que o processo arbitral tenha validade. A litispendência pode ocorrer tanto em face de outra ação proposta na Justiça estatal como também em outro organismo arbitral. As regras de solução deste conflito são as mesmas aplicadas no sistema Estatal, normalmente solucionado pela prevenção. No entanto, o caso concreto poderá recomendar a escolha de uma das reclamações baseado em outros critérios, tais como a própria previsão da cláusula compromissória.

Especialidade do sistema arbitral, a convenção de arbitragem, seja pela cláusula compromissória como pelo compromisso arbitral, também será considerada como um pressuposto de sua existência e validade. Sendo um negócio jurídico, a convenção de arbitragem deve cumprir com as exigências relativas à capacidade das partes, objeto lícito e possível, além da forma prescrita ou não defesa em lei.

4.3 Princípios informadores do processo arbitral

O art. 21, §2º, da LA informa que o sistema arbitral exige obediência aos princípios do contraditório, da igualdade das partes, da imparcialidade do árbitro e do seu livre convencimento. O contraditório tem fundamento constitucional, exigindo que seja dado às partes o direito ou a faculdade de se manifestarem sobre as provas, alegações e demais atos do processo, participando ativamente de seus atos.

Essa participação deve ser simétrica, ou seja, que as partes tenham as mesmas oportunidades e condições de participação. Sendo assim, não se cumpre o princípio quando é negada a uma das partes o acesso total a determinada prova, enquanto que a outra isso é inteiramente permitido. Isso remete ao segundo princípio, qual seja, o da igualdade das partes.

Esse princípio também é chamado de paridade de tratamento, ou seja, deve-se garantir um tratamento paritário às partes por parte do árbitro. Com relação à imparcialidade do árbitro, tem ela relação com o direito que as partes possuem de um julgamento justo e imparcial. Sendo assim, havendo impedimento ou suspeição, o árbitro deve se afastar do processo, sob pena de tornar nula a sentença que proferir.

Por último, temos o livre convencimento motivado do árbitro. Da mesma forma que o juiz estatal, tem o árbitro a liberdade de julgamento, exigindo a Constituição que fundamente suas conclusões. Ao contrário do juiz do Tribunal do Júri, os árbitros julgam motivadamente, deixando claras as razões pelas quais chegou ao desiderato. A falta de motivação é causa de nulidade da sentença arbitral. Fundamentar a sentença arbitral exige a mesma técnica da sentença judicial, ou seja, deixar claro, independentemente da transcrição de lei ou de jurisprudências, as razões pelas quais se chegou à conclusão pela procedência ou improcedência.

4.4 Suspensão e extinção do processo arbitral

A relação triangular no processo arbitral não se forma como na jurisdição estatal. Nela, a parte aciona diretamente o juiz, o qual se utiliza de um dos poderes da jurisdição, o *vocatio*, para convocar a parte contrária à resposta do pedido inicial, quando então se completa a relação triangular.

No sistema arbitral, essa triangulação segue caminhos diversos, posto que se inicia com a realização da convenção arbitral, normalmente pela cláusula compromissória, gerando obrigação de ambas as partes de utilizarem o sistema arbitral para a solução de suas possíveis pendências. Surgida a pendência, a parte interessada convoca diretamente a outra para constituição da arbitragem, via notificação. O nome previsto na lei é "notificação" justamente para não se confundir com "citação", ato que já ocorre dentro do processo. Na arbitragem, esta fase ainda não se constitui como início do processo, razão pela qual andou bem o legislador ao referir-se a "notificação".

Sendo assim, a triangulação começa a se formar entre as próprias partes em litígio. Assinado o compromisso arbitral com a escolha do árbitro ou Tribunal Arbitral, é que se completa a triangulação, via aceitação do encargo pelo órgão-pessoa julgador, o árbitro.

Instituído o processo arbitral via assinatura do compromisso arbitral, tem ele formação progressiva, isto é, irá se desenvolver obrigatoriamente até a sua finalização. No entanto, podem ocorrer situações que impeçam a finalização por sentença arbitral, assim consubstanciada nas circunstâncias de suspensão, interrupção ou extinção prematura do processo arbitral. Tais situações também são constatadas na jurisdição estatal, fazendo parte da relação processual propriamente dita.

Na jurisdição estatal, os casos de suspensão estão elencados no art. 265 do CPC, enquanto os de extinção nos arts. 267 e 269 do mesmo código, conforme haja ou não resolução do mérito da demanda. As causas de interrupção estão em várias partes do código, como se exemplifica a propositura dos embargos de declaração.

Interrupção e suspensão tem como diferenciador o fato de que, na primeira hipótese, o prazo recomeça a contar inteiramente e novamente, enquanto que na segunda, a suspensão, retoma sua contagem do momento em que paralisado, valendo o prazo que já havia passado quando de sua ocorrência.

No sistema arbitral não há referência expressa à interrupção de prazo, mas apenas a suspensão deste em face de questão prejudicial externa (art. 25, *caput*, da LA) ou questão meramente processual, tais como a morte do árbitro ou impossibilidade de exercício do múnus arbitral.

As prejudiciais externas são aquelas situações em que a solução da demanda arbitral depender da solução de outro processo, normalmente em andamento perante a Justiça comum. Neste caso, a demanda arbitral sofrerá interferência da demanda estatal, razão pela qual se deve suspender a reclamação até que seja resolvida. Solucionada a questão, o procedimento será retomado, aproveitando-se os prazos até então transcorridos.

No sistema arbitral a legislação fala somente sobre a ocorrência da "suspensão", nada informando sobre a "interrupção". Suspensão e interrupção diferem-se pelo fato de que, na primeira, o prazo é retomado do ponto em que parou, valendo o período em que se desenvolveu. Já a interrupção faz com que o prazo recomece do zero, contando todo ele novamente. Na arbitragem, só cabe a figura da suspensão de acordo com Carreira Alvim:

> Na Lei de Arbitragem não há referência expressa à "interrupção" de prazo, mas apenas a "suspensão" do procedimento, em face da questão externa de índole prejudicial (art. 25, caput da LA) ou questão externa processual, relacionada com a morte do árbitro ou a sua impossibilidade de exercer a função...[3]

Situação complexa diz respeito ao prazo máximo para suspensão da reclamação arbitral, posto que é possível que a demanda estatal se prolongue por numerosos anos. Carmona é do entendimento de que a reclamação arbitral fica suspensa até decisão final do processo

---

[3] ALVIM, José Eduardo *Direito arbitral*. 2. ed. Rio de Janeiro: Forense, 2004. p. 143-144.

judicial, pouco importando o tempo necessário para que isso ocorra. Diz o renomado doutrinador:

> Seja como for, a Lei fez uma opção, que seguramente não é a melhor, mas há de ser respeitada. Surgindo questão prejudicial (que influencie, portanto, a decisão da pendência objeto do pacto arbitral) e que diga respeito a direito indisponível, o procedimento será suspenso, remetendo-se as partes à autoridade judicial competente. Enquanto estiver a demanda sob o crivo do Poder Judiciário, não terá curso o procedimento arbitral, suspendendo-se o prazo para a apresentação do laudo.[4]

Me permito discordar do renomado mestre, com o respeito que sempre se faz necessário. O atraso na prestação jurisdicional não se coaduna com o sistema arbitral, o qual, inclusive, possui prazo fixado para a entrega da sentença pelo árbitro. Se descumprido o prazo, o arbitro perde inclusive a capacidade de jurisdição. Aguardar de forma indefinida a solução da questão pendente significa contrariar os preceitos de agilidade e data de finalização antecipadamente firmada no processo arbitral. Em face disso, entendo que se deve aplicar subsidiariamente as previsões do art. 265, §5º, do CPC com relação ao período de suspensão, aguardando-se somente um ano para os casos em que a sentença dependa do julgamento de outra causa.

Findo o prazo de um ano, a demanda deve ser julgada de qualquer maneira, mesmo que pela extinção ante a impossibilidade de sua solução em face da pendência da jurisdição estatal. Não se pode olvidar que as questões prejudiciais externas só são admitidas no processo arbitral quando se tratarem de direitos indisponíveis, posto que do contrário será o próprio árbitro que decidirá a questão, sem que isso importe em sentença extra ou *ultra petita* e nem forma coisa julgada material. Diz a doutrina de Pedro Martins:

> Mas a *vis attractiva* opera efeitos somente quando o conflito de direitos indisponíveis importar em direta afetação do julgamento do mérito. Ou seja, não deverá ser aplicada quando a matéria for, simplesmente, apreciada pelo árbitro como ponto incidente da discussão, mesmo que considerada na análise que resulte a decisão final. Quero dizer que, em linha com os pressupostos do art. 469, inciso III do Código de Processo Civil, a apreciação da questão prejudicial, de direito indisponível,

---

[4] CARMONA, Carlos Alberto. *Arbitragem e processo*: um comentário à Lei n. 9307/96. 2. ed. rev. atual. e ampl. 3. reimp. São Paulo: Atlas, 2006. p. 291.

decidida incidentemente no processo, e que integre o convencimento do árbitro, não aciona o comando do art. 25 da Lei de Arbitragem, haja vista não operar coisa julgada.[5]

Para as demais circunstâncias não previstas na lei de arbitragem, não há óbice à aplicação das previsões do Código de Processo Civil, desde que não sejam incompatíveis com as características básicas do sistema arbitral. Quanto à extinção com resolução do mérito, tal corresponde justamente ao deslinde da causa em sede de sentença arbitral.

4.5 Procedimento arbitral

Em havendo um processo arbitral, assim considerado o meio previsto e autorizado pela lei para obtenção da jurisdição arbitral, há necessidade de que haja um procedimento, sob pena de violação ao preceito constitucional do devido processo legal. O procedimento arbitral é o modo pelo qual se externa a relação processual arbitral, sendo que a lei de arbitragem traz algumas previsões em seus arts. 19 a 22.

Mesmo se tratando de procedimento arbitral, há que se deixar claro que os princípios relacionados ao contraditório, ampla defesa e devido processo legal devem ser respeitados, sob pena de nulidade da sentença que surgir deste sistema. Uma das grandes diferenças entre o sistema arbitral e a Justiça estatal quanto ao procedimento é que na arbitragem podem as partes ou o árbitro decidir sobre o procedimento que se deve adotar.

Na Justiça estatal, o procedimento adotado é aquele previsto em lei para cada situação, não podendo as partes modificá-lo, salvo quando se utilizar de um procedimento mais complexo, quando, então, não haverá prejuízo para qualquer dos litigantes.

No sistema arbitral, as partes podem estipular, em compromisso arbitral, as regras para o procedimento a ser adotado na demanda que surge, assim como também podem se referir às regras processuais dispostas pelo organismo arbitral onde a demanda irá se processar. No silêncio das partes, poderá o árbitro adotar ou firmar as regras do procedimento que lhe convier, conforme lhe autoriza o art. 20, §1º, da LA.

De qualquer forma, o procedimento que for escolhido deve respeitar os princípios do contraditório, igualdade entre as partes, da

---

[5] MARTINS, Pedro Antônio Batista. *Apontamentos sobre a lei de arbitragem*: comentários à Lei 9307/96. Rio de Janeiro: Forense, 2008. p. 282.

imparcialidade do árbitro e de seu livre convencimento, posto que são exigências da lei de arbitragem e até mesmo da Constituição Federal.

4.6 O árbitro

Em regra, o árbitro é escolhido pelas partes, as quais se baseiam nos critérios de confiança e competência no sentido de capacidade para julgar a demanda que lhe é proposta. No entanto, também se faz possível a escolha do árbitro tendo como base as regras e relações de árbitros pertencentes a um órgão arbitral. Também nos casos de cláusula vazia ou impossibilidade da constituição da arbitragem com base no art. 5º da LA, a escolha é feita pelo juiz de direito, conforme as previsões do art. 7º da mesma legislação.

O árbitro pode ser qualquer pessoa física, embora não diga a lei expressamente sobre a impossibilidade de uma personificação jurídica exercer tal múnus. O impedimento reside no caráter personalíssimo do múnus arbitral, o que torna impossível o seu exercício por pessoa jurídica, a qual é representada por seus diretores ou gerentes. Há necessidade de ter capacidade para o exercício pessoal dos atos da vida civil, o que se atinge normalmente com a implementação dos 18 anos de idade. Existem situações em que esta capacidade é atingida antes disso, conforme se verifica no casamento, satisfazendo a exigência legal para ser árbitro.

Além da capacidade e da personalidade natural, o árbitro pode ser qualquer pessoa em regra, não lhe sendo exigida formação jurídica ou outra qualquer. As partes podem estipular em sede de compromisso arbitral exigências específicas para a nomeação de árbitros, como podem também se referir às regras de algum órgão arbitral, complementando-as com exigências próprias.

Feita a escolha do árbitro ou do Tribunal Arbitral, surgem questões de considerável relevância, relativas aos impedimentos e suspeições de tais pessoas. Evitar o impedimento ou a suspeição ressalta o interesse na credibilidade da futura sentença arbitral, preservando a imparcialidade do árbitro e a segurança das partes. O art. 13, §6º, da LA determina que o árbitro deve desempenhar suas funções com imparcialidade, independência, competência, diligência e discrição.

Em regra são aplicadas ao sistema arbitral as mesmas situações de impedimento e suspeição dos magistrados, elencadas nos arts. 134 e 135 do Código de Processo Civil, consoante determinação do art. 14 da Lei de Arbitragem. Pode também o árbitro declarar-se impedido por motivo de foro íntimo, não estando obrigado à sua declaração específica.

É dever do árbitro ao receber a nomeação para a demanda arbitral revelar antes de sua aceitação qualquer circunstância que importe em dúvida justificada quanto à sua imparcialidade ou independência, nos termos do §1º do art. 14 da LA. Esta exigência legal diz respeito aos casos de suspeição, mas pode ser aplicada também aos casos de impedimentos, os quais não possuem caráter tão absoluto como na Justiça estatal.

Pode também qualquer uma das partes recusar a nomeação do árbitro, arguindo seu impedimento ou a suspeição. Deve fazê-lo no primeiro momento que falar nos autos arbitrais, sob pena de preclusão quanto à suspeição. Essa arguição pode ser feita por simples peticionamento nos autos, não sendo o caso de autos em apenso, consoante previsão para os casos relacionados à Justiça estatal.

Nem poderia ser diferente, posto que a decisão sobre o impedimento ou suspeição é feita pelo próprio árbitro, e a eventual recusa do árbitro às imputações quanto à sua imparcialidade não desafia qualquer recurso. Somente em sede de ação de nulidade isso pode ser arguido, já perante o Poder Judiciário e exigindo que tenha sido feito por ocasião da demanda arbitral.

O árbitro pode ser recusado por motivo ocorrido após a sua nomeação, conforme prevê o art. 14, §2º, da LA. Isso se justifica porque, regra geral, os árbitros são escolhidos pelas partes em contenda, presumindo que os conheciam anteriormente e assim não justifica que aleguem circunstâncias relativas a acontecimentos anteriores à escolha. No entanto, a escolha dos árbitros também é possível pela via judicial ou pelas regras de um órgão arbitral. Nestas circunstâncias, a lei prevê a possibilidade de recusa por fatores ocorridos antes da nomeação, posto que as partes não nomearam o árbitro e não tinham ciência de que tais pessoas poderiam ser escolhidas para a solução de seu conflito de interesses.

Além dessa hipótese, também é possível a recusa por situações anteriores à nomeação se o problema só for conhecido após a escolha. Todas as situações dizem respeito à suspeição, posto que o impedimento tem tratamento diferente, podendo ser arguido tanto em face de motivos ocorridos antes como posteriores à nomeação.

Uma outra situação ainda se faz diferente no que diz respeito ao impedimento. Na Justiça estatal se trata de matéria de ordem pública, ou seja, não prescreve e não há preclusão, podendo ser a qualquer tempo ou grau de jurisdição, arguido e eventualmente acolhido se comprovado. No sistema arbitral vigora a vontade das partes na escolha de seu árbitro ou Tribunal Arbitral, diferenciando em muito da Justiça estatal que já possui em seus quadros os magistrados aptos ao julgamento das demandas que lhe são apresentadas.

Se a situação de impedimento for conhecida dos contendores por ocasião da nomeação e ainda assim deixaram claro que aceitam este árbitro, não podem eles arguir este impedimento posteriormente, nem mesmo em sede de ação anulatória de sentença arbitral. Sendo o juízo consensual, podem as partes manter o árbitro, mesmo possuindo impedimento, salvo quando se tratar de parte, posto que aí não há possibilidade de negociação entre elas sobre qual delas seria apta a julgar a demanda que patrocinam.

Admitido pelo árbitro a suspeição ou o impedimento, deixará ela a arbitragem, passando a promover sua substituição de acordo com o caso concreto. Se escolhido pelas regras de um órgão arbitral, a substituição também é feita de acordo com tais regras, normalmente procedendo a uma nova escolha ou chamando o árbitro reserva para assumir o caso. Também se faz possível, no caso de cláusula compromissória vazia, o pedido de nova escolha perante o Poder Judiciário. Até mesmo as partes podem se entender e escolher novo julgador arbitral. Em havendo cláusula no compromisso impedindo a escolha de árbitro substituto, outra saída não há, levando à extinção do procedimento arbitral pelo desaparecimento do próprio compromisso.

Possível também se discutir a competência do árbitro no ambiente arbitral, principalmente nos casos de sua escolha pelas regras de um órgão arbitral. Nas demais formas de escolha, por terem indicação direta de uma pessoa, não haverá qualquer dúvida sobre sua competência no que se refere à escolha. Os órgãos arbitrais possuem uma relação de árbitros aptos, assim como as regras para a escolha daquele que irá funcionar na demanda arbitral respectiva. Normalmente seguem um sistema de distribuição, de modo que todos tenham condições de exercício de seu múnus.

Possível fraude na escolha visando beneficiar determinado árbitro, aumentando a quantidade de reclamações que venha a julgar, pode ensejar reconhecimento da violação das próprias regras da instituição arbitral, direcionando o caso para determinado árbitro quando deveria seguir para outra pessoa. O árbitro competente é aquele que foi escolhido de acordo com as regras da instituição. A burla de tais regras faz a escolha recair em quem não deveria, falecendo-lhe competência para a solução da reclamação apresentada. Pode ocorrer também que a pessoa escolhida como árbitro não pertença aos quadros da instituição, o que resulta também incompetência por violação às regras desta mesma instituição.

A exceção de incompetência também pode atingir o próprio órgão arbitral, principalmente quando houver dúvida sobre qual instituição seria a competente para a solução da questão. Decidido pelo árbitro, reconhecendo a incompetência do próprio órgão arbitral, não vejo problema na sua remessa a instituição competente. Se a decisão for no sentido de manter a competência, nenhum recurso pode ser acionado, sendo matéria afeta somente à futura ação de nulidade de sentença arbitral.

Pode ocorrer também alegação de incompetência em face da matéria a ser tratada na arbitragem, quando então, sendo reconhecida, haverá extinção da reclamação arbitral, devendo as partes se utilizarem do Poder Judiciário para a solução de suas pendências. A matéria cabível para solução arbitral é aquela relacionada a direitos patrimoniais disponíveis, mas também estará limitada às previsões da cláusula compromissória, a qual pode ser restritiva a determinadas matérias existentes no contrato celebrado entre as partes.

4.7 Exceção de litispendência

Apenas um juízo deve solucionar a mesma perlenga. Quando tivermos duas ações, idênticas quanto ao pedido, causa de pedir e partes, teremos o que a doutrina chama de litispendência. A regra da litispendência perante o Judiciário Estatal é no sentido de que o segundo processo, em regra, deve ser extinto pelo critério da prevenção.

Outros critérios podem ser utilizados para a solução do conflito de jurisdições, notadamente a especialização da matéria, gerando incompetência absoluta a um dos juízos, que, então, seria extinto. Possível também a decisão tomando por base a alegação de foro eleito, extinguindo o processo aberto perante o juízo relativamente incompetente.

No sistema arbitral é possível a ocorrência da litispendência entre órgãos arbitrais ou entre o órgão arbitral e o Poder Judiciário. É de se ressaltar que, uma vez existente a cláusula compromissória, um dos seus principais efeitos é justamente retirar a competência estatal para a solução da perlenga, devendo as partes se dirigirem ao ambiente arbitral.

Não é por que existem duas ações iguais, uma no órgão arbitral e outra na Justiça estatal que esta última terá preferência. Isso irá depender das circunstâncias, posto que os efeitos da cláusula compromissória podem ser impostos a outra parte, como também podem ser renunciados de forma expressa ou tácita.

Se existirem duas ações iguais, uma perante a Justiça estatal e a outra perante o sistema arbitral, duas circunstâncias devem ser analisadas. A primeira diz respeito à existência da cláusula compromissória e o consequente compromisso arbitral. Sem o último, não há que se falar em competência arbitral para a solução do conflito. A segunda situação diz respeito à possível concordância da parte requerida na ação proposta perante o Poder Judiciário. Havendo concordância, seja ela tácita ou expressa, automaticamente haverá perda da competência do juízo arbitral, devendo a reclamação ser imediatamente extinta. Será tácita a concordância quando a resposta do requerido aos termos do pedido inicial for omissa quanto à alegação de exceção de arbitragem.

Essa concordância pode-se dar de maneira expressa, ou seja, com o requerido informando nos autos a concordância com a permanência da competência estatal, em detrimento da Justiça arbitral. Mas também pode ocorrer tacitamente, ou seja, basta que o requerido na ação estatal nada alegue em sede contestatória a respeito da existência e eficácia da cláusula compromissória. Ao magistrado não é permitido o conhecimento de ofício dos efeitos da cláusula compromissória. Sem a alegação de seus efeitos, se dará a concordância tácita com a competência estatal, renunciando à cláusula compromissória e seus efeitos.

De outro lado, se houve alegação de exceção de arbitragem no processo judicial, poderá a reclamação arbitral seguir normalmente, independentemente da necessidade de aguardar a solução da demanda judicial. Essa medida de continuidade se impõe, posto que o aguardo da ação judicial implicaria na espera do procedimento arbitral, indo de encontro com os princípios da celeridade e do prazo estipulado para a sentença arbitral.

Apenas se houver decisão judicial paralisando o procedimento arbitral é que não poderá ter ele continuidade, ficando suspenso em razão de prejudicialidade externa. Se nada houver que obste o andamento da demanda arbitral, deverá ter ela normal procedimento, rejeitando-se a alegação de litispendência, posto que a tendência do processo judicial é a extinção sem julgamento do mérito em face dos efeitos da cláusula compromissória, consoante previsão do art. 267, VII, do Código de Processo Civil.

Pode ocorrer também a litispendência entre dois órgãos arbitrais. Se houver reconhecimento de algum dos árbitros sobre a sua incompetência, o problema fica resolvido com a continuidade da reclamação perante o outro órgão arbitral. Se não houver reconhecimento da incompetência, não haverá possibilidade de recurso, fazendo surgir a possibilidade de duas sentenças arbitrais sobre a mesma situação fático-jurídica, o que resta inaceitável.

A alegação em ação de nulidade, quando houver negativa dos árbitros em reconhecerem a litispendência, é a única forma de solucionar a questão. Neste ponto, duas vertentes se fazem existentes. Em uma, considera que a primeira arbitragem instituída seja válida, ficando a outra com a pecha da ilegalidade. Em outra, entende que o compromisso arbitral formalizado posteriormente faz extinguir o anterior, causando a nulidade da primeira arbitragem. Uma terceira vertente, aceita por Carreira Alvim, informa que a reclamação sentenciada em primeiro lugar deve prevalecer, posto que faltaria interesse na solução da demanda depois desta ocorrência.

Sem a preocupação com os eventuais argumentos que possam ser opostos à preferência por uma delas, a melhor solução está em preservar a validez e a eficácia da sentença proferida em primeiro lugar, pelos argumentos expostos na alínea "b" retro.[6]

Nenhuma das opções resolve todos os problemas, posto que a competência do árbitro está jungida à forma correta de sua escolha. Se a designação de um árbitro se deu pela estrita vontade das partes, tendo ela ocorrido posteriormente, significa que o compromisso anterior realmente está revogado pela própria vontade daqueles que o instituíram. Só resta a extinção da demanda arbitral proposta em primeiro plano e o normal seguimento da segunda.

Agora, se o compromisso posterior se deu pelas normas do órgão arbitral, nem sempre a conclusão de extinção do compromisso anterior estará correta. Isso ocorre porque os meios de escolha dos árbitros é que podem estar errados, seja na primeira ou na segunda oportunidade. Como em nenhuma delas a decisão do árbitro rejeitando a própria incompetência permite recurso, a solução restará possível somente em sede de nulidade de sentença arbitral.

Em sede de nulidade é que será analisado qual dos compromissos arbitrais deve ser mantido, e por consequência será válida a sentença que dele surgir. A outra resta nula de pleno direito e não poderá ser objeto de execução ou cumprimento, posto que emanada de quem não podia ser árbitro.

Não podemos utilizar do sistema já consagrado pela Justiça estatal, a qual considera a primeira sentença transitada em julgado como a válida. Isso porque no sistema arbitral o recurso que atacaria a

---

[6] ALVIM, José Eduardo Carreira. *Direito arbitral*. 2. ed. Rio de Janeiro: Forense, 2004. p. 282.

sentença inexiste, nascendo ela transitada em julgado. Sendo impossível à parte paralisar o procedimento arbitral, a saída é conceder à Justiça estatal a possibilidade de fazer a análise do procedimento válido em sede de ação de nulidade de sentença arbitral.

4.8 Coisa julgada arbitral

Por força de disposição constitucional, uma mesma causa não pode ser decidida mais de uma vez de forma definitiva. É a coisa julgada a impedir a rediscussão de matéria já solucionada definitivamente, após esgotados todos os recursos ou na falta de interposição deles.

Os efeitos da coisa julgada são inteiramente aplicáveis ao sistema arbitral, pouco importando que a causa tenha sido decidida definitivamente no ambiente estatal ou arbitral. Apresentada a ação perante o Judiciário, se ela já foi decidida em sede arbitral, pouco importa o seu desiderato, deve ser respeitada como imposição constitucional, independentemente da vontade das partes.

Sendo assim, se uma demanda foi definitivamente julgada em sede judicial, não podem as partes, mesmo que concordes, levá-la novamente à discussão em sede arbitral, devendo o árbitro extinguir a reclamação por força dos efeitos públicos da coisa julgada. Nessas circunstâncias, poderão as partes realizar acordo sobre a demanda, possibilitando a homologação em se tratando de direitos patrimoniais disponíveis.

Também não se pode convencionar que a sentença arbitral seja analisada pelo Judiciário, como se houvesse uma possibilidade de recurso a este. A homologação da sentença arbitral é medida há muito extirpada do sistema legal brasileiro, havendo violação às normas do art. 18 da LA quando se determina no compromisso a existência de recurso.

Recurso só se mostra possível dentro do próprio sistema arbitral, em que pese não aconselhável, sob pena de encaminharmos para os mesmos problemas do processo estatal, riquíssimo em recursos e outras medidas que ferem de morte o princípio da duração razoável do processo.

4.9 Prejudicialidade interna e externa

Sendo a demanda arbitral de caráter complexo, envolvendo muitas vezes considerável gama de direitos, torna-se possível, da mesma forma que no juízo estatal, a existência de prejudicialidade interna ou externa. Por prejudicialidade se entende como uma questão incidente que pode influenciar na decisão da causa.

Ela será interna quando de competência do próprio juízo e externa quando a competência for de juízo diferente. No caso da arbitragem, os juízos envolvidos serão o próprio árbitro, outro árbitro ou o juízo estatal. Uma vez realizado o compromisso arbitral, as partes dão ao árbitro poderes jurisdicionais para a solução da causa principal. O que se pergunta é se neste poder também se inclui a questão prejudicial.

A doutrina entende que a prejudicialidade interna pode e deve ser resolvida pelo próprio árbitro, estando implícitos os poderes para tanto. Se pode julgar a causa principal, também o poderá a questão acessória, não sendo correta a remessa das partes para o juízo estatal. Aliás, quase todas as questões prejudiciais serão internas, salvo quando se referirem a direito indisponível, quando então se aplicarão as medidas do art. 25, *caput*, da LA, ou estejam sob apreciação em uma outra reclamação arbitral em órgão arbitral diverso.

Sendo a prejudicialidade interna, ou seja, cuja matéria possa o árbitro decidir por se enquadrar na premissa de direitos patrimoniais disponíveis, a solução virá na sentença arbitral como antecedente do mérito, ou seja, como preliminar. A depender da solução, a reclamação arbitral seguirá ou não para o mérito da demanda, posto que a prejudicial influencia na solução definitiva da causa.

Agora, se a prejudicialidade for externa, ou seja, se a matéria desta for de cunho indisponível, não poderá o árbitro solucioná-la. Resta a ele a suspensão da reclamação arbitral pelo prazo de 1 ano, aplicando analogicamente o art. 267, II, do CPC. Se ao término deste prazo não houver solução sobre a questão prejudicial, restará a extinção da arbitragem, posto que a demanda arbitral, por suas características de agilidade e temporariedade jurisdicional, não permite a suspensão eterna do feito.

É claro que a decisão judicial referente à prejudicialidade externa gera efeitos na reclamação arbitral, a qual poderá inclusive ser extinta, a depender do que for decidido. Não poderá o árbitro agir contrário ao que foi decidido no Judiciário sobre a questão prejudicial, posto que ela tem força de coisa julgada, vinculando não só as partes como também o julgador.

Já a decisão da prejudicial no sistema arbitral só terá efeito de coisa julgada, oponível às partes em qualquer outro processo, se houver cumprimento das previsões do art. 470 do CPC, ou seja, se as partes solicitaram ao julgador que a decisão tenha esta força, sob pena de não gerar efeito vinculante obrigatório. No sistema arbitral, para que isso ocorra, deve haver previsão no compromisso inicial ou então por compromisso complementar. Sem isso, não haverá força de coisa julgada, podendo ser discutida em outra demanda. Ressalto que esta situação se aplica exclusivamente à questão prejudicial, não atingindo o mérito da demanda que faz surgir a coisa julgada com todos os seus efeitos.

Isso se aplica à possibilidade de ação declaratória incidental no processo arbitral, quando então se estará tratando de uma prejudicial interna.

4.10 Reconvenção na arbitragem

No sistema processual estatal, caberá ao réu responder aos pedidos contidos na petição inicial, o fazendo com três possibilidades: contestação, exceção e reconvenção. Na contestação se defende. Nas exceções se discute a competência, impedimento ou suspeição do magistrado. Na reconvenção faz-se pedido contra o autor, obedecendo a conexidade entre o pedido inicial e o feito pelo réu.

Na arbitragem a contestação obedece ao mesmo rito do sistema jurídico estatal, com as matérias que se referem apenas às questões arbitrais. As exceções podem ser apresentadas por simples petição, inclusive junto com a peça de defesa e serão decididas pelo próprio árbitro, sem qualquer recurso ou necessidade de autuação em separado.

Já a reconvenção tem tratamento diferente no sistema arbitral, posto que se trata de outra demanda, outro pedido, tendo apenas com a conexidade necessária com o pedido inicial. A lei não faz referência à possibilidade de reconvenção na arbitragem, como de resto não se refere especificamente sobre as formas de defesa do reclamado. Isso faz surgir dúvidas sobre o cabimento da reconvenção no sistema arbitral.

Diferentemente do sistema de jurisdição público, na arbitragem, a demanda só se completa com a realização do compromisso arbitral e aceitação da incumbência pelo árbitro. O compromisso deve conter a matéria a ser tratada e vincula o árbitro a ela, sob pena de sentença *extra petita*. Como por ocasião do compromisso ainda não se tem a defesa do reclamado, a qual é feita depois desta fase, ainda não se sabe se haverá ou não reconvenção. Por isso, não constará do compromisso e não poderá ser apreciada pelo árbitro que não tem sua competência nele estabelecida para tal finalidade. É possível que as partes a isso convencionem no compromisso arbitral, já antevendo pelas discussões relacionadas à tentativa de conciliação, a possibilidade de pedido do reclamado contra o reclamante. Neste caso, por já constar no compromisso, poderá o árbitro analisar pedido reconvencional ou contraposto.

É certo que o compromisso pode ser aditado no decorrer da demanda, de modo a incluir ou modificar a matéria objeto da arbitragem. Nesta situação torna-se possível a inclusão da reconvenção do pedido do réu contra o autor, posto que se cumprem as exigências da lei de arbitragem para a constituição do juízo arbitral, qual seja, a realização do compromisso constando a matéria a ser decidida pelo árbitro.

Nada impede também que por ocasião das tratativas iniciais relativas à demanda já se saiba do interesse do réu por mover contra o autor pedido conexo, aproveitando-se do chamamento do órgão arbitral. Nestas circunstâncias, não vejo óbice à realização do compromisso contendo ambas as demandas, para solução única pela sentença arbitral.

4.11 Revelia na arbitragem

No sistema jurisdicional público, a revelia induz ao reconhecimento da veracidade dos fatos alegados na inicial, com a ressalva das circunstâncias de ordem pública que necessitam ser provadas mesmo assim. A lei procura punir a parte requerida que não comparece ao chamamento judicial, posto que no juízo cível, a defesa não é uma injunção legal, mas, sim, um ônus para a parte.

A doutrina estende o conceito de revelia, ultrapassando os limites da simples falta de resposta do réu. Para ela, revelia ou contumácia é a falta de participação da parte, seja ela autor ou réu, nos atos processuais, com as consequências previstas em lei. Mesmo havendo revelia, não está o magistrado togado jungido a julgar procedente o pedido inicial, posto que não é esse o efeito previsto na legislação, restando possível a improcedência do pedido por situações outras que não a veracidade dos fatos alegados na inicial.

No sistema arbitral, a situação se faz um pouco diferente, embora na prática tenha os mesmos efeitos. A arbitragem surge da consensualidade das partes ao celebrar a cláusula compromissória ou o compromisso arbitral, razão pela qual se faz ilógico que elas se neguem à participação na instituição da arbitragem.

No entanto, é bastante comum que, uma vez surgido o litígio, a parte requerida procure, seja por atos positivos ou negativos, evitar a instituição da arbitragem ou até mesmo fugir dos efeitos da cláusula compromissória. Assim, nega-se ao comparecimento à audiência de conciliação para solução do problema ou até mesmo a assinar o compromisso arbitral, embora esteja obrigada a isso pela cláusula compromissória. Além da negativa na realização do compromisso, também pode ocorrer da parte requerida não se manifestar no procedimento arbitral.

A LA prevê em seu art. 22, §3º, que a revelia da parte não impedirá que seja proferida a sentença arbitral, ou seja, ela não pode impedir que se instaure a demanda arbitral e também não impede que ela chegue ao seu final, mesmo que a parte requerida dela não participe.

Em havendo negativa do reclamado em aceitar a realização do compromisso arbitral, caberá à parte autora duas alternativas, a depender do conteúdo de sua cláusula compromissória. Sendo a cláusula vazia, ou seja, sem a indicação do árbitro ou do órgão arbitral, restará a demanda prevista no art. 7º da LA, ou seja, o pedido de instituição do compromisso será feito pela via judicial, da qual trataremos na parte final deste livro.

Se a cláusula for cheia, ou seja, indicar o órgão arbitral que deve receber a reclamação, o compromisso poderá ser feito de acordo com as regras deste órgão, por decisão administrativa deste, conforme previsão de seus regulamentos. Se nas regras administrativas nada for estipulado a respeito, restará somente a hipótese do art. 7º da LA, com grandes prejuízos para a agilidade do procedimento.

Uma vez instituída a arbitragem com base nas determinações do art. 5º da LA, ou seja, de acordo com as regras do órgão arbitral escolhido, começa o procedimento arbitral já com a escolha e aceitação do árbitro, participante da relação daquele órgão. Desnecessária nova intimação, notificação ou citação, posto que não prevista na legislação. A notificação já fora realizada quando do chamamento para o ato.

Iniciado o procedimento, deve-se cumprir com as exigências relativas à ampla defesa e contraditório, sendo aconselhável que se abra prazo, normalmente de 15 dias para a realização da defesa do réu, mesmo que este não tenha comparecido para o compromisso. Se houver comparecido, poderá ser colhida de imediato a sua resposta, seguindo normalmente o procedimento. O procedimento a ser cumprido dependerá das regras do órgão arbitral, não havendo nulidade alguma se nelas houver previsão da apresentação da defesa por ocasião da lavratura do compromisso, posto que o reclamado foi regularmente notificado para tal ato com a antecedência necessária para elaboração de sua defesa. Também não resta dúvida de que a defesa possa ser feita oralmente por ocasião da audiência inaugural de conciliação e realização do compromisso arbitral.

A falta de comparecimento para a defesa não impede a continuidade do procedimento, mas, de acordo com o art. 22, §2º, o árbitro, ao decidir, deverá levar em consideração o comportamento da parte faltosa. De início, pode se entender que não se aplicam os efeitos da revelia, mas Carreira Alvim esclarece que a situação é, na prática, a mesma.

No juízo arbitral, a revelia do réu não produz a confissão ficta (*ficta confessio*), mas, como pode uma das partes fazer-se ausente ou presente, embora inativa, a Lei de Arbitragem (art. 22 parágrafo 2º, primeira parte, LA) faz resultar dessa atividade um efeito, em tudo e por tudo, equivalente à revelia no processo civil.[7]

Revelia ou não, a ausência de participação do requerido, mesmo notificado a participar do procedimento arbitral, dá ensejo ao árbitro para que aplique os mesmos efeitos previstos na jurisdição estatal, com a ressalva feita quanto à ausência de imposição de julgamento pela procedência da demanda. Não é pela ausência da parte requerida que a reclamação será, fatalmente, julgada procedente, mas sim pelas provas que forem apresentadas ao árbitro e pelas circunstâncias próprias da demanda. Se ao juiz togado é possível julgar improcedente o pedido inicial, mesmo diante da revelia, também pode o árbitro agir desta forma.

Como já mencionado, a revelia também se faz possível pela falta de participação em atos processuais, o que impede a impugnação posterior destes. Também no caso de depoimento pessoal de qualquer das partes, a falta de comparecimento sem justificativa leva à conclusão pela confissão, com as mesmas fundamentações relativas à falta de defesa, conforme previsão do art. 22, §2º, da LA.

4.12 A prova no sistema arbitral

Da mesma forma que no sistema estatal, o árbitro formará a sua convicção pelas provas trazidas aos autos, sendo admitidas todas que não forem contrárias ao direito. É certo que o compromisso arbitral pode conter normas que restrinjam a produção de determinados tipos de prova, podendo as partes convencionar que o árbitro só poderá decidir com base em provas documentais. Nestas circunstâncias, o árbitro não terá liberdade de produzir outro tipo de prova em face da consensualidade do sistema arbitral em sua inteireza.

Prova é o meio pelo qual se demonstra a existência de um fato a gerar convicção no julgador. É a soma dos motivos ensejadores da certeza.

---

[7] ALVIM, José Eduardo Carreira. *Direito arbitral*. 2. ed. Rio de Janeiro: Forense, 2004. p. 307.

Sendo assim, a instrução processual se consubstancia em um conjunto de atos, das partes, de terceiros e do julgador, com a finalidade de transportar para a realidade dos autos o que ocorreu no mundo dos fatos.

A prova possui três momentos distintos: a proposição, a admissão da prova e a sua produção. Incluo ainda o momento de sua análise por ocasião da sentença arbitral. A proposição é ato das partes, sendo gerenciado pelo procedimento que deve eleger o momento propício para sua realização. Prova solicitada a destempo requer cuidado do árbitro na sua admissão, posto que quase sempre alcançada pela preclusão.

É certo, no entanto, que pode o árbitro determinar a realização de prova *ex officio*, ou seja, mesmo que as partes não as tenham solicitado, aos moldes previstos ao juiz togado no art. 130 do Código de Processo Civil. No sistema arbitral é possível que as partes convencionem em compromisso arbitral que o árbitro não terá este poder, consoante as regras da arbitragem estipuladas.

A propositura da prova, por si só, não significa que ela deva ser admitida obrigatoriamente. Cabe ao árbitro analisar a proposta de produção de prova de acordo com a sua necessidade e utilidade para o deslinde da causa. Sendo assim, não se admite, ao exemplo, produção de prova oral quando a situação de fato estiver comprovada materialmente, ou seja, por documento. Também restará inconcebível a admissão de prova que não contribuir para a solução da demanda ou as de caráter meramente protelatório.

O terceiro momento é o da produção da prova proposta e admitida. Nele se deve cuidar para que as partes tenham oportunidade de acompanhar a produção e até mesmo falar sobre ela, cumprindo o princípio da ampla defesa e do contraditório. Deve-se também zelar pela concentração destas, ou seja, agir de modo que em um número reduzido ou único de atos, se faça a produção de todas as provas necessárias. Isso contribui para a agilidade do procedimento, auxiliando o árbitro no cumprimento de seu mister no prazo previsto no compromisso.

Em se tratando de depoimento das partes, o sistema arbitral permite que sejam elas representadas por prepostos, mesmo que se trate de pessoa física. A Lei de Arbitragem não fala em depoimento "pessoal", razão pela qual a doutrina entende possível a preposição, mesmo se tratando de pessoa física. Aos moldes do sistema estatal, é necessária a intimação, explicitando local dia e horário para a sua oitiva. A ausência injustificada impõe a aplicação dos efeitos da confissão tácita.

Quanto às testemunhas, podem elas ser convidadas para a oitiva. Não haverá intimação propriamente dita, posto que isso implica na obrigatoriedade do comparecimento, sob pena de condução coercitiva.

Como o árbitro não tem poderes coercitivos, apenas o convite deve ser feito. Não comparecendo e havendo franca necessidade da oitiva da testemunha, o árbitro poderá solicitar ao juiz togado que ela seja conduzida coercitivamente, nos termos do art. 22, §2º, da LA, devendo comprovar o convite feito e a ausência em termo de audiência. A falta de comprovação da resistência implicará na negativa judicial de sua condução.

A produção da prova pode ser necessária antes da ocorrência da instituição do compromisso arbitral, havendo dificuldades na identificação da autoridade, judicial ou arbitral, encarregada de sua apreciação e possível deferimento. A doutrina entende que é possível que se fixe uma autoridade apta ao conhecimento das cautelares antes mesmo do compromisso, em sede de cláusula compromissória. Sendo assim, poderia ela ser acionada para analisar o pedido de produção antecipada de provas. Do contrário, resta a autoridade judiciária estatal, conforme demonstro do capítulo referente às cautelares.

Por último, se na reclamação arbitral constarem documentos suficientes para a solução da demanda, ou sendo a matéria unicamente de direito, poderá o árbitro realizar o julgamento antecipado da lide, nos termos previstos no art. 330 do CPC. É claro que eventual proibição em sede de compromisso vincula o árbitro ao que foi determinado.

Em sendo necessário, pode a autoridade arbitral tomar depoimentos, enfim, produzir todas as provas fora da sede do órgão arbitral. O árbitro não está jungido a determinada localidade, sendo comum nas arbitragens internacionais que os atos do processo sejam realizados em diversos países. Justamente por isso, resta desaconselhável a remessa de carta precatória ao juízo estatal, embora parte da doutrina entenda possível.

A lei de arbitragem prevê a utilização do juízo estatal para dar coercibilidade às decisões arbitrais, inclusive as que se referem à produção da prova. Em momento algum fala na hipótese do próprio magistrado realizar atos por carta precatória. Mesmo assim, não vejo problemas, com a ressalva da dificuldade de entendimento da jurisdição estatal quanto a esta medida. De qualquer forma, com a disseminação da cultura arbitral, pode ser que a situação se modifique.

É possível também que haja arguição de falsidade documental, seja ela ideológica ou material. Em se tratando de direito disponível, poderá o árbitro decidir sobre eventual incidente de falsidade, em que pese sua decisão não gerar efeito de coisa julgada, conforme prevê o art. 395 do CPC. Sendo assim, só tem validade para o processo arbitral onde ocorreu, restando ainda possível a sua discussão em outro processo, arbitral ou judicial.

CAPÍTULO 5

DA IMPUGNAÇÃO À SENTENÇA ARBITRAL

Sumário: – **5.1** Aspectos gerais – **5.2** Da ação de nulidade de sentença arbitral – **5.2.1** Por nulidade do compromisso – **5.2.2** Sentença emanada de quem não podia ser árbitro – **5.2.3** Falta dos requisitos obrigatórios da sentença arbitral – **5.2.4** Quando a sentença for proferida fora dos limites da convenção de arbitragem, ou que não tenha decidido todo o litígio – **5.2.5** Proferida em prevaricação, concussão ou corrupção passiva – **5.2.6** Com desrespeito aos princípios de que trata o art. 21, §2º, da LA – **5.2.7** Violação da ordem pública – **5.2.8** Aspectos processuais da ação de nulidade de sentença arbitral

5.1 Aspectos gerais

Realizado todo o procedimento arbitral, no tempo e formas previstos tanto na legislação como no compromisso arbitral realizado entre as partes, é normal a superveniente sentença, a qual só não será prolatada se o árbitro entender que não se trata de matéria sujeita à arbitragem ou surgir situação externa que justifique a paralisação do procedimento nos termos do art. 25 da Lei de Arbitragem.

Seguindo a regra geral, a sentença arbitral será prolatada pelo árbitro ou Tribunal Arbitral no prazo predeterminado. Ao contrário da sentença do juiz togado, a sentença arbitral nacional já nasce transitada em julgado, não estando sujeita a recurso algum, ou mesmo homologação pelo Poder Judiciário, conforme determina o art. 18 da Lei de Arbitragem:

Art. 18. O árbitro é juiz de fato e de direito, e a sentença que proferir não fica sujeita a recurso ou a homologação pelo Poder Judiciário.

Em que pese não caber recurso, andou bem a Lei de Arbitragem em seu art. 30 ao prever uma espécie de embargos de declaração no prazo de cinco dias, contados da ciência da sentença. A lei não nominou claramente de "embargos de declaração", mas sim de simples solicitação que a parte faz ao árbitro para correção de erros materiais, obscuridade, dúvida ou contradição.

A intenção do legislador em não utilizar a expressão já concretizada na sistemática jurídica brasileira se deve ao princípio de que as sentenças arbitrais são irrecorríveis, conforme claramente mencionado no art. 18 da LA. Como os aclaratórios são considerados pelo Direito Processual Civil como uma espécie de recurso, haveria contradição insustentável, abrindo a possibilidade de cabimento de outros recursos e fazendo cair por terra este princípio tão importante para a sistemática arbitral.

É certo que os erros meramente materiais, assim considerados por Carmona, como "quando há equívoco flagrante, palmar mesmo, como o decorrente de lapsos ortográficos ou de cálculo aritmético",[1] nunca dependeram de embargos de declaração para serem corrigidos, podendo ocorrer a correção de ofício, até mesmo em outro grau de jurisdição ou juízo. Isso se dá porque ao juiz togado se reconhece o exercício da jurisdição mesmo após a sentença, em que pese restrita às formas processuais para alteração de seu julgamento. O mesmo não ocorre com o árbitro, o qual perde completamente seu poder jurisdicional com a prolação da sentença.

Sendo assim, caso não houvesse previsão como a constante no art. 30 da LA, nem mesmo os erros meramente materiais poderiam ser corrigidos, gerando redução qualitativa na sentença arbitral, a qual ficaria muito mais suscetível de nulidade. A possibilidade de correção, não só de erros materiais como das dúvidas, contradições e possíveis omissões, é benéfica para a higidez da sentença arbitral, posto que o árbitro pode incorrer em equívocos facilmente sanáveis sem importar na nulificação total de sua sentença. Quando se trata de erro meramente material, mesmo que o árbitro não o tenha corrigido, poderá ser ele sanado inclusive pelo juiz togado nos casos em que tiver conhecimento

---

[1] CARMONA, Carlos Alberto. *Arbitragem e processo*: um comentário à Lei n. 9307/96. 2. ed. rev. atual. e ampl. 3. reimp. São Paulo: Atlas, 2006. p. 306.

de possível execução ou ação anulatória da sentença arbitral. É o que informa Carmona:

> Preferencialmente, a correção será feita pelo árbitro, por via dos "embargos de declaração"; se não for, por não ter a parte (ou por não terem as partes) requerido a tempo, sanará a falha o juiz togado (se invocado a atuar em execução de sentença, ou em sede de ação anulatória). Vale também para a arbitragem a regra que no processo civil já está estabilizada, de que o erro material pode ser corrigido a qualquer tempo ou grau de jurisdição.[2]

Em sede de norma procedimental, exige a lei que a parte que manusear o requerimento de esclarecimento notifique a parte contrária de sua atividade, propiciando a esta que, caso tenha interesse, apresente-se nos autos trazendo as suas argumentações. Esse sistema é também utilizado na Justiça estatal nos casos de embargos de declaração com efeitos modificativos, impedindo assim que haja violação ao princípio do contraditório na realização da correção solicitada.

Esgotadas as providências relacionadas à possibilidade de correção do julgado arbitral, terá ele a mesma força e os efeitos de uma sentença judicial, nos precisos termos do que dispõe o art. 31 da Lei de Arbitragem, sendo ainda considerado título executivo judicial quando a sentença for condenatória. Com isso, esgota-se o procedimento arbitral, posto que eventual execução do julgado terá que ser manejada em sede judicial, já que no sistema brasileiro, como na maioria dos outros países, o árbitro não possui força coercitiva.

No entanto, mesmo não havendo recurso da sentença arbitral, ela poderá ser atacada por outras formas previstas na legislação arbitral, notadamente a ação de nulidade de sentença arbitral e os embargos à execução, hoje nominados de impugnação, posto que se trata de uma execução de título judicial (art. 475-J do CPC). É sobre esta matéria que trata o próximo capítulo.

5.2 Da ação de nulidade de sentença arbitral

A ação de nulidade de sentença arbitral resta cabível nas hipóteses previstas no art. 32 da Lei de Arbitragem, a qual faz referência ao vocábulo "nulidade", quando o certo seria "anulabilidade". Grande parte

---

[2] *Op. cit.*, p. 307.

dos oito previsivos legais diz respeito tecnicamente à anulabilidade, situação em que a falta de reclamação pelos meios e formas previstos em lei gera preclusão, desaparecendo o defeito que restou sanado pela inação do prejudicado.

Já a nulidade, não resta possível a sua correção, pouco importando que o tempo passe ou não se use as formas procedimentais para a impugnação no tempo e forma previstos em lei. No entanto, para a perfeita análise e compreensão da ação de nulidade de sentença arbitral, pouco importa a correta utilização do vocábulo, desde que, na prática, se tomem as medidas exigidas pela legislação para ser possível o reconhecimento do defeito da sentença arbitral.

Obviamente não se trata de recurso, mas sim de ação autônoma com os requisitos normalmente verificáveis para as ações de conhecimento, devendo ser proposta no prazo de 90 dias, contados da ciência da sentença ou de sua complementação, sob pena de decadência do direito de impugnação. O artigo prevê oito hipóteses que ensejam o reconhecimento da nulidade da sentença arbitral, as quais não podem ser acrescidas de outras hipóteses a critério das partes, posto que não estão na esfera de suas disponibilidades. Carreira Alvim é claro no sentido de considerar as hipóteses taxativas com proibição de sua ampliação ou restrição:

> Esses casos são taxativos, não sendo facultado às partes ampliá-los além dos limites legais, como não podem também prever formas de impugnação da sentença, em sede judicial, além da ação de nulidade prevista pela própria Lei (Art. 33, LA).[3]

Façamos a análise de item por item do artigo em comento, ressaltando desde logo que a ação de nulidade tem caráter judicial, e as questões de ordem processual que devem ser observadas para o manuseio desta importante ferramenta para correção ou anulação de sentenças arbitrais defeituosas.

5.2.1 Por nulidade do compromisso

Em que pese a legislação informar apenas sobre a possibilidade de nulidade do compromisso arbitral, não resta dúvida de que também se refere à cláusula compromissória, posto que na sistemática brasileira

---

[3] ALVIM, José Eduardo. *Direito arbitral*. 2. ed. Rio de Janeiro: Forense, 2004. p. 403.

a arbitragem pode ser instituída tanto pelo compromisso como pela cláusula compromissória. O correto seria a expressão convenção de arbitragem, o que englobaria tanto o compromisso arbitral como a cláusula compromissória.

Carmona deixa clara a sua posição no sentido de que a expressão legal "deve, obviamente, ser interpretada no sentido de incluir no mesmo motivo de impugnação do laudo também a nulidade da cláusula compromissória".[4] Na maioria das vezes, os motivos de nulidade, tanto do compromisso como da cláusula, poderão se equivaler, mas pode ocorrer de serem distintos, até mesmo porque os requisitos de cada um deles se mostram diferentes, conforme já demonstrado no início deste trabalho.

Com tais observações, que podem dizer respeito também à cláusula compromissória, ressalto que a nulidade poderá ser de forma, ou seja, quando desrespeitado algum ou alguns dos elementos do compromisso arbitral previstos no art. 10 da LA. As formalidades do compromisso arbitral restam necessárias para o perfeito desenvolvimento da arbitragem, razão pela qual o descumprimento da norma pode ensejar o reconhecimento da nulidade de todo o procedimento arbitral. É de bom alvitre ressaltar que as formalidades exigidas pela lei devem ser cumpridas com fidelidade, mas não ensejam o reconhecimento da nulidade quando desrespeitadas se ausente qualquer prejuízo para a parte ou para o desenvolvimento do sistema arbitral.

Sendo assim, mesmo que não haja perfeita qualificação das partes, caso ela mostre realmente a pessoa a quem se destina o procedimento e ausente qualquer outro prejuízo, notadamente para sua estada em juízo no exercício de seus direitos, não há porque se declarar qualquer nulidade. Não há nulidade sem a plena comprovação do prejuízo. Sendo possível sanar as irregularidades de um compromisso ou cláusula compromissória, tal poderá ser feito utilizando-se um compromisso complementar ou um adendo contratual que suprima a irregularidade. Diz a doutrina de Carreira Alvim:

> A nulidade que não admite sanação é a que consiste na falta de absoluta determinação das partes, dos árbitros ou do objeto da controvérsia; já a falta de indicação do lugar da prolação da sentença pode ser suprida por outros meios.[5]

---

[4] CARMONA, Carlos Alberto. *Arbitragem e processo*: um comentário à Lei n. 9307/96. 2. ed. rev. atual. e ampl. 3. reimpr. São Paulo: Atlas, 2006. p. 319.
[5] ALVIM, José Eduardo. *Direito arbitral*. 2. ed. Rio de Janeiro: Forense, 2004. p. 238-239.

Uma formalidade de extrema importância prevê a LA brasileira em seu art. 4º, §2º, na qual se dispõe que os contratos de adesão podem conter validamente a cláusula compromissória, desde que se respeite formalidade especial e haja concordância do aderente quanto à instituição da arbitragem para a solução de seu conflito de interesses. A lei determina que nos contratos de adesão só haverá eficácia da cláusula compromissória se o aderente tomar a iniciativa da instituição da arbitragem, ou com ela concordar, expressamente, desde que por escrito em documento anexo ou em negrito, com a assinatura ou visto especial para essa cláusula.

De início, antes de adentrarmos ao mérito da previsão legislativa de natureza razoavelmente complexa, necessária é a conceituação de contratos de adesão. Carreira Alvim entende que "contrato de adesão é aquele cujas cláusulas são estabelecidas unilateralmente pelo proponente, sem que o aderente possa discutir ou modificar total ou parcialmente, o seu conteúdo".[6]

Desta forma, ao assinar contrato-tipo, ou seja, aquele cujas cláusulas já venham estipuladas sem qualquer possibilidade de discussão ou modificação de seu conteúdo, o contratante estará em regra, em situação de fragilidade, causando desequilíbrio da relação contratual em benefício do policitante. A manutenção do equilíbrio contratual vem com a exigência de formalidade especial da cláusula compromissória nos contratos de adesão, além de conceder ao próprio aderente a possibilidade de concordar com a instituição da arbitragem.

A previsão legal traz duas possibilidades de eficácia da cláusula compromissória nos contratos de adesão. Na primeira, é no sentido de que a iniciativa do sistema arbitral seja do oblato ou aderente, o qual tem o poder de exigir o efetivo cumprimento da cláusula compromissória existente no contrato. Nestas circunstâncias, pouco importa que tenha ou não formalidade especial exigida pelo artigo em discussão, posto que é direcionada em benefício do aderente, o qual desconhece o contrato-tipo por presunção do legislador. Assim, mesmo que não haja destaque especial da cláusula compromissória no contrato de adesão, o aderente terá o direito de solicitar a instituição da arbitragem para a solução de seu problema.

A formalidade especial também resta dispensada quando o oblato, ou seja, o aderente, concorde com a instituição da arbitragem solicitada pelo policitante, tendo como fundamento as mesmas razões dispostas no parágrafo anterior. A previsão legal em comento ainda

---

[6] *Op. cit.*, p. 198.

traz a possibilidade da concordância do oblato aderente antes mesmo da iniciativa da instituição da arbitragem. É neste caso que se aplica a expressão legal "concordar, expressamente, com a sua instituição, desde que por escrito em documento anexo ou em negrito, com assinatura ou visto especialmente para essa cláusula" (art. 4º, §2º, da LA).

Desta forma, mesmo sendo o contrato de adesão, se nele contiver a cláusula compromissória em documento anexo ou em negrito com visto especial para ela, restará possível a instituição da arbitragem por iniciativa do policitante, nos termos dos arts. 5º ou 7º da LA. A providência legal, uma vez existente, faz com que se tenha certeza de que o contratante tinha perfeita ciência da cláusula compromissória, com ela concordando e vinculando-se no futuro ao sistema arbitral. Carmona deixa clara esta possibilidade:

> São duas as hipóteses com que lida o parágrafo: a primeira determina que a eficácia da cláusula fica condicionada à iniciativa do aderente; a segunda prevê que a cláusula será eficaz desde que haja expressa concordância do oblato, concordância que será manifestada por escrito em documento que se reporte o contrato a que se refere a cláusula ou então através do destaque da cláusula no contrato, com visto especial.[7]

No entanto, há vozes dissonantes sobre o real efeito das previsões de eficácia mediante formalidade especial da cláusula compromissória nos contratos de adesão. Pedro Martins entende que a presença da formalidade não implica na supressão da necessidade de concordância do aderente quanto à instituição da arbitragem em momento posterior ao do contrato, quando as partes já procuraram o órgão arbitral para a solução de seus conflitos. Diz o ilustre mestre:

> Não creio, e não concordo, que essa parte final do parágrafo 2º, do artigo 4º, inserido por emenda legislativa na Comissão de Proteção da Minoria e de Defesa do Consumidor, seja veículo de satisfação dos interesses impostos ao aderente no momento em que se encontra mais vulnerável, pois necessitado do produto ou do serviço, e nada pode ser oposto ou barganhado com a outra parte. O alerta que o documento apartado ou a escrita em negrito poderia resultar não será suficiente, de maneira alguma, quando se tratar de cláusula de arbitragem.[8]

---

[7] CARMONA, Carlos Alberto. *Arbitragem e processo*: um comentário à Lei n. 9307/96. 2. ed. rev. atual. e ampl. 3. reimpr. São Paulo: Atlas, 2006. p. 107.

[8] MARTINS, Pedro Antônio Batista. *Apontamentos sobre a lei de arbitragem*: comentários à Lei 9307/96. Rio de Janeiro: Forense, 2008. p. 80.

A clareza da interpretação puramente gramatical já leva ao entendimento pela eficácia da cláusula compromissória nestas circunstâncias, a impedir que o oblato se negue à submissão do sistema arbitral. Para complementar, o sistema arbitral não pode ser considerado como contrário aos interesses do aderente, posto que adentraremos na parte relativa à imparcialidade do árbitro, o que exige argumentação própria prevista em lei. A simples utilização do sistema arbitral como forma diferente de prestação da tutela jurisdicional, não pode ser considerada como prejudicial a qualquer das partes, seja ela consumidor ou fornecedor. O pensamento em contrário representa descrédito com a arbitragem, um preconceito inaceitável em épocas atuais, principalmente quando generalizado.

A agilidade do sistema arbitral se coaduna com o princípio constitucional relativo à prestação jurisdicional em tempo razoável, assim como também contribui para a efetividade processual e solução rápida dos conflitos de interesse, gerando tranquilidade social. Isso, em momento algum, se mostra contrário aos direitos do aderente, os quais podem muito bem ser reconhecidos pelo árbitro em tempo muito mais curto, respeitando-se os princípios do contraditório e da ampla defesa. Tanto é verdade que a própria legislação abre a possibilidade de concordância do aderente com o sistema arbitral, mesmo que a cláusula inexista ou exista sem as formalidades especiais previstas na legislação arbitral brasileira. Se quisesse impedir a utilização do sistema arbitral em tais condições, o legislador teria simplesmente proibido, sem qualquer previsão especial para eficácia da cláusula compromissória.

O sistema arbitral no Brasil, pela falta de cultura de nossa gente quanto à sua utilização, eficácia e seriedade de que deve sempre se revestir, não pode ser considerado como algo que traga prejuízos automáticos ao aderente ou consumidor, posto que assim estaremos fazendo um prejulgamento do sistema, generalizando situações esporádicas que podem muito bem ser corrigidas em sede de ação de nulidade de sentença arbitral. Abortar o procedimento arbitral sob a simples alegação de prejuízo ao aderente decorrente da utilização do próprio sistema é desconhecer que a arbitragem tem o dever de observar os princípios da moralidade, do contraditório e da ampla defesa, como se exige de qualquer magistrado, togado ou não.

O próprio sistema dos Juizados Especiais foi inicialmente considerado como prejudicial às partes em face de sua agilidade e independência de seus julgados, não sujeitos à análise pela segunda instância, mas somente por uma turma recursal, composta por juízes de primeiro grau. O tempo e o bom senso demonstraram a inverdade de tais considerações, o que pode muito bem ser aplicado ao sistema arbitral brasileiro.

Com isso, a utilização do sistema arbitral nestes casos é situação aceita e aconselhável, desde que não haja prejuízo objetivo ao aderente e exista a formalidade especial da cláusula compromissória. Diante de tais considerações, apenas quando o sistema arbitral for manifestamente prejudicial ao aderente, seja por sua parcialidade, pela sua distância do domicílio das partes, ou pelo seu alto custo, mesmo que haja a formalidade especial, não poderá ser imposta a arbitragem. Fora de tais situações, o sistema arbitral não pode ser considerado como um agente nefasto ao interesse das partes, seja ela aderente ou policitante, não se justificando a sua exclusão na solução do conflito de interesse. É perfeitamente possível no caso concreto, que o aderente esteja errado em suas intenções, devendo ser levado ao cumprimento da lei pelo sistema arbitral, sem que com isso se viole qualquer direito dele.

Assim, resta inaceitável a manutenção de cláusula compromissória que remeta as partes para julgamento de um órgão arbitral com sede no exterior, ou que possua exigências de custos que acabem por frustrar a busca por justiça da parte que se sente prejudicada. Situações como estas violam o princípio da inafastabilidade do controle jurisdicional, seja estatal ou arbitral.

Em que pese não enfrentar diretamente a matéria, o Superior Tribunal de Justiça considera nula a cláusula compromissória nas relações de consumo,[9] mas não menciona o respectivo acórdão se houve cumprimento da formalidade especial constante da Lei de Arbitragem em seu art. 4º, §2º. Sem a formalidade mencionada, não há dúvida de que a cláusula compromissória é nula, até mesmo pela interpretação meramente gramatical da lei.

Por outro lado, não se deve esquecer que o sistema arbitral se funda na vontade das partes em elegê-lo para solução de controvérsias. Como o fundamento do contrato é justamente a vontade das partes,

---

[9] (STJ-216690) "Promessa compra e venda imóvel. Nulidade sentença. Inexistente. Cláusula de arbitragem. Abusividade. Reexame de provas. Súmulas 5 e 7.
A extinção do processo por falta de complementação de custas processuais só pode ser decretada após a intimação pessoal da parte. Precedentes. É nula a cláusula de convenção de arbitragem inserta em contrato de adesão, celebrado na vigência do Código de Defesa do Consumidor. Não se considera força maior o inadimplemento pelo atraso na entrega da obra pela empresa devido a inadimplemento dos outros promitentes compradores. O inadimplemento de outros compradores não constitui força maior para justificar atraso na entrega de imóvel a comprador em dia com a amortização do preço" (Recurso Especial nº 819519/PE (2006/0030668-2), 3ª Turma do STJ, Rel. Humberto Gomes de Barros. j. 09.10.2007, unânime, DJ, 05 nov. 2007).

deve ela ser resguardada ao máximo, preservando a sua autonomia. Somente quando do contrato não se divisar com clareza o respeito à vontade das partes, seja ele relativo às relações de consumo ou não, a cláusula imposta restará inválida.

Ao se negar validade à cláusula compromissória nas relações de consumo onde não houver obediência ao princípio da autonomia da vontade, não se estará mitigando ou gerando conflito com este mesmo princípio, posto que neste caso não haverá a verdadeira vontade direcionada à eleição do sistema para a solução do conflito de interesses.

Restará também nulo o compromisso quando a matéria submetida à apreciação arbitral não for de direito patrimonial disponível, posto que só quando evidenciada esta possibilidade será possível a utilização do sistema arbitral. A incapacidade da parte que celebrou a convenção de arbitragem também poderá ser utilizada para se configurar a nulidade deste ato negocial. Enfim, como se trata de um negócio jurídico, há que se observar seus elementos essenciais relacionados à capacidade da parte, objeto lícito, possível e determinado, além da forma prevista em lei.

Tais requisitos não devem ser analisados somente quando da realização da convenção arbitral, mas durante todo o procedimento arbitral. Sendo assim, se durante o procedimento alguma das partes vier a perder a capacidade jurídica por alguma razão, seu direito estará de imediato considerado como indisponível, falecendo competência arbitral para a análise do caso. A saída é a aplicação das previsões do art. 25 da LA, com aguardo da correção da capacidade ou até mesmo a remessa dos autos ao Poder Judiciário no caso de se concluir pela definitividade da situação.

Quando se tratar de relação de consumo, justamente pelo fato da hipossuficiência do consumidor, a legislação consumerista considera abusiva a cláusula contratual que imponha a utilização compulsória da arbitragem, nos precisos termos do art. 51, VII, do Código de Defesa do Consumidor.

> Art. 51. São nulas de pleno direito, entre outras, as cláusulas contratuais relativas ao fornecimento de produtos e serviços que:
> (...)
> VII – determinem a utilização compulsória de arbitragem;

Em princípio, por simples interpretação literal, estaria irremediavelmente proibida a utilização da arbitragem nas relações de consumo. No entanto, há necessidade de uma interpretação mais profunda, tanto quanto ao sistema arbitral como do consumerista. O que se pretende com o art. 51 do CDC é impedir que sejam impostas ao consumidor, situações que lhe coloquem em desvantagem clara no exercício de seus direitos ou na escolha das cláusulas de seu contrato. Posições existem tanto contra como a favor da utilização da arbitragem nos contratos de consumo, merecendo discorrer sobre suas argumentações.

Tendo em vista que o CDC é anterior à Lei de Arbitragem, há entendimentos de que as previsões do art. 4º da LA teria revogado o parágrafo VI do art. 51 do CDC, posto que os contratos de consumo geralmente são de adesão. Diz a doutrina de Klausner:

> Diante da novel lei que disciplina a arbitragem, alguns doutrinadores, em sentido totalmente diverso à corrente supra citada, entendem que o inciso VII, do art. 51, do CDC, foi derrogado, vez que trata-se de lei específica a disciplinar a arbitragem, a qual, no parágrafo 2º contém expressa disposição aplicável aos contratos de consumo, quase sempre de adesão, sendo perfeitamente viável estipular-se a arbitragem como meio de solução de eventual controvérsia surgida do contrato, tanto previamente, no momento em que as partes firmam o contrato por meio da cláusula compromissória, atendida as exigências do parágrafo, como posteriormente ao surgimento do litígio por meio de convenção arbitral. E caso o consumidor resista a instituição do juízo arbitral, poderia a ele ser arrastado em razão do art. 7º. da citada lei. Frisam ainda que a disposição do parágrafo em comento institui um regime formal específico para melhor acautelar os interesses da parte fraca nas relações de consumo.[10]

É certo que a legislação arbitral não é específica para as relações de consumo como o é o Código de Defesa do Consumidor, o que justificaria o entendimento de que a proibição ainda se encontra mantida. No entanto, o sistema arbitral não dispõe sobre direito material das partes, mas sim de um sistema processual privado de solução de controvérsias, aplicável a qualquer matéria relativa a direitos patrimoniais disponíveis, desde que as partes assinem uma convenção de arbitragem. Em regra, quase todas as relações de consumo dizem respeito a bens patrimoniais disponíveis, o que ensejaria a utilização da arbitragem para a solução dos conflitos.

Em sendo uma norma de ordem processual, não haveria razões para sustentar o argumento de que seria impossível juridicamente a

---

[10] KLAUSNER, Eduardo Antônio. A arbitragem na solução de conflitos decorrentes de contratos nacionais e internacionais de consumo. *Jus Navigandi*, Teresina, ano 9, n. 646, 15 abr. 2005. Disponível em: <http://jus2.uol.com.br/doutrina/texto.asp?id=6564>. Acesso em: 03 jul. 2008.

sua imposição nas relações de consumo, principalmente quando não violado qualquer direito relativo ao acesso a uma justiça imparcial e ágil. Cláudia Lima Marques, citada por Klausner, entende pela manutenção da proibição, sob o argumento de que os órgãos arbitrais seriam mantidos pelos fornecedores, retirando assim a imparcialidade do sistema. Diz a doutrina, citando a obra *Contratos no Código de Defesa do Consumidor* (4. ed. São Paulo: Revista dos Tribunais, 2002. p. 868-892):

> Outros, como Claudia Lima Marques, se insurgem contra esta possibilidade que entendem violar a proteção e o direito do consumidor ao levá-lo a resolver o litígio em órgãos de arbitragem, que normalmente seriam mantidos por associações ou representantes de fornecedores, e que não assegurariam a imparcialidade necessária para a missão, ou lhes faltaria sensibilidade suficiente para compor a lide atentos a especial e vulnerável situação do consumidor diante do contrato de consumo e do conflito dele decorrente, bem como de sua hipossuficiência processual.[11]

Conforme se pode notar, a fundamentação para o entendimento pela continuidade da proibição reside na pseudoincapacidade dos órgãos arbitrais de proporcionar uma decisão consentânea com os princípios do direito consumerista, ou então em face da possível parcialidade das instituições arbitrais. O equívoco se mostra evidente e denotador da falta de cultura arbitral de nossos operadores do direito.

A possível falta de atenção aos princípios do direito consumerista pode também atingir o juiz togado de qualquer instância de julgamento, o que não lhe retira a competência para solução dos conflitos. A situação se resolve com a apresentação de argumentos pelas partes e pela própria capacitação dos árbitros nesta área. De qualquer forma, o Direito é amplo o bastante para concluirmos que nenhuma pessoa está plenamente capacitada a julgar todas as demandas que lhe são apresentadas, mesmo que seja detentor dos mais elevados títulos acadêmicos, aí se incluindo tanto os árbitros como os juízes togados. A concluir pelos motivos da ilustre doutrinadora, não haveria possibilidade de julgamento das mais variadas demandas, não só pelos árbitros, mas também para qualquer juiz, posto que nenhum deles seria suficientemente detentor de todos os conhecimentos sobre a matéria.

---

[11] KLAUSNER, Eduardo Antônio. A arbitragem na solução de conflitos decorrentes de contratos nacionais e internacionais de consumo. *Jus Navigandi*, Teresina, ano 9, n. 646, 15 abr. 2005. Disponível em: <http://jus2.uol.com.br/doutrina/texto.asp?id=6564>. Acesso em: 03 jul. 2008.

Para concluir, resta claro que ao árbitro é concedido prazo para o julgamento da demanda que lhe foi apresentada. Caso não tenha conhecimento mais específico sobre a matéria, terá tempo e condições para adquiri-los em pesquisa sobre o assunto. Não terá o árbitro a opressão do número elevado de feitos como geralmente possui o juiz togado, podendo se dedicar com a necessária exclusividade para dar uma solução justa para as partes, inclusive levando em consideração os princípios do direito consumerista.

A outra argumentação da escritora consumerista finca-se na possível imparcialidade dos órgãos arbitrais. Quanto a isso, é de bom alvitre esclarecer que os organismos arbitrais agem como os cartórios judiciais, posto que simplesmente recebem a reclamação e promovem o acontecimento dos demais atos procedimentais. Não possuem força de decisão, a qual é concedida ao árbitro. O árbitro, sim, poderá ser objeto de arguição de suspeição ou impedimento, nunca o órgão arbitral.

Possível imparcialidade do árbitro não enseja o reconhecimento da impossibilidade de instituição do sistema arbitral, mas sim que poderá a parte prejudicada manejar as providências necessárias à impugnação do escolhido, servindo inclusive de motivação para ação de nulidade de sentença arbitral, conforme prevê o art. 32, II, da LA.

A conclusão é que a argumentação não é plausível, posto que não retrata de modo automático qualquer situação que coloque o consumidor em situação de desvantagem, a justificar o posicionamento pela proibição da utilização do sistema arbitral nas relações de consumo.

Mesmo que se entenda pela impossibilidade da utilização do sistema arbitral nas relações de consumo, ressalto que os órgãos arbitrais também exercem função conciliadora e mediadora, com considerável percentual de êxito nas tentativas de acordo. A conciliação e mediação é utilizada em todos os organismos judiciais e extrajudiciais de solução de controvérsias, restando, inclusive, estimulada pelo Conselho Nacional de Justiça na atualidade.

Justamente por isso é que não há sustentação legal alguma na proibição da apresentação da reclamação consumerista em ambiente arbitral. A proibição do art. 51, VII, é para a utilização "compulsória" da arbitragem, gerando obrigatoriedade na instituição do sistema arbitral. Caso haja concordância do consumidor com a instituição da arbitragem, evidente que não se violou a proibição legal em discussão. Isso permitiria que a demanda consumerista fosse apresentada ao órgão arbitral, o qual realizaria a aproximação entre as partes na tentativa de acordo, ou então de concordância com a instituição do compromisso arbitral. Carmona informa sobre esta possibilidade.

Descartou-se, assim, a validade de uma cláusula compromissória em contrato que discipline relação de consumo, sem que isso signifique a impossibilidade de introduzir-se a arbitragem pela via do compromisso: surgida a controvérsia, podem as partes, de comum acordo, celebrar compromisso arbitral para submeter o dissenso à solução dos árbitros.[12]

Este mesmo pensamento possui Klausner:

> E por fim, os que, no nosso entender com maior correção hermenêutica, afirmam que o dispositivo da Lei 8.078/90, em comento, encontra-se em vigor, e em seus termos só existe impedimento à arbitragem *compulsória*, conseqüentemente não há restrição para que o consumidor, após a deflagração do litígio, de livre e espontânea vontade decida submeter o conflito a um órgão arbitral devidamente capacitado a julgar sua questão. Esta interpretação afina-se tanto a legislação pertinente, como adequa-se aos princípios de proteção ao consumidor, pois a ele caberá a decisão de escolher a jurisdição privada ou estatal, tornando-se a cláusula compromissória estipulação em seu favor a ampliar o acesso a justiça. Como bem salienta Pedro Batista Martins[47], a proteção ao consumidor tem por escopo alçá-lo a uma posição onde efetivamente possa livremente negociar, e não transforma-lo em incapaz para tratar de seus negócios. Neste sentido também se coloca a quase integralidade das legislações estrangeiras regedoras da matéria.[13]

Em face de tais argumentações, resta imprópria a proibição de acesso à Justiça pela via arbitral nos casos de relação de consumo, posto que tal posição implica a violação da vontade das partes que instituíram a cláusula compromissória e podem continuar a ter a vontade de que seu conflito de interesses seja resolvido pela arbitragem. O acesso ao sistema não impede que o consumidor opte por não aceitar a instituição da arbitragem, desde que se justifique o posicionamento. Entendo que as razões do consumidor devem se mostrar claras para afastar a arbitragem na solução de seu conflito de interesses, posto que não se pode admitir a ditadura do consumidor a escolher a forma pela qual seu conflito de interesse seja resolvido. Mônica Pimentel, ao citar Joel Figueira Júnior e Nelson Nery, compartilha deste posicionamento, com os seguintes dizeres:

---

[12] CARMONA, Carlos Alberto. *Arbitragem e processo*: um comentário à Lei n. 9307/96. 2. ed. rev. atual. e ampl. 3. reimp. São Paulo: Atlas, 2006. p. 68.

[13] KLAUSNER, Eduardo Antônio. A arbitragem na solução de conflitos decorrentes de contratos nacionais e internacionais de consumo. *Jus Navigandi*, Teresina, ano 9, n. 646, 15 abr. 2005. Disponível em: <http://jus2.uol.com.br/doutrina/texto.asp?id=6564>. Acesso em: 03 jul. 2008.

Joel Dias FIGUEIRA JR conclui que a cláusula compromissória ínsita em contrato de adesão e decorrente da observância dos requisitos mínimos indispensáveis assinalados no §2º do art. 4º da Lei de Arbitragem, é válida e eficaz entre as partes contratantes. Entretanto, a sua efetiva consecução no mundo dos fatos e do direito, em havendo resistência do consumidor aderente às estipulações nele contidas, há de ser analisada de maneira particular na busca dos meandros das peculiaridades da hipótese vertente, e em sintonia com os fins sociais dos dois microssistemas (lei 9.307/96 e 8.078/90), que devem se completar e não excluir.

Nelson NERY JR, entende que o parágrafo 2º do art. 4º da Lei de arbitragem não é incompatível como o Código de Defesa do Consumidor, art. 51, VII, razão pela qual ambos os dispositivos legais permanecem vigorando plenamente. Completa: "Com isso queremos dizer que é possível, nos contratos de consumo, a instituição de cláusula de arbitragem, desde que obedecida, efetivamente, a bilateralidade na contratação e a forma da manifestação da vontade, ou seja, de comum acordo (gré à gré)".[14]

Se concedermos ao consumidor a pura vontade de optar pela utilização ou não do sistema arbitral, estaremos dando legalidade às chamadas cláusulas sobre condição potestativa pura, aquela que depende única e exclusivamente da vontade de um dos contratantes, previstas no art. 122 do Código Civil. São consideradas inválidas de acordo com a doutrina de Sílvio Venosa:

Por outro lado, a condição puramente potestativa ou potestativa pura depende apenas e exclusivamente da vontade do interessado: "se eu quiser", "se eu puder", "se eu entender conveniente", "se eu assim decidir" e equivalentes. A proibição do art. 122 refere-se, de acordo com a doutrina, e agora mais fortemente pela mais recente dicção legal, tão-só as condições puramente potestativas. Puro arbítrio de uma das partes.[15]

De fato, se o consumidor se defende em reclamação arbitral, negando-se a aceitar o sistema e isso é reconhecido, será ele demandado na Justiça estatal. Poderá ele, também por ocasião desta, mudar de opinião e aceitar o sistema arbitral, exigindo o cumprimento da cláusula compromissória. Isso levaria, se aceitarmos a potestatividade do

---

[14] PIMENTEL, Mônica. A lei de arbitragem e sua relação com o Código de Defesa do Consumidor. *CAMARB*. Disponível em: <http://www.camarb.com.br/areas/subareas_conteudo.aspx?subareano=8>. Acesso em: 23 jul. 2008.
[15] VENOSA, Sílvio de Salvo. *Direito civil*: parte geral. 5. ed. São Paulo: Atlas, 2005. p. 505. (Coleção Direito Civil; v. 1).

consumidor, à imediata extinção do feito nos termos do art. 267, VII, do CPC. Retornando ao sistema arbitral, seria lícito ao consumidor mudar novamente de ideia, e com isso manter-se longe dos efeitos de uma sentença em seu desfavor, seja ela arbitral ou emanada de um juiz togado.

Justamente por tais considerações, entendo de bom alvitre verificar as razões pelas quais o consumidor não aceitaria o sistema arbitral, posto que seu fundamento reside na possível abusividade da cláusula, consoante se retira da previsão do art. 51 do CDC. Ao citar Nelson Nery, Klausner informa sobre a necessidade de se evidenciar a abusividade no caso concreto:

> Cláusula abusiva conforme ensina Nelson Nery Jr.[(40)] "é aquela que é notoriamente desfavorável à parte mais fraca na relação contratual, que, no caso de nossa análise, é o consumidor, aliás, por expressa definição do art. 4º, n. I, do CDC." As cláusulas abusivas não limitam-se aos contratos de adesão, assim entendidos os contratos com cláusulas previamente estipulas por um dos contratantes ou por ato do poder público ao qual uma das partes simplesmente adere sem discutir as suas cláusulas, cuja previsão legal encontra-se no art. 54 da Lei 8.078/90, mas a todo e qualquer contrato, sendo a proteção contra elas nos contratos de consumo assegurado no art. 6º, IV, do CDC.[16]

Conforme bem esclarece a doutrina citada, a abusividade não decorre simplesmente da previsão legal, havendo necessidade de se analisar concretamente o caso e concluir-se, pelas evidências, que a cláusula impõe prejuízo ao consumidor de forma notória. Só assim será considerada ilícita. Trazendo o ensinamento para o sistema arbitral, só haverá notório prejuízo ao consumidor quando a arbitragem a que se pretende instituir seja claramente lesiva a seus direitos.

Não se pode entender por lesiva ao consumidor a cláusula que determina a arbitragem sem que isso importe em qualquer lesão a seus direitos. Não se pode considerar lesão ao direito do consumidor a agilidade do sistema arbitral ou até mesmo a irrecorribilidade das sentenças arbitrais, posto que se trata de direito disponível onde a faculdade de recorrer à instância superior não é obrigatória.

Em conclusão, se o consumidor não apresentar justificativa plausível de prejuízo na instituição da arbitragem, não se poderá acatar

---

[16] KLAUSNER, Eduardo Antônio. A arbitragem na solução de conflitos decorrentes de contratos nacionais e internacionais de consumo. *Jus Navigandi*, Teresina, ano 9, n. 646, 15 abr. 2005. Disponível em: <http://jus2.uol.com.br/doutrina/texto.asp?id=6564>. Acesso em: 03 jul. 2008.

a sua negativa de submissão a este sistema, sob pena de aceitarmos posicionamentos impeditivos de acesso à justiça, baseados pura e simplesmente na vontade de uma das partes em não se submeter a ela, seja estatal ou arbitral. A violação ao princípio constitucional de acesso à Justiça estaria evidenciada, restando inaceitável.

Haverá também nulidade quando a convenção de arbitragem deixar de garantir a imparcialidade do árbitro. Um julgador imparcial é peça essencial não só para o poder arbitral, mas também ao poder jurisdicional estatal, sob pena de desacreditar o instituto ou a própria sentença que surgir de um árbitro nitidamente parcial. Sendo assim, a cláusula compromissória que escolher árbitro estreitamente vinculado a uma das partes, tal como seu próprio funcionário, não assegura a imparcialidade do julgamento.

É bom ressaltar que não se reconhece imparcialidade quando o árbitro for ligado ao órgão de arbitragem, salvo quando o próprio órgão arbitral for parte no litígio submetido à arbitragem. Em regra o sistema arbitral utiliza-se de árbitros que são ligados à matéria em discussão, o que até se estimula para que o julgamento seja o mais técnico e justo possível. A escolha de um árbitro sem qualquer conhecimento específico sobre a matéria não é proibida por lei, mas pode ensejar uma sentença equivocada, sobre a qual não cabe qualquer recurso.

De qualquer forma, as possibilidades são muitas diante de cada caso em concreto, o qual deve ser analisado de modo a verificar sobre a parcialidade do árbitro escolhido. Constatada a parcialidade por imposição de sua escolha, o compromisso restará irremediavelmente nulo, posto que uma das medidas nele existente é justamente a escolha do árbitro.

A questão relativa à existência, validade e eficácia da convenção de arbitragem, conforme já visto, é de extrema importância, tanto que pode ser manejada em sede de ação de nulidade de sentença arbitral. No entanto, ela não pode ser reconhecida pelo Judiciário enquanto não submetida à apreciação do árbitro, sob pena de violação do princípio da "competência-competência" inserto no art. 8º, parágrafo único, da LA, *in verbis*:

> Art. 8º A cláusula compromissória é autônoma em relação ao contrato em que estiver inserta, de tal sorte que a nulidade deste não implica, necessariamente, a nulidade da cláusula compromissória.
> Parágrafo único. Caberá ao árbitro decidir de ofício, ou por provocação das partes, as questões acerca da existência, validade e eficácia da convenção de arbitragem e do contrato que contenha a cláusula compromissória.

Pelo princípio da competência-competência, caberá inicialmente ao árbitro a análise das questões relativas à existência, validade e eficácia da convenção de arbitragem. Somente após a sua apreciação pelo árbitro é que a matéria poderá ser analisada pelo juiz togado em sede de ação anulatória de sentença arbitral, sob pena de violação à expressa disposição legal já mencionada, surgindo inclusive motivos para exercício de Recurso Especial.

Essa regra é reforçada pelas previsões do art. 20 da Lei de Arbitragem, nos seguintes termos:

> Art. 20. A parte que pretender argüir questões relativas à competência, suspeição ou impedimento do árbitro ou dos árbitros, bem como nulidade, invalidade ou ineficácia da convenção de arbitragem, deverá fazê-lo na primeira oportunidade que tiver de se manifestar, após a instituição da arbitragem.

Sendo assim, é norma cogente para a parte, que esta faça a alegação relativa à competência arbitral, suspeição ou impedimento do árbitro, bem assim a nulidade, invalidade ou ineficácia da convenção arbitral, dentro do procedimento arbitral constituído, sob pena de preclusão, posto que violaria o princípio da competência-competência inserto na sistemática arbitral brasileira.

A alegação de nulidade do compromisso arguida em sede de ação anulatória, para ser conhecida, é necessário que seu autor comprove que fez a mesma alegação para o árbitro, sendo que este, no exercício de sua competência, afastou a alegação, fazendo surgir a competência judicial para a matéria. Sem isso, o argumento não poderá ser conhecido em sede de nulidade de sentença arbitral. É o que diz a doutrina de Fernandes:

> Parte da doutrina afirma ser do próprio juízo arbitral a competência para tal análise. Ou seja, como será visto nas seções 4.2.1 a 4.2.3, poderão as partes, após a sentença arbitral, argüir a nulidade em exame por meio das hipóteses de impugnação dirigidas ao Poder Judiciário. Entretanto, antes disso, deverão tanto as partes quanto os árbitros suscitar a nulidade em questão perante o juízo arbitral, vedada a análise da matéria pelo juiz estatal. Esse pensamento é sustentado, de um lado, pela necessidade de propiciar à arbitragem uma maior confiabilidade e agilidade, normalmente exigidas nas relações comerciais, de outro, pela preservação do princípio de livre acesso ao Poder Judiciário, que estaria preservado e ficaria apenas relegado a um segundo momento.[17]

---

[17] FERNANDES, Marcus Vinicius Tenório da Costa. *Anulação da sentença arbitral*. São Paulo: Atlas, 2007. p. 60.

Este mesmo raciocínio impede que se tenha conhecimento de ações declaratórias de nulidade de cláusula compromissória, manejada antes mesmo da instituição da arbitragem e com a precípua finalidade de impedir a sua constituição sob alegação simplista de nulidade da cláusula compromissória. Da mesma forma, quando a parte adentra com sua ação perante o Poder Judiciário e tem contra si alegada a competência arbitral, não poderá ela alegar nulidade, invalidade e ineficácia da cláusula compromissória, posto que a competência inicial é do árbitro e não do juiz togado. A este, caberá apenas analisar se a cláusula existe para concluir pela competência do sistema arbitral com extinção do feito, consoante determina o art. 267, VII, do Código de Processo Civil.

A exceção à regra da Kompetenz/kompetenz reside na possibilidade do art. 7º da LA, quando caberá ao juiz togado a fixação do compromisso via sentença de sua constituição. Neste caso, poderá ele analisar os efeitos da cláusula compromissória no que se refere à sua validade, ineficácia e invalidez, sem que se viole o princípio mencionado. É natural que, uma vez transitada em julgado a sentença que instituiu o compromisso arbitral decidindo pela validade da cláusula compromissória, a matéria não poderá mais ser discutida em sede de ação de nulidade, posto que se operou a coisa julga protegida constitucionalmente.

5.2.2 Sentença emanada de quem não podia ser árbitro

Regra geral, qualquer pessoa pode ser árbitro, nos termos do art. 13 da LA, não se exigindo nem mesmo formação jurídica, em que pese ser recomendável. A recomendação de formação jurídica visa dotar o árbitro da capacidade técnica para a solução dos conflitos de interesse, tornando mais clara a sentença e propiciando melhores condições para cumprimento de seus requisitos e da observação dos princípios do contraditório e ampla defesa. No entanto, a legislação trouxe alguns requisitos para que uma pessoa possa ser árbitro de uma demanda. Assim, restam impedidos de funcionar como árbitros os incapazes. A incapacidade prevista para o sistema arbitral é a mesma ditada pelo Código Civil em seus arts. 3º e 4º.

Não podem ser árbitros aqueles que não se enquadrem, de acordo com o Código Civil, na condição de pessoas capazes de forma plena. Sendo assim, os relativamente incapazes e os absolutamente incapazes não podem ser árbitros. A incapacidade poderá cessar tanto com a maioridade civil aos 18 anos, como também pela emancipação. Como não há qualquer óbice previsto em lei, não importa como a pessoa atingiu a maioridade, seja pela idade ou pela emancipação para deter a capacidade de ser árbitro.

Tal capacidade deve se manter evidente durante todo o tempo do procedimento arbitral, ou seja, desde a aceitação do encargo pelo árbitro até a prolação da sentença arbitral. Se durante o procedimento sobrevier perda da capacidade civil, por motivo que for, não poderá o árbitro continuar com seu múnus, ensejando substituição ou aguardo na sua recuperação. A sentença que for prolatada por árbitro que, durante o procedimento arbitral tenha caído em situação de incapacidade, seja relativa ou absoluta, é nula, conforme prevê a legislação em comento, mesmo que, ao tempo da prolação da sentença, já tenha readquirido a plena capacidade.

Os atos do procedimento arbitral realizados durante a incapacidade devem ser repetidos após cessar a incapacidade, sob pena de atingir a virilidade da futura sentença arbitral. A repetição do ato processual presidido pelo árbitro que readquiriu a capacidade sana o problema e impede a decretação da nulidade da sentença arbitral.

A outra exigência imposta a quem é árbitro de uma reclamação arbitral é a ausência das circunstâncias previstas nos arts. 134 e 135 do Código de Processo Civil, direcionada aos juízes togados, mas de inteira aplicação aos árbitros. Estamos tratando dos impedimentos e das suspeições, aplicando-se ao sistema arbitral todos os argumentos relacionados a tais circunstâncias em face dos juízes togados. Carmona deixa claro a aplicação de tais previsões legais no sistema arbitral:

> Estão impedidos de funcionar como árbitros os incapazes e aqueles que tenham com as partes relação que caracterize qualquer um dos casos de impedimento ou suspeição minuciosamente relacionados nos arts. 134 e 135 do Código de Processo Civil brasileiro.[18]

Quanto à necessidade de alegação, não se pode esquecer as previsões do art. 20 da LA, as quais determinam que as circunstâncias relativas à competência, suspeição e impedimento devem ser alegadas na primeira oportunidade que a parte falar nos autos, sob pena de preclusão. É claro que tal determinação legal deve ser sopesada com as demais normas processuais que digam respeito à suspeição e ao impedimento.

---

[18] CARMONA, Carlos Alberto. *Arbitragem e processo*: um comentário à Lei n. 9307/96. 2. ed. rev. atual. e ampl. 3. reimp. São Paulo: Atlas, 2006. p. 320.

Em se tratando de impedimentos, o normal seria haver interesse público, o que levaria à possibilidade de seu reconhecimento a qualquer momento ou grau de jurisdição, independente de alegação anterior. No entanto, em sede arbitral, não é isso que ocorre, posto que não se pode esquecer que se trata da vontade das partes em eleger o árbitro. Sendo assim, se o impedimento for de conhecimento das partes e elas mesmo assim entenderem de fazer a escolha nessa pessoa, a arguição de impedimento não pode ser feita *a posteriori*.

Em se tratando de simples suspeição, tornam-se perfeitamente aplicáveis as previsões do art. 20 da LA, exigindo da parte a imediata alegação, sob pena de preclusão. Nem mesmo em sede de ação anulatória poderá sustentar tal argumentação sem que comprove tê-lo feito no procedimento arbitral na primeira oportunidade que nele se pronunciou. É o que diz a doutrina de Carreira Alvim:

> Apenas o impedimento ocasiona a nulidade da sentença, ainda que não alegado pelas partes; não a suspeição que, não argüida oportunamente, não pode ser alegada posteriormente.[19]

Também a doutrina de Fernandes demonstra a necessidade de arguição da suspeição durante o procedimento arbitral, sob pena de preclusão:

> Assim, a sentença arbitral só poderá ser impugnada com base na suspeição do árbitro quando a parte interessada a tenha alegado na primeira oportunidade que lhe foi dada no transcorrer do procedimento arbitral. Não é possível impugnar a sentença arbitral, sob tal fundamento, se a alegação da suspeição vier a surgir apenas por ocasião da ação anulatória.[20]

Evidenciada a situação considerada como suspeição, exige-se da parte que a alegue perante o próprio árbitro na primeira oportunidade que se pronunciar no procedimento arbitral, ou assim que tiver conhecimento do fato que a enseje. Caberá ao árbitro analisar sobre sua própria suspeição ou até mesmo impedimento. Reconhecendo a suspeição ou impedimento, deixará a presidência do feito, provocando providências para a sua substituição nos termos do regulamento do órgão arbitral ou até mesmo nos casos em que couber às partes a escolha.

---

[19] ALVIM, José Eduardo Carreira. *Direito arbitral*. 2. ed. Rio de Janeiro: Forense, 2004.
[20] FERNANDES, Marcus Vinicius Tenório da Costa. *Anulação da sentença arbitral*. São Paulo: Atlas, 2007. p. 64.

Deixando de reconhecer a suspeição ou impedimento, nenhum recurso será cabível, restando à parte prejudicada o manuseio futuro da ação de nulidade sob este argumento. Nela terá a obrigação de comprovar a alegação no procedimento arbitral quando se tratar de suspeição. Para os casos de impedimento, não haverá exigência de prévia alegação, posto que se trata de matéria de ordem pública reconhecível a qualquer momento ou grau de jurisdição. Fernandes confirma este posicionamento:

> Nesses casos, não haverá preclusão da faculdade das partes para realizar tal alegação. A questão poderá vir a ser ventilada, pela primeira vez, por ocasião da impugnação da sentença arbitral.[21]

Ainda com relação ao impedimento do árbitro, ao contrário do que se infere da jurisdição estatal, nem sempre ocorrerá a nulidade. No sistema arbitral impera o poder das partes na escolha da pessoa ou órgão-pessoa que lhe decidirá a questão, existente ou futura. Sendo assim, resta perfeitamente possível que as partes optem pela escolha de um árbitro que, mesmo possuindo situação de impedimento, ainda assim conte com a confiança delas. O conhecimento específico ou a notoriedade da noção ética do árbitro podem ser suficientes para as partes que o escolham. Aqui não há proeminência do interesse do Estado em uma prestação jurisdicional advinda de um magistrado sem relação de impedimento, como ocorre normalmente no sistema de jurisdição público. O interesse a ser preservado é da parte.

Há que se ressaltar, no entanto, que esta situação deve ser de conhecimento evidenciado de ambas as partes por ocasião da escolha do árbitro, posto que do contrário, não haverá como dar validade à sentença arbitral prolatada por árbitro impedido. Isso reforça ainda mais a tese de que o interesse é a preservação da vontade das partes. Uma vez desconhecida a situação de impedimento, aplicam-se os previsivos relativos ao impedimento do magistrado perante a Justiça estatal, ou seja, sem prescrição ou correção da nulidade por ato futuro. A doutrina de Carreira Alvim relata bem tal situação:

> No entanto, a imparcialidade, no juízo arbitral, não atua com a mesma intensidade que no juízo judicial, porquanto, mesmo sabendo as partes da existência de motivos de impedimento ou suspeição, não ficam

---

[21] *Op. cit.*, p. 65.

coarctadas de indicar, como árbitro, uma pessoa que, apesar disso, tenha a confiança; mas sem possibilidade de reclamar, no futuro, da falta de imparcialidade ou de suspeição.[22]

Outra situação com potência para gerar a impossibilidade de uma pessoa ser árbitro, reside na forma como se deu a escolha. Em regra, a regulamentação dos órgãos arbitrais trazem a forma como se dará a escolha do árbitro que funcionará na reclamação. Se a escolha não cumprir o que for determinado no regulamento, haverá nulidade da sentença em face disso, posto que o múnus recaiu em pessoa que não poderia ser árbitro de acordo com a vontade das partes esposada na escolha das normas previstas para os órgãos de arbitragem. Carmona cita tal possibilidade:

> Outra hipótese de nulidade que se enquadra no inc. II comentado diz respeito à nomeação de árbitro de modo diferente daquele estipulado pelas partes na convenção de arbitragem.[23]

Por se tratar de uma atividade personalíssima, não se admite que se nomeie árbitro sem que se cumpram as formalidades relativas à escolha, seja ela inicial ou até mesmo por substituição. Outrossim, por este mesmo motivo, resta impossível legalmente dotar uma personalidade jurídica da capacidade de julgar uma demanda arbitral. O julgamento é uma atividade a ser exercida apenas por pessoas físicas.

De qualquer modo, as previsões do art. 32, II, da LA têm caráter aberto, não se restringindo às previsões dos arts. 134 e 135 do Código de Processo Civil. Se por alguma outra razão plausível uma pessoa não puder exercer o múnus da arbitragem, feita a alegação no momento apropriado, poderá ela ser reconhecida em sede de ação de nulidade de sentença arbitral. Carmona advoga tal possibilidade como forma de proteger o litigante prejudicado pela forma incorreta na utilização da arbitragem:

> Serve o exemplo acima para demonstrar que o dispositivo analisado deve comportar interpretação razoavelmente aberta, sob pena de, à força de tentar restringir excessivamente as hipóteses de nulidade (talvez como forma política de prestigiar a arbitragem), deixar ao desamparo

---

[22] ALVIM, José Eduardo Carreira. *Direito arbitral*. 2. ed. Rio de Janeiro: Forense, 2004. p. 138.
[23] CARMONA, Carlos Alberto. *Arbitragem e processo*: um comentário à Lei n. 9307/96. 2. ed. rev. atual. e ampl. 3. reimp. São Paulo: Atlas, 2006. p. 321.

o litigante prejudicado com o incorreto manejo dos instrumentos instituidores da arbitragem (Cláusula e compromisso).[24]

A justiça, seja ela arbitral ou estatal, não pode deixar de possuir credibilidade quanto à sua imparcialidade, o que não enseja a nulidade da sentença arbitral pela simples ilação, sem maiores fundamentos, da parcialidade do árbitro, principalmente quando a alegação surge, sem maiores explicações, somente por ocasião da ação de nulidade. Nestes casos, fica claro que o interesse da parte é apenas de evitar o cumprimento da sentença que lhe foi desfavorável e não atacar a credibilidade do julgado em face de circunstâncias que poderiam gerar suspeição.

5.2.3 Falta dos requisitos obrigatórios da sentença arbitral

Determina a legislação que a sentença arbitral deverá estar dotada de todos os requisitos previstos no art. 26 da LA brasileira, sob pena de nulidade ou anulabilidade, conforme disposto no início do capítulo sobre a hipótese de nulidade ou anulação da sentença arbitral. Ao analisar tais previsões, notamos que a lei exige que se tenha a data em que a sentença foi prolatada, surgindo a possibilidade de questionamentos quanto àquelas que tiverem sido apresentadas a destempo. Justamente por isso, também será analisada nesta oportunidade a previsão do inciso VII do art. 32 da LA, que trata da sentença prolatada fora do prazo.

O inciso I informa que a sentença arbitral deve possuir "o relatório, que conterá os nomes das partes e um resumo do litígio". O relatório de uma sentença é exigido para que se tenha a certeza de que o julgador teve acesso e conhecimento de todos os atos e provas constantes do processo, estando assim apto a seu julgamento. Tem-se assim que o relatório deve conter as informações mínimas que autorizem a conclusão de que o árbitro realmente teve conhecimento do processo.

Não se exige um relatório minucioso e completo, bastando que contenha as informações básicas que façam o leitor da sentença ter certeza de que o árbitro teve acesso a todas as informações processuais. A doutrina só considera nula a sentença quando ausente de forma

---

[24] CARMONA, Carlos Alberto. *Arbitragem e processo*: um comentário à Lei n. 9307/96. 2. ed. rev. atual. e ampl. 3. reimp. São Paulo: Atlas, 2006. p. 321.

completa o relatório, ou ainda quando ele se refira a outro caso, consoante bem leciona Carmona:

> Quanto ao relatório, apenas sua ausência total pode levar à nulidade: a insuficiência, a brevidade, a excessiva concisão do relatório, nada disso é suficiente para a decretação da nulidade; mas um relatório que não diga respeito à causa em análise deve ser tido por inexistente (imagine-se a cena, infelizmente não incomum no dia-a-dia forense — mas de todo inesperada em sede arbitral — de narrar o árbitro uma causa não submetida pelas partes a seu julgamento, mencionando argumentos não desenvolvidos pelos contendentes, tudo fazendo crer que o árbitro não está em verdade julgando a demanda que lhe foi efetivamente submetida pelas partes).[25]

A segunda exigência legal diz respeito "aos fundamentos da decisão, onde serão analisadas as questões de fato e de direito, mencionando-se, expressamente, se os árbitros julgaram por eqüidade". Por expressa determinação constitucional, as decisões judiciais, mesmo as arbitrais, devem ser motivadas, deixando claras as razões pelas quais o julgador chegou àquela conclusão.

Não se exige que a fundamentação seja exaustiva, mas resta inaceitável aquela que, em razão de ser muito sucinta, não consegue transmitir as razões pelas quais se decidiu. Da mesma forma, mesmo que haja literalidade excessiva, se dela não se concluir as razões pelas quais se decidiu, será igualmente nula a sentença. Não é muito raro encontrar sentenças arbitrais longas, com citações extensas, principalmente da legislação que rege a matéria, sem, no entanto, conter as informações necessárias sobre o porquê da conclusão.

Citar os dispositivos legais que sejam afetos à demanda não se revela como suficiente para se concluir pela existência da motivação, posto que nestas circunstâncias não se decidiu verdadeiramente a causa, mas simplesmente se relacionou os dispositivos legais a ela referentes. Tais dispositivos carecem de interpretação de acordo com o caso concreto, surgindo assim a motivação. Enfim, independente de citar ou não a legislação, ao árbitro cabe a obrigação por ordem constitucional, de dizer porque decidiu daquela forma, sob pena de nulidade.

Mesmo que não haja recurso das sentenças arbitrais, é direito da parte saber as razões pelas quais ganhou ou perdeu a demanda, até mesmo para cumprir a sentença que lhe foi endereçada, atendendo

---

[25] CARMONA, Carlos Alberto. *Arbitragem e processo*: um comentário à Lei n. 9307/96. 2. ed. rev. atual. e ampl. 3. reimp. São Paulo: Atlas, 2006. p. 321.

ao princípio da motivação. Em sendo compreensível, mesmo que a sentença seja curta e objetiva, não será considerada imotivada, consoante bem leciona Carmona:

> O real problema que poderá ser enfrentado pelo Poder Judiciário (e a experiência estrangeira aponta neste sentido) diz respeito à motivação lacônica ou então à motivação obscura, que torne difícil (ou até mesmo impossível) compreender as razões de decidir. A fundamentação resumida, breve, sintética, não pode ser equiparada à inexistência, a ponto de caracterizar o vício de que trata o artigo. Se, apesar da concisão, for compreensível a argumentação que conduz à conclusão, o requisito é de ser tido como cumprido; caso contrário, se a concisão tornar impossível a compreensão das razões de decidir, o laudo será anulado.[26]

O terceiro requisito diz respeito ao "dispositivo, em que os árbitros resolverão as questões que lhes forem submetidas e estabelecerão o prazo para o cumprimento da decisão, se for o caso". O dispositivo é a parte final da sentença. É o momento em que o árbitro soluciona a pendência que lhe foi formulada, entregando o direito a quem pertence. Uma sentença sem conclusão ou dispositivo não resolve a questão que foi apresentada ao árbitro, razão de sua nulidade. Carreira Alvim entende que a sentença neste caso é até mesmo inexistente, posto que não decidiu a causa:

> A falta do dispositivo faz da sentença um ato inexistente, pois não conterá a decisão da causa. Faltando o dispositivo, faltará o comando que caracteriza a sentença como ato de vontade, não tendo os árbitros cumprido o seu dever de compor o litígio.[27]

No entanto, pode ocorrer que haja dispositivo, mas desprovido de clareza ou contraditório com o relatório ou fundamentação. A sentença arbitral deve ser inteligível, coadunando em sequência lógica o relatório, a fundamentação e o dispositivo, os quais se completam demonstrando unicidade de julgamento.

Não sendo claro o dispositivo, não saberão as partes qual providência tomar para cumprimento do julgado. Da mesma forma, sendo o dispositivo contraditório em suas determinações, não se pode esperar que as partes decidam sobre qual das obrigações, em franca contradição, possa ser cumprida. A sentença paradoxal,

---

[26] CARMONA, Carlos Alberto. *Arbitragem e processo*: um comentário à Lei n. 9307/96. 2. ed. rev. atual. e ampl. 3. reimpr. São Paulo: Atlas, 2006. p. 322.
[27] ALVIM, José Eduardo Carreira. *Direito arbitral*. 2. ed. Rio de Janeiro: Forense, 2004. p. 406.

perplexa, antinômica, revela-se patológica e sem nenhuma condição de ser cumprida.

Nula também será a sentença se o dispositivo for contraditório com a fundamentação, posto que nestas circunstâncias não haverá condição de saber as reais razões pelas quais o árbitro decidiu daquela forma. A hipótese é aventada por Carmona:

> Se a contradição ocorrer entre a motivação e o dispositivo, de moto a tornar ininteligível a *ratio decidendi*, é de anular-se o laudo (não por contradição, mas sim por verdadeira ausência de fundamentação.[28]

Por último, exige a lei que a sentença arbitral tenha "a data e o lugar em que foi proferida". Quando falamos em local, determinamos a nacionalidade ou não da sentença arbitral, posto que as estrangeiras estão sujeitas a procedimento especial para sua execução em território nacional, a ser apresentado junto ao Superior Tribunal de Justiça. Quanto à data, é certo que os árbitros possuem prazo para a prolação da sentença, sob pena de nulidade do julgado, com extinção do compromisso arbitral. É o que determina o art. 12, III, da Lei de Arbitragem.

Deve-se ressaltar que existem dois prazos. O primeiro é o estipulado em compromisso arbitral para que o processo tenha fim, com a sentença arbitral. Se o compromisso sobre isso não dispor, aplica-se o prazo de 6 meses, previsto no art. 23 da LA. O segundo prazo surge após o esgotamento do primeiro, sendo chamado pela doutrina de *grace period*, ou período de graça. Findo o prazo para a prolação da sentença arbitral, restará à parte interessada a possibilidade de notificar o árbitro ou o presidente do Tribunal Arbitral, concedendo o prazo de 10 dias para a prolação da sentença.

Este prazo de graça pode ser solicitado por qualquer das partes, haja vista a expressa autorização do art. 12, III, da LA. Essa conclusão não resta pacífica, posto que Carreira Alvim tem posicionamento de que a previsão deve ser analisada também de acordo com o art. 23 parágrafo único da LA, cabendo às partes, de comum acordo, prorrogar o prazo estipulado para prolação da sentença arbitral:

> O sistema impõe, de rigor, em qualquer hipótese, seja caso de prorrogação, seja de concessão de prazo adicional, o mútuo acordo das partes e do árbitro (ou árbitros).[29]

---

[28] CARMONA, Carlos Alberto. *Arbitragem e processo*: um comentário à Lei n. 9307/96. 2. ed. rev. atual. e ampl. 3. reimpr. São Paulo: Atlas, 2006. p. 322.

[29] ALVIM, José Eduardo Carreira. *Direito arbitral*. 2. ed. Rio de Janeiro: Forense, 2004. p. 408.

Além da interpretação puramente literal do art. 12, III, da LA, repetido no art. 32, VII, da mesma lei, devemos realizar a análise das previsões do parágrafo único do art. 23, com as previsões de seu *caput*. É o que a doutrina chama de interpretação lógica, posto que as determinações constantes do parágrafo devem se referir ao que contém o *caput*. Ferraz Júnior esclarece:

> As regras da interpretação lógica, recomendações para criar as condições de decidibilidade, são assim fórmulas quase-lógicas como "o legislador nunca é redundante", "se duas expressões estão usadas em sentidos diversos, é porque uma deve disciplinar a generalidade, outra abre uma exceção", ou "deve-se ater aos diferentes contextos em que a expressão ocorre e classificá-los conforme a sua especialidade"etc.[30]

Em face das lições de interpretação do doutrinador citado, a conclusão é que a exigência do acordo entre as partes e árbitro para prorrogação do prazo para prolação da sentença, previsto no parágrafo único do art. 23 da LA, diz respeito ao prazo global previsto no compromisso arbitral, pois é sobre ele que fala o *caput* do artigo em comento.

Já o prazo de graça previsto no art. 12, III, da LA, é expresso ao prever a possibilidade de adiamento por dez dias, depois de expirado o prazo constante do compromisso arbitral. Sendo assim, traz a possibilidade em face de uma exceção, dando poderes a uma das partes, a interessada, de notificar o árbitro ou Presidente do Tribunal Arbitral, para a conclusão da sentença no prazo de dez dias. A hipótese de dilargamento unilateral do prazo por dez dias dá ensejo ao aproveitamento de todos os atos processuais, em homenagem ao princípio da razoabilidade do período de extensão, além da finalidade da demanda arbitral. O sistema não existe para cumprimento imperativo e minucioso de suas normas, mas sim para entregar a prestação jurisdicional às partes.

Pedro Martins tem este mesmo posicionamento ao prever a possibilidade da parte, unilateralmente, notificar o árbitro para a entrega da prestação jurisdicional no prazo extensivo de dez dias:

> Não obstante, o legislador conferiu uma última oportunidade ao tribunal arbitral para cumprir o período de tempo contratado e, assim, assegurar a prestação jurisdicional. Expirado o prazo para a apresentação da

---

[30] FERRAZ JUNIOR, Tercio Sampaio. *Introdução ao estudo do direito*: técnica, decisão, dominação. 4. ed. São Paulo: Atlas, 2003. p. 288.

sentença arbitral, a parte interessada deve notificar o árbitro ou o presidente do tribunal arbitral, concedendo-lhe o prazo de dez dias para a prolação e apresentação da sentença arbitral.[31]

Ressalte-se que o prazo de graça não se faz automático, exigindo por expressa disposição legal a notificação de alguma das partes que se mostrar interessada, para que possa ser utilizado. Tal se verifica em face das previsões do art. 12, III, da LA, onde se exige para a extinção do compromisso arbitral, que a parte interessada realize a notificação do árbitro, a qual reste desrespeitada. Se a notificação não for realizada, o compromisso persistirá, até que a sentença seja prolatada, mesmo a destempo, ou ocorra a notificação mencionada.

Justamente por isso é que a doutrina exige como condição para utilização da ação de nulidade por extemporaneidade da sentença, a utilização da notificação prevista no art. 12, III, da LA. Sem a comprovação de sua ocorrência, a demonstrar extinto o compromisso pela falta de prolação da sentença mesmo após o prazo de graça, não se poderá reconhecer a possibilidade de nulidade da sentença por este motivo. O interesse do legislador foi de aproveitar ao máximo o sistema arbitral instituído, além de entender que certas situações reclamam extensão do prazo inicialmente fixado para o término do procedimento.

Carmona exige para que se legitime à ação de anulação de sentença arbitral por extemporaneidade, a notificação prévia do árbitro, sem que este tenha cumprido o seu múnus no prazo de graça. Diz o renomado mestre:

> A anulação do laudo por excesso de prazo, porém, está condicionada à notificação dos árbitros para que, em dez dias, apresentem a decisão arbitral, de tal sorte que o autor da demanda que pretenda anular sentença arbitral intempestiva deve exibir, com sua inicial, a prova da notificação prévia dos árbitros. Esse documento é essencial à propositura da demanda anulatória.[32]

Se tal não ocorrer, ou seja, se o árbitro não cumprir a sua missão no prazo de graça concedido, a sentença arbitral prolatada *a posteriori* restará irremediavelmente nula.

---

[31] MARTINS, Pedro Antônio Batista. *Apontamentos sobre a lei de arbitragem*: comentários à Lei 9307/96. Rio de Janeiro: Forense, 2008. p. 318.

[32] CARMONA, Carlos Alberto. *Arbitragem e processo*: um comentário à Lei n. 9307/96. 2. ed. rev. atual. e ampl. 3. reimpr. São Paulo: Atlas, 2006. p. 326.

Questão interessante diz respeito à validade da sentença arbitral prolatada depois de ultrapassado o prazo, mesmo depois da extensão prevista na lei. Resta óbvio que a sentença eventualmente prolatada restará nula. O que gera celeuma é sobre a necessidade ou não de sua declaração de nulidade pela ação respectiva. Para Carreira Alvim, a sentença manterá os seus efeitos até que haja apreciação judicial, em sede de ação de nulidade. Sem a sua apresentação no prazo previsto em lei, a sentença restaria convalidada. Com este pensamento, não se trataria de nulidade propriamente dita, posto que será sempre necessário, nesta hipótese, que o Judiciário declare sua anulabilidade. Diz o Ilustre Mestre:

> Registre-se, porém, que o fato de a sentença ser proferida fora do prazo é causa de nulidade (art. 32 VII LA), mas a decretação da nulidade deve ser postulada por ação própria (Art. 33, LA), sendo eficaz e apta a produzir todos os seus efeitos enquanto não anulada. A parte a quem interessar a decretação da nulidade deve ajuizar a ação no prazo legal, sob pena de preclusão máxima, configuradora da coisa julgada formal, e conseqüente formação da coisa julgada material.[33]

Não há preclusão quando o caso é de nulidade, a qual pode ser reconhecida a qualquer momento ou grau de jurisdição. Justamente por isso, de acordo com o ilustre mestre citado, o caso seria de simples anulabilidade, sanando-se o problema se não houver alegação em sede de ação de nulidade de sentença arbitral proposta no prazo de 90 dias, consoante prevê o art. 33, §1º, da LA.

Por outro lado, o árbitro só tem jurisdição durante o tempo estipulado para a conclusão do procedimento arbitral. Findo o prazo, perde ele o *iudicium*, não mais podendo decidir a demanda. Restaria impossível a sua convalidação. Pedro Martins assim informa:

> Durante esse período adicional (*grace period*) os árbitros são titulares dos mesmos e exatos poderes outorgados na convenção. Nem mais, nem menos. Contudo, esgotado, in albis, o tempo adicional, aí, sim, estará finda a jurisdição dos árbitros, sendo nula a decisão proferida fora (sic) em desacordo com a notificação.[34]

A controvérsia reside também na doutrina espanhola conforme esclarece Cármen Montilla:

---

[33] ALVIM, José Eduardo Carreira. *Direito arbitral*. 2. ed. Rio de Janeiro: Forense, 2004. p. 408.
[34] MARTINS, Pedro Antônio Batista. *Apontamentos sobre a lei de arbitragem*: comentários à Lei 9307/96. Rio de Janeiro: Forense, 2008. p. 318.

Otra cosa es la consideración ulterior sobre el concreto motivo por el que reconducir la impugnación del laudo extemporáneo, que a nuestro parecer, encontraría asidero en la infracción del orden público. En la práctica de nuestros tribunales no existe posicionamiento unánime al respecto: mientras algunas audiencias analizar la viabilidad de la impugnación en el contexto del orden público aunque para llegar a soluciones contrarias, otras la residencian en la infracción del procedimiento arbitral, dejando abierta la puerta a la *convalidación* por inactividad de las partes frente a la propuesta (*sic*) de laudo (ex art. 6 LA).[35]

A doutrina espanhola fala em ordem pública violada a considerar nula a sentença prolatada fora do prazo. Sobre este fundamento, mais à frente neste mesmo capítulo discorrerei. De qualquer forma, a finalidade do procedimento arbitral é a entrega da prestação jurisdicional, mesmo que a destempo. Se isso ocorrer e as partes não entenderem conveniente pedir a sua anulação, pretender que ocorra *ex officio* seria dar maior valor à forma do que à efetividade da prestação jurisdicional arbitral. Conforme esclarece Carmona "o dispositivo analisado, percebe-se, é nitidamente protetivo, objetivando salvar a arbitragem".[36]

Mesmo que a sentença arbitral não contenha o lugar e data de sua prolação, a doutrina vem entendendo que a irregularidade pode ser suprida por outras informações. Sendo assim, se não houver o local, restará este evidente quando a sentença for, ao exemplo, apresentada em órgão arbitral nacional, posto que a única razão para a exigência é diferenciar a sentença nacional da estrangeira, esta sujeita à homologação.

Quanto à data, se a juntada contiver as informações sobre dia e hora em que a sentença foi anexada aos autos de reclamação arbitral, por esta informação se terá a conclusão de que foi ou não apresentada no prazo previsto no compromisso arbitral. Sendo assim, não haverá razão para se declarar nulidade, posto que ausente o prejuízo ou evidenciada a temporaneidade do documento. Carmona conclui sobre a possibilidade:

> Desse modo, alcançado o objetivo da lei (que, neste particular, é o de identificar o lugar em que a sentença arbitral foi proferida, para aferir-lhe a nacionalidade, e a data em que foi proferida, para aferir-lhe a

---

[35] SENES MOTILLA, Cármen. *La intervención judicial en el arbitraje*. Pamplona: Thomson Civitas, 2007. p. 118-119.
[36] CARMONA, Carlos Alberto. *Arbitragem e processo*: um comentário à Lei n. 9307/96. 2. ed. rev. atual. e ampl. 3. reimp. São Paulo: Atlas, 2006. p. 197.

tempestividade) não será possível cogitar de nulidade alguma (não há nulidade sem prejuízo!).[37]

5.2.4 Quando a sentença for proferida fora dos limites da convenção de arbitragem, ou que não tenha decidido todo o litígio

Nesta oportunidade o legislador teve mais rigor técnico, posto que informou sobre os limites da convenção de arbitragem, e não simplesmente ao compromisso arbitral como anteriormente mencionado. Isso confirma que, nas hipóteses em que mencionado simplesmente o compromisso arbitral, quis o legislador dizer convenção de arbitragem, envolvendo tanto a cláusula compromissória como o compromisso arbitral.

Tanto a cláusula compromissória como o compromisso arbitral são balizadores da ação do árbitro, posto que este tem o dever de sua observação e cumprimento. É certo que as partes podem determinar, via convenção de arbitragem, a forma como se dará a solução da controvérsia, podendo inclusive fazer referência às normas regimentais de um órgão arbitral específico. Ao árbitro, assim como ao juiz togado, aplica-se o princípio da inércia, não agindo ou decidindo enquanto não for provocado, com a ressalva das matérias de ordem pública, as quais dispensam a alegação das partes para serem conhecidas pelo julgador.

O descumprimento das determinações da convenção de arbitragem pode gerar nulidade, seja total ou parcial da sentença arbitral. Assim, se o árbitro utilizou procedimento diferente do previsto ou dispôs em sentença sobre matéria não mencionada na convenção de arbitragem, desrespeitou as regras impostas pelas partes, podendo a sentença ser nulificada em regular procedimento anulatório.

Convém aqui ressaltar as possibilidades de sentença *extra petita, ultra petita,* e *citra petita,* conforme o árbitro decida fora do que foi pedido, além do que foi pedido ou aquém deste. Cada uma das hipóteses merece tratamento diferente, de acordo com o caso concreto. Sendo a sentença *extra petita,* ou seja, fora do que foi pedido pelas partes, não há salvação para a conclusão arbitral, a qual restará nula.

No entanto, o procedimento arbitral não estará totalmente perdido, restando possível a remessa dos autos ao árbitro para que

---

[37] *Op. cit.*, p. 323.

prolate nova sentença, desta vez dentro do que lhe foi solicitado pelas partes no decorrer do procedimento arbitral, cujo prazo poderá ser fixado pelo juiz togado que julgou a ação de nulidade. Se o problema for no procedimento utilizado, diferente do que foi determinado pelas partes na convenção de arbitragem, será necessária nova procedimentalização com respeito às normas impostas no compromisso arbitral.

Nas sentenças *ultra petita*, onde o árbitro foi além do que lhe foi determinado na convenção de arbitragem, não haverá necessidade de nulificar por inteiro a sentença. Apenas a parte que se mostrar excessiva será dela retirada, sem necessidade de produção de nova sentença arbitral. Há casos, no entanto, onde a separação do joio se mostra impossível, quando, então, será necessária a realização de nova sentença. Ressalve-se as matérias de ordem pública, que, conforme já mencionado, não necessitam de alegação das partes para que o árbitro sobre ela se pronuncie e decida. Ao exemplo, além das condições da ação, Marcus Fernandes ainda cita:

> as questões atinentes a honorários advocatícios, atribuição de responsabilidade sobre as despesas processuais, ou ainda questões prejudiciais que precisem ser decididas para que seja atingido o fim pretendido pelas partes com a instauração do processo arbitral, integram a jurisdição do árbitro.[38]

Em se tratando de sentença *citra petita*, ou seja, quando o árbitro não esgota as matérias que lhe são postas à decisão, duas medidas podem ser utilizadas. A primeira diz respeito ao pedido de complementação previsto no art. 30, II, da LA, sobre o qual já discorremos. A segunda diz respeito à própria ação de nulidade de sentença arbitral, sob o fundamento de que o árbitro não decidiu todo o litígio que lhe foi apresentado pelos contendores.

Nesta hipótese, o juiz togado poderá, reconhecendo que a ação não foi completamente julgada, dar procedência ao pedido inicial e remeter os autos ao árbitro para que complete o seu julgamento, fixando prazo para tanto. Não há necessidade de que a parte tenha se utilizado das prerrogativas do art. 30, II, da LA, vulgarmente chamado de embargos de declaração arbitral, posto que em momento algum a legislação a isso condiciona o reconhecimento da incompletude. Diz a doutrina de Cretela Neto ao comentar sobre a

---

[38] FERNANDES, Marcus Vinicius Tenório da Costa. *Anulação da sentença arbitral*. São Paulo: Atlas, 2007. p. 67-68.

possibilidade de anulação por não decidir completamente o litígio posto à arbitragem:

> Essa nulidade, a nosso ver, somente deveria poder ser decretada após insuficiente resposta do árbitro ou dos árbitros em sede de embargos de declaração (inciso II, in fine, do art. 30). Não é o que se depreende da lei, no entanto, pois as partes não precisam tentar obter do juízo arbitral complemento à decisão, quando omissa sobre alguma questão, e pleitear, desde logo, a nulidade da sentença arbitral.[39]

5.2.5 Proferida em prevaricação, concussão ou corrupção passiva

O art. 17 da LA determina que o árbitro, quando no exercício de suas funções, se equipara aos funcionários públicos para os efeitos penais. Tal previsão legal traz a preocupação com a ética na arbitragem, considerando os árbitros quando no exercício de seu poder jurisdicional dado pela convenção de arbitragem, como se fossem funcionários públicos para efeitos penais.

Os servidores públicos estão sujeitos a previsões especiais do Código Penal Brasileiro quando ligado a fatos decorrentes de suas condutas no exercício de sua atividade profissional de caráter público. O Código Penal prevê em seu art. 319 o crime de prevaricação, enquanto que o 316 se refere à concussão e o 317 à corrupção, que para os efeitos da legislação arbitral, somente será possível quando de ordem passiva.

Prevaricação prevê como crime o ato de "retardar ou deixar de praticar, indevidamente, ato de ofício, ou praticá-lo contra disposição expressa da lei, para satisfazer interesse ou sentimento pessoal". A tipificação penal denota especialmente a circunstância em que o árbitro age de forma contrária à expressa disposição de lei em virtude de interesse ou sentimento pessoal, sejam eles quais forem.

Já a concussão consiste em "exigir, para si ou para outrem, direta ou indiretamente, ainda que fora da função ou antes de assumi-la, mas em razão dela, vantagem indevida". Tal ocorre quando o árbitro exige a vantagem indevida para realizar algum ato decorrente do procedimento arbitral que preside.

---

[39] CRETELA NETTO, José. *Curso de arbitragem*: arbitragem comercial, arbitragem internacional, lei brasileira de arbitragem, instituições internacionais de arbitragem, convenções internacionais sobre arbitragem. Rio de Janeiro: Forense, 2004. p. 124.

A corrupção, que no caso da lei arbitral somente será a de cunho passivo, tem como tipificação o ato de "solicitar ou receber para si ou para outrem, direta ou indiretamente, ainda que fora da função ou antes de assumi-la, mas em razão dela, vantagem indevida, ou aceitar promessa de tal vantagem". A diferença entre a concussão e a corrupção passiva está no núcleo verbal exigir ou solicitar.

A sentença arbitral que for prolatada tendo como objeto qualquer das hipóteses criminosas mencionadas, será anulável conforme determinação do inciso VI do art. 32 da LA. Não se exige que a alegação seja feita anteriormente no procedimento arbitral, até mesmo porque a parte prejudicada pode só tomar conhecimento da manobra ilícita posteriormente à prolação da própria sentença.

Questão de relevância diz respeito ao prazo para a apresentação da ação de nulidade, posto que a lei o prevê como sendo de 90 dias da sentença ou da ciência de sua complementação pelo árbitro. Pode ser que a parte prejudicada pela conduta criminosa só tenha dela conhecimento após esgotado o prazo de 90 dias, tornando impossível legalmente a propositura da ação de nulidade pelo decurso do tempo previsto na lei. Em assim sendo, a sentença manchada pela nódoa do crime se manteria intacta e gerando seus efeitos.

Possível saída seria contar o prazo de 90 dias a partir do conhecimento da conduta criminosa pela parte prejudicada. No entanto, a providência neste sentido iria contra expressa disposição legal, art. 33, §1º, da LA, restando impossível a sua aplicação. Outra saída seria prever a possibilidade de utilização da ação rescisória prevista no art. 485, inciso I, do Código de Processo Civil, posto que se trataria de uma sentença proferida nos casos de corrupção, concussão ou corrupção do juiz. No entanto, também não podemos utilizar a ação rescisória, posto que o art. 33 da LA só prevê duas hipóteses de atacar a validade da sentença arbitral: a ação de nulidade e os embargos à execução, hoje chamados de impugnação. A rescisória resta inconcebível por vedação legal clara dentro do sistema arbitral. Também é esse o pensamento de Edoardo Ricci:

> Ao contrário, a sentença arbitral, com trânsito em julgado, não pode mais ser impugnada. Depois do trânsito em julgado, a imutabilidade de seus efeitos é absoluta, por que não cabe ação rescisória.[40]

---

[40] RICCI, Edoardo Flavio. *Lei de arbitragem brasileira*: oito anos de reflexão: questões polêmicas. São Paulo: Revista dos Tribunais, 2004. p. 201.

Sem condições de outra interpretação, restaria apenas a possibilidade dos embargos à execução, hoje simples impugnação, na tentativa de ver reconhecido pelo Poder Judiciário a possibilidade de conduta criminosa do árbitro no exercício de seu múnus. Não estando a impugnação jungida ao prazo de 90 dias, em tese haveria mais tempo para que os fatos fossem conhecidos pela parte prejudicada, sendo possível o exercício de seu direito de ver nulificada a sentença defeituosa. Fora disso, terá a parte o prazo de 90 dias, contados da sentença arbitral para fazer a alegação em sede de ação de nulidade.

Não se faz necessário aguardar qualquer providência de ordem criminal, posto que tal levaria de forma quase que invariável, à perda do prazo para a propositura da ação de nulidade. É o que informa Marcus Fernandes:

> Assim, a lei dá garantia aos contratantes de não precisarem esperar a condenação criminal do árbitro que prolatou a sentença por prevaricação, concussão ou corrupção passiva, para só depois pedirem a desconstituição da sentença, uma vez que o prazo decadencial para a propositura da ação anulatória é de apenas noventa dias.[41]

Resta óbvio que o ônus da prova é de quem alega, além de imperar, nestas circunstâncias, a presunção de honestidade ínsita na Constituição Federal. Caberá ao autor da ação de anulação sob este argumento, carrear aos autos prova suficiente de suas alegações, sob pena de improcedência do pedido. Pode ser possível, em que pese improvável, que por ocasião da ação de nulidade, já tenha ocorrido sentença judicial criminal envolvendo a situação. A influência da sentença judicial criminal será importante para o deslinde da causa anulatória, seguindo as mesmas premissas utilizadas na ação civil *ex delicto*.

Sendo absolutória por falta de provas, por prescrição ou por um problema de ordem processual qualquer, restará ainda possível a análise do caso na ação anulatória. Se a absolvição se der por razões que retirem a responsabilidade do réu pela conduta a ele imputada, o efeito da coisa julgada criminal terá que ser levado em consideração na ação anulatória, a qual restará improcedente.

De qualquer forma, vejo sempre a necessidade de se buscar a anulação do julgado nos termos previstos no art. 33 da LA, mesmo que haja sentença criminal condenatória. Não se pode esquecer que

---

[41] FERNANDES, Marcus Vinicius Tenório da Costa. *Anulação da sentença arbitral*. São Paulo: Atlas, 2007.

a ação anulatória é uma opção dada à parte prejudicada com os acontecimentos, a qual não sendo utilizada, faz perder uma das duas oportunidades de atacar a sentença arbitral defeituosa, em que pese haver diferença entre as matérias alegáveis em cada uma delas. Sobre isso veremos no capítulo seguinte.

5.2.6 Com desrespeito aos princípios de que trata o art. 21, §2º, da LA

A legislação arbitral permite que as partes escolham até mesmo o procedimento, ou seja, as normas de ordem processual que devem ser utilizadas na condução e julgamento da demanda arbitral. Em sendo omissa a ordenação escolhida, poderá o árbitro atuar como verdadeiro legislador, fixando as normas necessárias para a continuidade do feito, nos precisos termos do art. 21, §1º, da LA.

No entanto, a liberdade não se faz plena, posto que a legislação exige que se cumpra, seja no procedimento, seja no julgamento, os princípios do contraditório, da igualdade das partes, da imparcialidade do árbitro e de seu livre convencimento. Se assim não fosse, restaria inconstitucional o dispositivo, posto que tais exigências emanam no Estado Democrático de Direito uma das cláusulas pétreas da Constituição Federal.

Sendo assim, se o procedimento escolhido prever situação que viole algum dos princípios citados, caberá ao árbitro fazer as devidas correções para que o princípio seja observado, mesmo que aja contra as determinações da convenção de arbitragem realizada pelas partes. Terá ele autorização da própria Constituição Federal para assim agir, sob pena de ver sua sentença ser anulada em sede de ação específica.

Quando se fala em contraditório, significa que ambas as partes devem ter acesso às provas, documentos e alegações, devendo possuir tempo suficiente para que seja possível sobre elas se pronunciar validamente. Prazos exíguos significam, na prática, ausência de oportunidade de manifestação, violando o princípio citado. Carmona assim discorre:

> Garante o princípio a informação de todos os atos processuais, com a possibilidade de reação. E mais: os observadores da arbitragem internacional chamam a atenção para o fato de que o princípio *audiatur altera pars* comporta a necessidade de atribuição às partes de um

prazo suficiente para a apresentação das próprias razões no curso do procedimento.[42]

Nem mesmo o julgamento por equidade, possível em sede arbitral, dispensa a observação dos princípios citados, posto que equidade não significa arbitrariedade. A igualdade das partes na arbitragem é a mesma utilizada na Justiça estatal, considerando a diferença existente entre a realidade de cada uma delas. A verdadeira igualdade está no tratamento igual entre os iguais e desigual entre os desiguais, estes na medida da desigualdade. Assim, se justifica a inversão do ônus da prova quando a parte não tiver condições técnicas para a sua produção, ou os dados a ela relativos estiverem em poder da parte contrária. Enfim, todas as providências necessárias para que haja um julgamento justo, considerando o poder de cada um dos contendores, devem ser realizadas.

A imparcialidade se mistura com a previsão sobre aqueles que podem ou não ser árbitro em determinada demanda arbitral, situação que já falamos o suficiente neste mesmo capítulo em linhas anteriores. Por fim, existe a obrigação do árbitro de fundamentar suas decisões, respeitando seu livre convencimento. A liberdade de julgamento não pode ser tolhida por normas procedimentais que enrijeçam a liberdade de análise da prova eventualmente contida na convenção de arbitragem, conforme deixa claro Carmona:

> Significa isto que não podem as partes retirar ao árbitro a faculdade de realizar livremente o exame crítico de todos os elementos probatórios para chegar à solução que lhe parecer mais justa, tornando-se claro, como ponto de equilíbrio do sistema, que o contrapeso desta liberdade (necessária) é a (também necessária) motivação da sentença arbitral.[43]

Para concluir, mesmo não expressamente ditado na lei, cabe aos árbitros regras de conduta pautadas na ética de um verdadeiro julgador, posto que só assim suas decisões terão o respaldo moral, necessário para a manutenção da credibilidade do sistema arbitral e satisfação das partes. Vitor Barboza Lenza relaciona o que chama de Mandamentos do Árbitro, nos seguintes termos:

---

[42] CARMONA, Carlos Alberto. *Arbitragem e processo*: um comentário à Lei n. 9307/96. 2. ed. rev. atual. e ampl. 3. reimpr. São Paulo: Atlas, 2006. p. 327
[43] *Op. cit.*, p. 328.

Em resumo os Mandamentos do árbitro são: I – Seja honesto; II – Seja Justo; III – Seja Paciente: IV – Seja Diligente; V – Seja Imparcial; VI – Seja Independente; VII – Seja Respeitoso; VIII – Seja Discreto; IX – Seja Competente.[44]

5.2.7 Violação da ordem pública

Em que pese não expressamente ditado no art. 32 da LA, a questão relativa às sentenças violadoras da ordem pública merece detida análise, até mesmo pela possibilidade de interpretação das mais variadas dentro do contexto jurídico nacional e estrangeiro. A regra geral é de que, ao juiz togado em sede de ação anulatória de sentença arbitral, não se faz possível a análise de seu mérito. Em resumo, não pode o juiz anular a sentença por *error in judicando* ou até mesmo reformar a sentença arbitral, colocando-a aos moldes que entender conveniente. Ao Poder Judiciário só resta permitida a interferência no sistema arbitral nos estritos momentos autorizados pela legislação. Diz Pedro Martins:

> Com efeito, se a arbitragem se conduz sob a égide garantista e da legalidade, por outro lado é princípio inerente ao instituto a vedação da revisão da sentença arbitral pelo juiz togado.[45]

A confirmação de tal conclusão é verificada nas previsões do art. 32 da LA, sendo que em nenhuma de suas hipóteses há previsão de análise da matéria de fundo da sentença arbitral. No entanto, a liberdade concedida pela legislação arbitral às partes e ao árbitro no sistema em discussão não se faz absoluta, posto que liberdade plena nem mesmo o juiz togado a possui. Carmona informa sobre a possibilidade de restrição, em situações especiais, às decisões lançadas pelos árbitros na conclusão do procedimento arbitral:

> Ao incentivar a utilização da justiça privada, ampliando o Estado o próprio conceito de jurisdição, o legislador não pretendeu abrir mão de um certo controle sobre a arbitragem. Com efeito, em todo o texto da Lei 9.307/96 percebe-se a preocupação do legislador em evitar abusos e iniquidades, garantindo às partes o devido processo legal (em sentido processual e em sentido material). Eis aí a limitação à autonomia

---

[44] LENZA, Vitor Barboza. *Cortes arbitrais*. 2. ed. rev. ampl. e atual. Goiânia: AB, 1999. p. 58.
[45] MARTINS, Pedro Antônio Batista. *Apontamentos sobre a lei de arbitragem*: comentários à Lei 9307/96. Rio de Janeiro: Forense, 2008. p. 319.

concedida aos litigantes, que não pode exceder as raias do interesse que o Estado quer preservar, já que a garantia da igualdade, da legalidade e da supremacia da constituição são inerentes à democracia moderna.[46]

De tais ensinamentos surge a probabilidade de uma interpretação extensiva das previsões do art. 32 da LA, a incluir entre as hipóteses de anulação da sentença arbitral quando esta for contrária "à ordem pública". Se no direito arbitral brasileiro a expressão não se encontra claramente prevista nas hipóteses de anulação, no direito arbitral espanhol ela é evidenciada no art. 41, "f", da *Ley de Arbirage* daquele país, ao afirmar que o laudo deverá ser anulado na hipótese em "que el laudo es contrario al orden público". A previsão surgiu no sistema espanhol em 1988 e decorreu da necessidade de preservar o interesse estatal, colocando-o a salvo de possíveis decisões arbitrais que o desconsiderasse, gerando celeuma e desagregação social.

Mesmo não havendo expressa previsão no art. 32 da LA, não resta dúvida de que também pela legislação brasileira a motivação relativa à ordem pública pode ensejar a nulidade da sentença arbitral nacional. As argumentações começam pela expressa previsão do art. 39, II, da LA, ao exigir que a sentença arbitral estrangeira deve manter-se coesa com os princípios brasileiros relativos à ordem pública. Diz a lei sobre a possibilidade de não homologação de sentença estrangeira:

> Art. 39. Também será denegada a homologação para o reconhecimento ou execução da sentença arbitral estrangeira, se o Supremo Tribunal Federal constatar que:
> I – segundo a lei brasileira, o objeto do litígio não é suscetível de ser resolvido por arbitragem;
> II – a decisão ofende a ordem pública nacional.

Se para a sentença estrangeira há expressa exigência de preservação da ordem pública nacional, não há razão para desconsiderar esta mesma exigência para as sentenças nacionais, as quais possuem um poder muito maior de alterar a vida em sociedade. Outrossim, se esta conclusão fosse inaceitável, bastaria às sentenças estrangeiras, para ficarem livres da exigência de obediência à ordem pública nacional, serem assinadas em território nacional, posto que assim teriam o conceito de sentença nacional, nos precisos termos do art. 34

---

[46] CARMONA, Carlos Alberto. *Arbitragem e processo*: um comentário à Lei n. 9307/96. 2. ed. rev. atual. e ampl. 3. reimp. São Paulo: Atlas, 2006. p. 329.

parágrafo único da LA brasileira. Carmona conclui pela aplicabilidade da exigência para as sentenças nacionais, nos seguintes termos:

> Concluo que não teria cabimento que o legislador se preocupasse em repelir ataques à ordem pública vindos de laudos proferidos no exterior, mantendo aberto o flanco às sentenças arbitrais nacionais.[47]

A conclusão do renomado mestre é sustentada também pelas próprias previsões do art. 32, todas elas direcionadas a proteger os interesses do Estado na administração da justiça, sintetizando os preceitos de ordem pública de um modo geral. No entanto, é perfeitamente possível que, em determinadas situações, preceitos de ordem pública sejam descumpridos, sem que a situação se enquadre em qualquer das disposições do art. 32 da LA, principalmente, pela diversidade de situações vivenciadas na atualidade social. Impedir o reconhecimento de violações desta natureza pelo simples fato de não estarem perfeitamente delineadas nas hipóteses de anulação expressamente trazidas pela legislação arbitral não seria aceitável sob o ponto de vista da Justiça e também da própria sociedade.

Como a regra geral na ação de nulidade é no sentido de que o juiz togado não poderá adentrar na matéria de fundo da sentença arbitral, há uma espécie de exceção a esta regra, autorizando a análise quando evidenciado que a sentença arbitral violou norma de ordem pública. No entanto, não se pode aceitar o argumento de violação à norma de ordem pública para todos os casos, sob pena de tornar letra morta a proibição de análise do mérito pelo juiz togado na ação de nulidade, posto que não seria difícil considerar o possível erro no julgamento como situação violadora das normas de ordem pública. O direito espanhol teve esta preocupação quando a matéria foi incluída de forma expressa em seu direito arbitral, a qual foi afastada pela correta interpretação dada ao dispositivo pela jurisprudência daquele país. Diz Rafael Segóvia:

> El orden público, como motivo de anulación de los laudos, se introdujo en nuestro Derecho con la LA de 1988. En principio, la indeterminación y flexibilidad de este concepto llevó a pensar que podría ser el cauce de impugnación de un sinnúmero de decisiones arbitrales; pero esta idea inicial ha sido desmentida por la jurisprudencia relativa a este motivo.[48]

---

[47] CARMONA, Carlos Alberto. *Arbitragem e processo*: um comentário à Lei n. 9307/96. 2. ed. rev. atual. e ampl. 3. reimp. São Paulo: Atlas, 2006. p. 334.

[48] MARTÍN MUÑOZ, Alberto de; HIERRO ANIBARRO, Santiago. *Comentario a la ley de arbitraje*. Madrid: Marcial Pons, 2006. p. 549.

A conclusão do direito espanhol quanto à interpretação cuidadosa e específica da previsão legal tem inteira aplicabilidade em nosso direito, posto que similares neste ponto quanto aos princípios que regem o direito arbitral. Para a correta aplicação do direito neste caso, necessário se faz conceituar com clareza o que é matéria de ordem pública para o sistema arbitral, capaz de causar anulação da sentença arbitral quando vilipendiado.

Um país tem normas de conduta surgidas de sua própria sociedade, a qual se faz representar por alguns de seus integrantes. Estes integrantes, munidos das informações sociais oriundas de seu local de vivência, transformam a vontade social subjetiva em norma legal, surgindo a lei que regulamenta a conduta em sociedade. As principais normas de condutas de um país estão previstas em sua Carta Constitucional, dentre as quais algumas restam intocáveis por força da própria determinação magna. São as cláusulas pétreas, as quais não podem ser modificadas por emenda constitucional.

Outras normas, mesmo que constitucionais, não se enquadram como imodificáveis, gerando a possibilidade de sua alteração por simples emenda constitucional. Existem ainda as normas infraconstitucionais, as quais também revelam a vontade de uma sociedade, mas não possuem a força imperativa de uma disposição constitucional.

Aquilo que é fundamental para um país deve estar presente em sua constituição, posto que ela é seu regulamento máximo, sua lei maior, o local onde seus elementos essenciais restam positivados para a correta interpretação e cumprimento por todos. José Afonso da Silva assim conceitua a Constituição de um Estado:

> A constituição do Estado, considerada sua lei fundamental, seria, então, a organização dos seus elementos essenciais: um sistema de normas jurídicas, escritas ou costumeiras, que regula a forma do Estado, a forma de seu governo, o modo de aquisição e o exercício do poder, o estabelecimento de seus órgãos e os limites de sua ação. Em síntese, a constituição é o conjunto de normas que organiza os elementos constitutivos do Estado.[49]

A própria Constituição Federal traz em seu art. 60, §4º, as circunstâncias em que não se faz possível a modificação da Magna Carta pela

---

[49] SILVA, José Afonso da. *Curso de direito constitucional positivo.* 6. ed. rev. e ampl. de acordo com a nova Constituição. São Paulo: Revista dos Tribunais, 1990. p. 37-38.

via do poder de reforma, sendo necessária uma nova Constituição para que aquelas hipóteses possam ser modificadas. Em face disso, entendo que a síntese do Estado brasileiro está justamente naquelas hipóteses, sendo que a violação de suas normas revela nítida agressão à ordem pública. Diz o dispositivo constitucional:

> Art. 60. A Constituição poderá ser emendada mediante proposta:
> §4º Não será objeto de deliberação a proposta de emenda tendente a abolir:
> I – a forma federativa de Estado;
> II – o voto direto, secreto, universal e periódico;
> III – a separação dos Poderes;
> IV – os direitos e garantias individuais.

Carmona ressalta que os valores relacionados à ordem pública são aqueles previstos na Carta Constitucional, corroborando o entendimento de que devemos analisar a possibilidade pelo prisma das previsões constitucionais. Diz o mestre:

> E é interessante que no Brasil a questão não foi ainda aflorada nos tribunais porque, à diferença do que ocorria no Reino da Espanha, não fazia (em 1973) e não faz (em 1996) o legislador pátrio qualquer distinção entre os meios impugnativos da arbitragem de direito e da arbitragem de equidade, embora possa ser dito também em relação a nosso ordenamento que a possibilidade de impugnar a sentença arbitral que ofenda a ordem pública corresponde à melhor interpretação dos valores preservados na Carta Constitucional.[50]

A doutrina espanhola, ao discorrer sobre as matérias suscetíveis de serem consideradas como de ordem pública capaz de anular a sentença arbitral, ressalta o seu aspecto restritivo, remetendo também para as previsões constitucionais relativas aos direitos humanos fundamentais e liberdades públicas. Diz Rafael Segovia:

> En conclusión, puede decirse que la infracción del orden público material comprende sólo la violación de los derechos fundamentales y libertades públicas, con las limitaciones que hemos expuesto.[51]

---

[50] CARMONA, Carlos Alberto. *Arbitragem e processo*: um comentário à Lei n. 9307/96. 2. ed. rev. atual. e ampl. 3. reimpr. São Paulo: Atlas, 2006. p. 331-332.
[51] MARTÍN MUÑOZ, Alberto de, HIERRO ANIBARRO, Santiago. *Comentario a la ley de arbitraje*. Madrid: Marcial Pons, 2006. p. 549.

Tem-se, assim, que o conceito de ordem pública para o direito é bastante amplo, e não deve ser considerado em sua inteireza como suficiente para anular uma sentença arbitral. Somente as matérias relacionadas às chamadas cláusulas pétreas, não suscetíveis de serem modificadas pelo constituinte reformador, é que se enquadram com perfeição na possibilidade de anulação. Sendo assim, se estará violando a ordem pública quando a sentença arbitral determinar que uma modelo pose obrigatoriamente para uma revista, posto que neste caso é seu direito fundamental não fazê-lo, mesmo que tenha assinado contrato a isso se comprometendo. O descumprimento faz surgir apenas o direito de receber perdas e danos pela revista, nunca a determinação forçada de posar. A imagem e o corpo de uma pessoa só podem ser desnudados com prévia autorização e vontade desta, principalmente, quando direcionado à publicação.

Pedro Martins também tem esse raciocínio, ao esclarecer sobre a possibilidade de anulação de sentença arbitral por violação à norma de ordem pública:

> Por isso, penso que somente os vícios efetivos e concretos, observados sem maiores entrâncias no mérito da questão, e que afetem pressupostos fundamentais de ordem pública podem ser objeto de ação de nulidade.[52]

A maioria das possibilidades de violação à norma de ordem pública já está contida nas previsões do art. 32 da LA. Em face disso, a inclusão de outras possibilidades restam de difícil enquadramento, e certamente saltarão aos olhos quando presentes. Por isso, não há razão para nulificar as sentenças arbitrais sob a argumentação quase sempre pueril e despropositada, de que tenha violado norma de ordem pública.

5.2.8 Aspectos processuais da ação de nulidade de sentença arbitral

A sentença arbitral não está sujeita a recurso, com a ressalva do pedido de esclarecimento constante do art. 30 da LA. No entanto, em face do princípio constitucional da inafastabilidade do controle jurisdicional, a completa inexistência da possibilidade de análise judicial da sentença arbitral redundaria em patente inconstitucionalidade. Justamente por

---

[52] MARTINS, Pedro Antônio Batista. *Apontamentos sobre a lei de arbitragem*: comentários à Lei 9307/96. Rio de Janeiro: Forense, 2008. p. 320.

isso a lei de arbitragem prevê a possibilidade de utilização da ação de nulidade de sentença arbitral, além dos "embargos" no caso de sentença arbitral condenatória.

A ação de nulidade de sentença arbitral é proposta perante o órgão competente do Poder Judiciário, de acordo com suas regras de organização judiciária, exigindo todas as formalidades previstas para uma ação de conhecimento comum, nos precisos termos do §1º do art. 33 da LA. Assim, se na arbitragem é dispensável a presença do advogado, esta premissa não pode ser utilizada para a finalidade da ação de nulidade de sentença arbitral, a qual exige capacidade postulatória e o cumprimento de todas as exigências do art. 282 do Código de Processo Civil.

O prazo para a sua interposição é de 90 dias (art. 33 da LA), contados da ciência que as partes tiverem da sentença arbitral. Geralmente é marcada a data em que a sentença deve ser publicada, contando-se o prazo deste momento, sem necessidade de intimação pessoal das partes. Caso tenha ocorrido o pedido de esclarecimento previsto no art. 30 da LA, o prazo começa a contar da ciência da resposta do árbitro em face de tal provocação. A doutrina discute sobre a natureza deste prazo, se prescricional ou decadencial, sustentando Ricci que se trata de prazo decadencial, ao fazer analogia da sentença arbitral com as regras relativas à sentença judicial, posto que ambas possuem a mesma força e origem, consoante as determinações do art. 31 da LA. O dispositivo informa ter a sentença arbitral a capacidade de produzir, entre as partes e seus sucessores, os mesmos efeitos da sentença proferida pelos órgãos do Poder Judiciário e, sendo condenatória, constitui título executivo. Diz o doutrinador italiano:

> A aplicação das regras relativas à sentença judicial permite, portanto, concluir-se a favor da natureza decadencial do prazo fixado pelo parágrafo 3º do art. 33.[53]

Em se tratando de prazo decadencial, não há possibilidade de suspensão ou interrupção, seguindo até final extinção da oportunidade para apresentar ao Poder Judiciário a ação de anulação de sentença arbitral. Em que pese alguns entendimentos de que o prazo em comento seria de prescrição, a situação se amolda mesmo à caracterização como prazo decadencial. Venosa demonstra com clareza uma das diferenças

---

[53] RICCI, Edoardo Flavio. *Lei de arbitragem brasileira*: oito anos de reflexão: questões polêmicas. São Paulo: Revista dos Tribunais, 2004. p. 201.

entre os institutos, o que elucida a distinção para a aplicação na hipótese da anulatória de sentença arbitral. Diz o mestre:

> A decadência não é suspensa nem interrompida e só é impedida pelo exercício do direito a ela sujeito. A prescrição pode ser suspensa ou interrompida pelas causas expressamente colocadas na lei.[54]

Em momento algum a legislação traz hipóteses de interrupção do prazo nela previsto para o exercício da ação de nulidade de sentença arbitral, corroborando o entendimento de Ricci de que se trata de prazo decadencial. A sentença arbitral nasce transitada em julgado, posto que contra ela não cabe recurso. Justamente por isso, a ação de nulidade não se confunde, em nenhum momento, com o recurso de apelação previsto para as sentenças judiciais. Seu cabimento é diverso, assim como diversa é a posição a ser tomada pelo juiz togado na sua decisão. O juiz togado não pode ser considerado uma instância revisora dos julgados arbitrais, havendo expressa previsão legal em contrário ao relacionar as hipóteses de nulidade no art. 32 da LA, todas elas sem a possibilidade de análise do mérito da questão.

No entanto, a coisa julgada arbitral, antes de escoado o prazo para a ação de anulação de sentença arbitral, não possui as mesmas características da coisa julgada decorrente de sentença judicial. Os efeitos da sentença arbitral existem de imediato após a sua prolação, mas carregam um certo grau de mutabilidade até que o prazo para a ação de nulidade escoe *in albis*, ou, em sendo apresentada, seja julgada improcedente em definitivo. É o que informa Ricci:

> Na arbitragem, não há suspensão dos efeitos da sentença no prazo fixado para impugnação. Além disso, os efeitos da sentença permanecem, também, no caso de efetiva proposição de impugnação, que não tem eficácia suspensiva. Os efeitos da sentença arbitral são, todavia, sujeitos à eliminação, se o Poder Judiciário acolher a impugnação proposta pela parte. Conforme ensinamento de Enrico Tullio Liebman, estes efeitos nascem provisórios e não tem, no início, a imutabilidade que denominados "coisa julgada material."[55]

Decorrido o prazo de 90 dias sem a proposição, ou em sendo proposta, restar julgada improcedente, a sentença arbitral toma ares de

---

[54] VENOSA, Sílvio de Salvo. *Direito civil*: parte geral. 5. ed. São Paulo: Atlas, 2005. (Coleção Direito Civil, v. 1).

[55] RICCI, Edoardo Flavio. *Lei de arbitragem brasileira*: oito anos de reflexão: questões polêmicas. São Paulo: Revista dos Tribunais, 2004. p. 200.

imutabilidade, restando à parte somente a possibilidade de utilização da impugnação quando a sentença arbitral for condenatória. No entanto, como veremos no capítulo seguinte, as matérias são distintas, sendo rara a hipótese de cumulação das argumentações realizáveis em cada uma das medidas processuais.

Em decorrência da coisa julgada arbitral, mesmo que provisória ante a possibilidade de apresentação da ação de nulidade, a interposição desta não possui o condão de suspender automaticamente os efeitos da sentença arbitral em face de sua simples protocolização. Os efeitos da sentença arbitral só restam suspensos quando houver sentença declarando a nulidade da conclusão arbitral, evidenciando que eventual recurso apelatório não possui efeito suspensivo. Ricci esclarece sobre esta situação:

> A simples nulidade não é capaz de produzir a ineficácia da sentença arbitral; esta ineficácia é criada pela sentença judicial, que decreta a nulidade.[56]

A legislação espanhola dispõe de forma taxativa sobre a inexistência de recurso da sentença que julga a ação de nulidade, nos termos do art. 42.2 da *Ley de Arbitrage* daquele país. O mesmo dispositivo não foi inserido na sistemática legal brasileira sobre a arbitragem, o que pode gerar dúvida sobre o cabimento de recurso apelatório da sentença que julga a ação de nulidade de sentença arbitral.

No entanto, a conclusão de seu cabimento resta evidenciada pela afirmação taxativa do art. 33, §1º, da LA brasileira, ao determinar que a ação seguirá o procedimento comum previsto no Código de Processo Civil. Dentro do procedimento comum está prevista a possibilidade de recurso de apelação das sentenças ditadas neste procedimento. Resolvido o cabimento de tal recurso, restará a análise de seus efeitos.

O art. 520 do CPC traz as hipóteses nas quais a apelação só terá efeito devolutivo. Dentre as hipóteses, não se encontra de forma expressa a da sentença que julgar a ação de nulidade de sentença arbitral, mas informa que a sentença que instituir o sistema arbitral se encontra no rol das que ensejam eventual apelação com efeito meramente devolutivo.

O sistema arbitral rege-se pelo princípio da celeridade e da efetividade, levando à conclusão de que, em regra, eventuais recursos permitidos pela lei não terão efeito suspensivo. Sendo assim, resta claro que se a simples apresentação da ação de nulidade não enseja a suspensão

---

[56] *Op. cit.*, p. 202.

dos efeitos da sentença arbitral. Com mais vigor lógico também não haverá tal efeito quando a sentença julgar improcedente a nulidade pretendida. Apenas quando a sentença judicial reconhecer a nulidade da sentença arbitral é que se dará a imediata suspensão dos efeitos da sentença atacada. Nem mesmo com a apresentação de possível apelação pela parte prejudicada, os efeitos retornarão, posto que estão suspensos pela sentença judicial de primeiro grau. Isso só ocorrerá se houver provimento da discordância perante o tribunal, posto que eventual recurso para os tribunais superiores só possui efeito devolutivo.

Pelos mesmos motivos, a simples propositura da ação de nulidade não tem o condão de suspender a exigibilidade do título executivo judicial decorrente de sentença arbitral condenatória. No entanto, poderá a parte que apresentou a ação de nulidade acudir-se das previsões relativas à tutela antecipada, comprovando as exigências do art. 273 do Código de Processo Civil. Note-se que não se trata de medida acautelatória, mas sim de tutela antecipada para suspender os efeitos da sentença arbitral.

De fato, a ação de nulidade tem natureza constitutiva negativa, posto que o seu pedido imediato é a nulidade da sentença, mas tem como pedido mediato a retirada de seus efeitos, os quais vigoram de forma provisória até que a ação de nulidade seja julgada procedente. O julgamento pela improcedência ou simplesmente a não apresentação da ação no prazo previsto em lei, faz com que os efeitos se tornem definitivos como já mencionado. Justamente porque a finalidade maior da ação de nulidade é retirar os efeitos da sentença arbitral é que a medida processual cabível no presente caso é a tutela antecipada, e não a cautelar. Diz a doutrina de Marcus Fernandes:

> Entretanto, pode ocorrer de, antes do oferecimento da impugnação, pedir-se a antecipação de tutela na demanda anulatória – desde que demonstrada a prova inequívoca do fato alegado pelo autor e o perigo de dano irreparável – a fim de suspender-se a eficácia da sentença arbitral (com conseqüente suspensão da fase de cumprimento de sentença) até decisão final na ação anulatória, sem prejuízo de futura apresentação de impugnação, que terá fundamento diverso mas objeto idêntico ao da ação anulatória: pedido de desconstituição do título executivo judicial.[57]

A legitimação ativa será daquele que for atingido pelos efeitos da sentença arbitral, mesmo não sendo parte na reclamação de onde

---

[57] FERNANDES, Marcus Vinicius Tenório da Costa. *Anulação da sentença arbitral*. São Paulo: Atlas, 2007. p. 83.

ela surgiu. Em princípio, só teria legitimidade para a propositura da ação anulatória as partes que figuraram no procedimento arbitral. No entanto, a jurisprudência vem acatando a intervenção de terceiro pela via recursal, desde que se comprove o legítimo interesse, consoante decisão do Superior Tribunal de Justiça.[58]

No caso da ação anulatória, resta evidente que não se trata de um recurso, mas é uma das poucas formas de se atingir a sentença arbitral, da qual não cabe recurso algum por força das previsões do art. 18 da LA. Justamente por isso, a doutrina tem reconhecido ao terceiro que demonstre legítimo interesse, ou seja, que tenha sido atingido pelos efeitos da sentença arbitral, a ter legitimidade para a sua apresentação. Diz a doutrina de Marcus Fernandes:

> Apesar de ter o legislador empregado a expressão *parte interessada*, inegável a possibilidade de um terceiro promover a ação anulatória, bastando para tanto adequado interesse jurídico. Isso porque a interpretação deste artigo deve ser realizada à luz do ordenamento jurídico-processual que confere legitimidade a terceiros para propositura de ação rescisória contra as sentenças advindas de jurisdição estatal. Desta forma, claro está que não só as partes no processo arbitral, mas também terceiros interessados (sobre terceiros interessados e que suportam os efeitos da sentença arbitral – seção 3.7) poderão integrar o pólo ativo da ação anulatória.[59]

Evidenciada a legitimação do terceiro em casos especiais, de imediato surge a pergunta sobre o prazo que ele terá para a apresentação da ação de nulidade, não sendo razoável o entendimento de que o início ocorreria no momento em que tiver conhecimento do desiderato arbitral, posto que, assim entendendo, nunca haveria a possibilidade

---

[58] (STJ-219658) "Recurso especial. Processo civil. Ação rescisória. Juízo rescindendo. Ausência de citação de todos que participaram da ação originária. Legitimidade para manifestação do litisconsórcio ativo do processo de conhecimento. Prequestionamento. Desnecessidade.
1. A rigidez da observância do prequestionamento deve ser flexibilizada nos casos em que o terceiro interessado busca, via recurso especial, insurgir-se contra ausência da sua citação como litisconsorte necessário. Precedentes do STJ e do STF.
2. Em se tratando de ação rescisória, a demanda deve ser proposta contra todos que participaram da ação originária, uma vez que a decisão a ser proferida atingirá a todos indistintamente.
3. Ausente a citação de todos os que compunham o litisconsórcio no pólo ativo da ação de conhecimento, imperiosa é a decretação da nulidade de toda marcha processual no bojo da ação rescisória.
3. Recurso especial conhecido e provido" (Recurso Especial nº 676159/MT (2004/0077622-7), 6ª Turma do STJ, Rel. Maria Thereza de Assis Moura. j. 12.02.2008, unânime. *DJ*, 17 mar. 2008).
[59] FERNANDES, Marcus Vinicius Tenório da Costa. *Anulação da sentença arbitral*. São Paulo: Atlas, 2007. p. 83.

de se instituir a coisa julgada arbitral definitiva. Em face disso, o prazo para a sua interposição é o mesmo da parte que tiver participado do procedimento arbitral, independente de intimação, prévio conhecimento ou sofrimento dos efeitos da sentença arbitral.

Sendo terceiro, mesmo que se esgote *in albis* o prazo para a interposição da ação de nulidade de sentença arbitral, poderá ele ainda se defender pela via dos embargos de terceiros. No entanto, nesta oportunidade processual, não caberão as matérias previstas no art. 32 da LA, restando ao terceiro apenas as matérias relativas a seu direito no caso concreto, nos precisos termos do art. 1.046 do Código de Processo Civil. Só poderá se defender em face de turbação ou esbulho na posse ou propriedade de seus bens.

O julgamento pela procedência da ação de nulidade de sentença arbitral pode gerar efeitos diferentes em face do caso concreto. Os efeitos estão enumerados no §2º, incisos I e II do art. 33 da Lei de Arbitragem, *in verbis*:

> §2º A sentença que julgar procedente o pedido:
> I – decretará a nulidade da sentença arbitral, nos casos do Art. 32, incisos I, II, VI, VII e VIII;
> II – determinará que o árbitro ou o tribunal arbitral profira novo laudo, nas demais hipóteses.

Sendo assim, nas hipóteses de compromisso nulo; sentença proferida por quem não pode ser árbitro; sentença proferida por prevaricação, concussão ou corrupção passiva; sentença proferida fora do prazo legal ou do prazo pactuado pelas partes; e sentença que não observe os princípios protegidos pelo art. 21, §2º, da Lei de Arbitragem, a sentença arbitral será considerada ineficaz, podendo as partes instituir novo juízo arbitral se isso for possível no caso concreto. Restando impossível, deverão socorrer-se do Poder Judiciário.

Se o compromisso for nulo, mas permitir correção, não se deve abandonar o sistema arbitral para adentrar aos cancelos judiciais. Também, se proferida por quem não podia ser árbitro ou nos casos de crimes de prevaricação, concussão ou corrupção, restará possível a instituição de novo compromisso com a escolha de outra pessoa, a qual não apresente os problemas da anterior. Devemos tentar manter o sistema arbitral, o qual foi escolhido pelas partes para a solução de seus litígios. Apenas quando não houver possibilidade é que as partes devem levar a sua contenda ao Poder Judiciário.

Já nas hipóteses do inciso II do art. 32 da LA, ausência dos elementos constantes no art. 26 da Lei de Arbitragem; sentença proferida fora dos limites da convenção de arbitragem e quando não for decidido todo o litígio submetido ao árbitro, serão os autos restituídos a ele ou ao Tribunal Arbitral para a complementação do julgado ou prolação de nova sentença, desta vez sem os defeitos mencionados. Deve-se marcar prazo para o cumprimento, posto que isso é um dos princípios da arbitragem, gerando inclusive a hipótese de nulidade da sentença arbitral.

Com a nova sentença ou sua complementação, novo prazo haverá para a ação de nulidade, respeitando-se os mesmos prazos e matéria, com o cuidado de observar eventual efeito de coisa julgada. Isso se verifica quando a sentença que julgar a ação de nulidade afastar alguns argumentos, mas acabar por acolher outro e nulificar o *decisum*. Nos termos do que prevê o procedimento comum, haverá condenação em honorários em face das partes, nunca em face do árbitro, posto que este não tem a mesma responsabilidade que as partes no procedimento arbitral. Esclarece Marcus Fernandes:

> A preocupação não procede porque não há qualquer imposição de condenação ao árbitro, mas sim o reconhecimento da invalidade da sentença por ele proferida. Assim como ocorre na justiça estatal, pode a sentença do juiz de primeiro grau ser anulada pelo Tribunal competente para apreciar determinado recurso, sem que, para tanto, o juiz de primeiro grau deva figurar como litisconsorte do recorrido.[60]

Por último, é bom que se mencione hipótese em que a procedência da ação de nulidade não enseje a perda completa dos efeitos da sentença arbitral e nem mesmo a obrigatoriedade de sua complementação pelo árbitro. Isso ocorre quando a sentença for *ultra, extra* ou *citra petita* em face de apenas alguns dos pedidos. Bastará que a parte defeituosa tenha seus efeitos retirados pela sentença que julga a ação de nulidade, mantendo intactos os efeitos com relação ao restante do *decisum arbitral*.

Em que pese inexistência de previsão legal quanto à sentença nacional, a Lei de Arbitragem prevê em seu art. 38, inciso IV, a possibilidade de homologação parcial de sentença estrangeira, desde que possa separar a parte excedente. Como já visto, não há razão plausível para utilizar a possibilidade quanto às sentenças estrangeiras e não fazer o mesmo para as nacionais. Marcus Fernandes tem esse posicionamento:

---

[60] FERNANDES, Marcus Vinicius Tenório da Costa. *Anulação da sentença arbitral*. São Paulo: Atlas, 2007. p. 87.

O excesso e o objeto distinto podem ser eliminados, o que resultará na ineficácia dos respectivos capítulos, sem que se atinjam os capítulos que tenham observado a correlação entre a sentença e a demanda e que, portanto, permanecem eficazes e portadores da imunidade inerente à decisão proferida em arbitragem.[61]

O aproveitamento da parte eficaz da sentença arbitral é ordem que se retira dos princípios relativos à celeridade, economia e efetividade das decisões judiciais, com inteira aplicação às sentenças arbitrais. Em seguida discorreremos sobre a execução da sentença arbitral e as possibilidades de defesa do executado.

---

[61] *Op. cit.*, p. 88

CAPÍTULO 6

A EXECUÇÃO DA SENTENÇA ARBITRAL

Sumário: 6.1 Aspectos gerais – **6.2** Dos "embargos à execução" – **6.3** Execução das sentenças declaratórias, constitutivas e mandamentais

6.1 Aspectos gerais

Nos termos do art. 31 da LA, "a sentença arbitral produz, entre as partes e seus sucessores, os mesmos efeitos da sentença proferida pelos órgãos do Poder Judiciário e, sendo condenatória, constitui título executivo". A expressão legal leva ao automático reconhecimento de que as sentenças arbitrais possuem a mesma força para o seu cumprimento daquelas emanadas de um juiz togado. É certo que a sentença judicial está sujeita a recursos e até mesmo à ação rescisória, enquanto que a sentença arbitral só estará sujeita à ação de nulidade e a impugnação nos casos em que for condenatória.

A forma de atacar a sentença arbitral está restrita às hipóteses do pedido de esclarecimento (art. 30 da LA), da ação anulatória (art. 33 da LA), e também via o que a lei chama de "Embargos do Devedor", nos termos do §3º do art. 33 da Lei de Arbitragem. Cada uma das oportunidades tem suas próprias características, tanto de ordem processual quanto à matéria de fundo. Em face dos esclarecimentos e da ação anulatória já discorremos, restando a possibilidade dos antigos embargos à execução.

Além da condenação pecuniária propriamente dita, as sentenças arbitrais, assim como as judiciais, podem possuir conteúdo declaratório ou constitutivo, inclusive com a cumulação de tais situações. Em face de seu conteúdo declaratório e constitutivo também há que se discorrer sobre a melhor forma de tornar o desiderato arbitral uma realidade palpável à parte. De pouco ou nada adianta o jurisdicionado possuir um título judicial que lhe deu ganho de causa e não vê-lo concretizado em sua realidade.

O princípio da efetividade das decisões judiciais é uma eterna preocupação do Poder Judiciário, surgindo formas processuais cada vez mais eficientes para esta concretização. A falta do poder coercitivo do árbitro, como já mencionado anteriormente, o impede, na maioria das vezes, de tornar realidade sua própria decisão, restando necessária a busca do auxílio do juiz togado, detentor do poder de coerção, para fazer valer a sentença arbitral de modo prático.

A preocupação com a efetividade esteve sempre ligada à segurança jurídica das partes, muitas vezes restringindo a aplicação prática do direito reconhecido judicialmente, justamente para propiciar condições da parte contrária em demonstrar a sua incorreção. O pressuposto não era de acerto da sentença, mas sim de que esta poderia conter vícios que justificassem restringir a sua aplicação, concedendo à parte contrária meios processuais para evitar sua concretização na realidade. A exceção era levada em consideração de forma mais contundente do que a regra.

O pensamento jurídico atual se modificou, principalmente diante das críticas, muitas vezes procedentes, de que a justiça é lenta e não consegue fazer cumprir as suas próprias decisões. Até mesmo o ditado popular de que "a Justiça tarda mas não falha", foi modificado para "a justiça tarda mas não chega", criando um abismo entre o jurisdicionado e o Estado-Juiz quanto à realização da justiça. Em face disso, há que se construir, tanto nas normas positivadas como também na própria atuação do juiz, seja ele togado ou arbitral, uma arquitetura de procedimentos que deem prioridade e efetividade à decisão judicial, relegando a um segundo plano a preocupação com a segurança daquele que perdeu a demanda. Cassio Scarpinella diz com clareza sobre a maior preocupação com a efetividade das decisões judiciais, sem esquecer os valores decorrentes da segurança jurídica:

> No entanto, o que vale destacar é que se é verdade que, na batalha entre a "efetividade" e a "segurança", a "efetividade" vem, cada vez mais ganhando espaço no processo civil, e a maior prova do acerto desta afirmação está nas leis que, desde 1994, transformaram, por completo a estrutura do Código de Processo Civil (v. n. 2.7, infra), a segurança jurídica não pode, simplesmente, ser abandonada e esquecida. Ela e os valores que representa são, ainda, essenciais ao ordenamento jurídico.

O que se busca, doravante, é verificar em que medida é compatível uma maior ênfase de efetividade na segurança ou de segurança na efetividade a partir de novo modelo, do novo paradigma de ordenamento jurídico.[1]

Sendo assim, a mesma preocupação quanto à efetividade das sentenças judiciais deve ornar as sentenças arbitrais, desde o momento de sua prolação como também para a sua execução. Resta claro também que não devemos descuidar da segurança jurídica das partes, encontrando uma forma de promover a efetividade e realização do direito sentenciado, sem excluir de forma prejudicial a possibilidade de defesa da parte ex adversa.

6.2 Dos "embargos à execução"

Em possuindo conteúdo condenatório, a sentença arbitral poderá ser executada perante a Justiça estatal, posto que nela se encontra o poder de expropriar os bens do devedor, cumprindo o princípio de que o patrimônio de quem deve é que responde por suas dívidas. Inicialmente ressalto que a sentença arbitral poderá ter o conteúdo condenatório, mas não expresse liquidamente esta obrigação.

É de todo prejudicial à efetividade da prestação jurisdicional, seja ela arbitral ou judicial, a remessa das partes para uma outra fase de liquidação. Sendo assim, somente em casos especiais, onde não seja possível uma sentença líquida, é que se permite o édito condenatório ilíquido. Para sustentar uma execução, há previsão legal de que o título, seja ele judicial ou extrajudicial, possua certeza, liquidez e exigibilidade.

Sendo a sentença arbitral considerada um título judicial, nos precisos termos do art. 31 da LA, esta condição deverá sempre ser levada em consideração na escolha das normas de ordem processual para a sua exigência forçada. As modificações recentes do Código de Processo Civil, na parte relacionada à execução dos títulos judiciais, transformaram o antigo processo de execução em mera fase do processo de conhecimento.

A exigência de liquidez no julgado para que seja possível a sua execução não se restringe aos títulos editados pelos juízes togados. Também na arbitragem recomenda-se que a sentença seja líquida, mas

---

[1] BUENO, Cássio Scarpinella. *Curso sistematizado de direito processual civil*: teoria geral do direito processual civil. São Paulo: Saraiva. 2007. v. 1, p. 76-77.

admite-se que se decida apenas o que é devido (*an debeatur*), remetendo as partes para uma segunda fase para a liquidação da sentença, onde se fixará o valor da condenação (*quantum debeatur*). Tanto a fase de liquidação como a de execução só podem ser realizadas junto ao juízo togado, diante das determinações insertas no art. 475-J do Código de Processo Civil. Não há razão prática para se evitar que o árbitro promova a liquidação de seu julgado. A proibição de tal atividade resta evidenciada apenas pela interpretação sistemática do artigo mencionado. A doutrina de Francisco Gonçalves Neto demonstra a possibilidade prática, mas chega à conclusão pela impossibilidade legal. Diz o doutrinador:

> Em escrito meu (In: "Sentença arbitral", op. cit.), com apoio em Joel D. Figueira Jr., convenci-me de que o árbitro ou tribunal arbitral pode (e deve) liquidar a sentença arbitral sob uma das suas modalidades, a fim de que no juízo estatal se processe tão-só a execução de quantia liquidada ("quantum debeatur"). Entretanto, a regra do novel parágrafo único do art. 475-N do CPC (redação da Lei 11.232/05) enseja a liquidação da sentença arbitral no juízo estatal, ao determinar a inclusão, no mandado inicial (art. 475-J), a ordem de citação do devedor, no juízo cível, para "liquidação" ou "execução" da sentença arbitral, conforme o caso. Assim lavrando o legislador, "data venia", cunhou mais alguns degraus burocráticos a serem transpostos pelas partes, no juízo estatal.[2]

O árbitro está inteiramente vinculado ao que se dispôs no compromisso arbitral, inclusive quanto aos limites de seu poder jurisdicional. Esse limite é imposto, tanto pelas partes que celebraram o convênio, como também pela legislação. Quanto às partes, a liberdade é plena, desde que a matéria seja arbitrável. Em assim sendo, não seria difícil entender plausível que o compromisso concedesse ao árbitro o poder de promover a liquidação de seu julgado, esgotando sua atividade apenas quando se chegasse aos valores devidos (*quantum debeatur*).

Quanto à lei, ela apenas impede o árbitro de exercer a *coercio*, poder jurisdicional necessário para a constrição de bens dirigidos à satisfação da obrigação. No processo de liquidação de sentença, raramente se faz necessário que o juiz aja coercitivamente, razão pela qual não vejo nenhum problema legal para que o árbitro faça a liquidação. Não é porque o art. 475-N do CPC preveja ao juiz togado a

---

[2] GONÇALVES NETO, Francisco. A arbitragem e a Lei 11.232/2005. *Júris Plenum*, Caxias do Sul, v. 1, n. 101, jul./ago. 2008. 2 CD-ROM.

capacidade de liquidação de sentença, que dela esteja obrigatoriamente excluído o árbitro.

Este mesmo dispositivo legal prevê a necessidade de citação para os casos de liquidação e execução da sentença arbitral, o que se admite como correto, posto que o procedimento arbitral não correu perante o Poder Judiciário. Com a abertura do processo liquidatório ou executivo perante a Justiça estatal, necessário se faz a citação do devedor. Ressalto que tal determinação é apenas direcionada à liquidação e execução pecuniária, posto que em se tratando de sentenças declaratórias ou constitutivas, a forma de executar é diferente, conforme trataremos ainda neste capítulo.

O art. 33, §3º, da LA prevê a possibilidade de o devedor opor "embargos à execução" para solicitar a nulidade da sentença arbitral, remetendo à consideração as antigas previsões do art. 741 e seguintes do CPC. No entanto, em face das modificações do Código de Processo Civil ditadas pela Lei nº 11.232/2005, ocorreram profundas modificações no sistema de execução de títulos judiciais, aí se incluindo a sentença arbitral. As antigas previsões do art. 741 do CPC foram transformadas no art. 475-L do mesmo diploma, nos seguintes termos:

> Art. 475-L. A impugnação somente poderá versar sobre:
> I – falta ou nulidade da citação, se o processo correu à revelia;
> II – inexigibilidade do título;
> III – penhora incorreta ou avaliação errônea;
> IV – ilegitimidade das partes;
> V – excesso de execução;
> VI – qualquer causa impeditiva, modificativa ou extintiva da obrigação, como pagamento, novação, compensação, transação ou prescrição, desde que superveniente à sentença.

Os dizeres são quase os mesmos, não havendo alterações significativas, mas apenas um aprimoramento da técnica de redação jurídica. Com isso, a forma de defesa do devedor em sede de execução de sentença arbitral, agora tem o nome técnico de impugnação, com consideráveis modificações dos antigos embargos à execução.

As principais modificações decorrentes da novel legislação tiveram como preocupação a agilidade e a efetividade no procedimento executivo. Sendo assim, a impugnação, em regra, não dá efeito suspensivo à execução, sendo necessário que o impugnante demonstre a necessidade de tal medida, sob pena de normal continuidade do procedimento executório. Apenas quando a impugnação for dotada pelo magistrado de efeito suspensivo da execução, o que só ocorre em circunstâncias especiais, é que será processada nos próprios autos da execução. Do contrário, em autos apartados, de modo a não prejudicar o normal andamento do feito executivo.

Pode também ocorrer de a impugnação ser ofertada com pedido de suspensão da execução sob o argumento da existência de ação de nulidade de sentença arbitral. A sentença arbitral, como se sabe, não está sujeita a recurso, e não tem suspensa a sua capacidade de execução pela apresentação da ação de nulidade, não havendo motivos para suspensão da execução exclusivamente por este fato. A ressalva se faz quando houver pronunciamento judicial na ação de nulidade, seja a título de tutela antecipada ou cautelar, determinando a suspensão dos efeitos executivos da sentença arbitral. Diz a doutrina de Carmen Montilla:

> Dado que el procedimiento arbitral es un procedimiento de instancia única el laudo arbitral es firme *ab initio*. De ahí que la ejecución tenga carácter *definitivo*, sin perjuicio de la facultad de la ley concede al ejecutado de solicitar la suspensión de la ejecución — una vez despachada — con fundamento en la pendencia de la acción de anulación.[3]

Outra circunstância bem interessante diz respeito às matérias que podem ser discutidas dentro da impugnação. Por expressa determinação do art. 475-L do CPC, apenas as matérias nele previstas podem ser articuladas na impugnação. Sendo assim, se outras matérias forem apresentadas a julgamento, poderá o magistrado rejeitar liminarmente a impugnação. Diz a doutrina de Araken de Assis:

> O art. 475-L, caput ("A impugnação somente poderá versar sobre...") exige que o objeto da impugnação do executado obrigatoriamente se limite às causas arroladas no próprio dispositivo. Desatendendo o executado à imposição, quer dizer, alegando matéria estranha ao catálogo (v. g. a prescrição anterior à sentença), o juiz rejeitará a impugnação, socorrendo-se do art. 739, II, aplicável subsidiariamente nos termos do artigo 475-R. A rejeição liminar se encontra prevista, de resto, para o caso de o executado não especificar, alegando excesso de execução (art. 475-L, V), de imediato o valor devido, a teor do art. 475-L, parágrafo 2. Logo, a impugnação do executado na execução fundada em título judicial se revela sumária e seu descumprimento implica o indeferimento da impugnação.[4]

---

[3] MOTILLA, Carmen Senes. *La intervención judicial en el arbitraje*. Pamplona: Thomson civitas, 2007. p 187-188.
[4] ASSIS, Araken de. *Cumprimento da sentença*. Rio de Janeiro: Forense, 2007. p. 315.

Por mais taxativo que o art. em comento seja, a doutrina entende que outras matérias são passíveis de serem alegadas na impugnação, principalmente as de ordem pública conhecíveis de ofício, tais como as condições da ação e os pressupostos processuais, além daquelas previstas no art. 618 do Código de Processo Civil, que diz:

> Art. 618. É nula a execução:
> I – se o título executivo extrajudicial não corresponder a obrigação certa, líquida e exigível (art. 586);
> II – se o devedor não for regularmente citado;
> III – se instaurada antes de se verificar a condição ou de ocorrido o termo, nos casos do art. 572.

Novamente, a doutrina de Araken de Assis chega a essa conclusão:

> Nada obstante a omissão, o executado alegará na impugnação ou nos embargos, conforme a hipótese, as nulidades do art. 618, pois elas constituem tema afeito à problemática dos pressupostos processuais e, como tal, conhecíveis de ofício ou a requerimento da parte.[5]

Quanto à falta de citação, é necessário ressaltar condição especial no sistema arbitral, onde não há citação como se conhece nos procedimentos judiciais. Nos termos do art. 6º da LA, tendo uma das partes interesse na instituição da arbitragem, encaminhará notificação à outra por qualquer meio de comunicação, desde que haja comprovante de recebimento, convocando-a para firmar o compromisso. Diz a previsão legal:

> Art. 6º Não havendo acordo prévio sobre a forma de instituir a arbitragem, a parte interessada manifestará à outra parte sua intenção de dar início à arbitragem, por via postal ou por outro meio qualquer de comunicação, mediante comprovação de recebimento, convocando-a para, em dia, hora e local certos, firmar o compromisso arbitral.

Em face de tais previsões, somente quando não houver a dita cientificação da parte contrária, haverá a nulidade da execução nos termos do art. 618, II, do CPC, interpretado de acordo com as previsões do sistema arbitral. Mesmo em sendo procedimento arbitral, o direito de conhecimento e defesa do requerido há de ser resguardado, sob pena de violação aos princípios de ordem processual que restam determinados no art. 21, §2º, da LA.

---

[5] ASSIS, Araken de. *Cumprimento da sentença*. Rio de Janeiro: Forense, 2007. p. 304-305.

A citação, no sentido judicial da palavra, só ocorre no sistema arbitral nas hipóteses de compromisso lavrado judicialmente, nos termos do art. 7º da LA. Em se tratando de cláusula compromissória vazia, não sendo aceito voluntariamente a instituição do sistema arbitral, a parte nele interessada deverá solicitar a providência judicialmente, quando então haverá citação do réu e a sequência normal do procedimento previsto na LA. Se a cláusula for cheia e houver referência às normas de uma instituição arbitral, não haverá citação no sentido técnico jurídico da palavra, mas sim a simples notificação ou cientificação do requerido para a lavratura do compromisso arbitral. Isso corresponde à exigência de citação para os efeitos de correção na execução futura da sentença arbitral.

Negando-se ou não comparecendo, o compromisso será lavrado nos termos previstos nas normas regimentais da instituição de arbitragem, nos termos do art. 5º da LA. Nesta hipótese, não há citação propriamente dita, mas somente a cientificação da parte contrária, convocando para a assinatura do compromisso.

Situação interessante diz respeito à possibilidade da realização da notificação do requerido por via editalícia, ou até mesmo por hora certa, caracterizando a "citação" ficta, para usar o termo do processo judicial. O chamamento da parte para a realização do compromisso tem forma livre, desde que comprovado o recebimento consoante previsão do art. 6º da LA.

A cientificação editalícia, nos mesmos moldes da citação por edital na Justiça estatal, traz presunção de conhecimento do cientificando ou citando, exigindo a lei apenas que se nomeie curador especial nestes casos, o qual realizará a defesa da parte ausente, suprindo a exigência de oportunidade de defesa. A mesma situação ocorre no sistema arbitral, recomendando-se, da mesma forma, que se nomeie o curador especial em casos desta natureza.

Ressalto ainda que, por se tratar de uma forma diferenciada de chamamento da outra parte para firmar o compromisso arbitral, necessário é que a citação ficta esteja prevista nas regras regulamentares do órgão arbitral, cumprindo as exigências e possibilidades do art. 5º da LA, com os seguintes dizeres e com o grifo meu para atenção específica:

> Art. 5º Reportando-se as partes, na cláusula compromissória, às regras de algum órgão arbitral institucional ou entidade especializada, *a arbitragem será instituída e processada de acordo com tais regras*, podendo, igualmente, as partes estabelecer na própria cláusula, ou em outro documento, a forma convencionada para a instituição da arbitragem.

Se não houver a possibilidade da cientificação ficta, seja na cláusula compromissória, seja nas regulamentações do órgão arbitral escolhido em cláusula cheia, não se poderá realizar tal procedimento, restando apenas a apresentação da ação judicial prevista no art. 7º da Lei de Arbitragem.

Sendo estas as matérias passíveis de serem alegadas em sede impugnatória, nenhuma outra pode ser sustentada, sob pena de rejeição liminar da peça. Questão interessante diz respeito à possibilidade da impugnação tratar nas mesmas matérias previstas para a ação de nulidade, havendo entendimento de que esta possibilidade pode ser aceita em face da expressão constante do art. 33, §3º, da LA, "decretação da nulidade da sentença arbitral", nos seguintes termos:

> §3º A decretação da nulidade da sentença arbitral também poderá ser argüida mediante ação de embargos do devedor, conforme o Art. 741 e seguintes do Código de Processo Civil, se houver execução judicial.

Em face de tais determinações, pode surgir o argumento de que os antigos embargos, agora impugnação, podem também trazer as matérias previstas no art. 32 da LA, relacionadas à nulidade da sentença arbitral. A afirmação é apenas parcialmente verdadeira, posto que as medidas processuais — nulidade de sentença arbitral e impugnação à execução de sentença arbitral — são bem diferentes e desafiam matérias distintas, como se verá.

Sobre a possibilidade, devemos relembrar o que já foi mencionado neste trabalho sobre a característica decadencial do prazo para a ação de nulidade, situação reconhecida pela maior parte da doutrina.[6] Se o prazo é decadencial, não há possibilidade de sua prorrogação, sendo ele contínuo e peremptório. Como a impugnação só poderá ser ofertada após a penhora e avaliação dos bens, consoante determina o art. 475-J do Código de Processo Civil, quase certamente já haverá transcorrido o prazo decadencial de 90 dias para a apresentação da ação de nulidade.

Se o prazo é mesmo decadencial, não haveria condições de considerar a impugnação também como possibilidade de defesa do devedor com a argumentação prevista no art. 32 da LA. Assim sendo,

---

[6] O prazo de 90 dias para a propositura da ação que visa a rescindir os efeitos da sentença arbitral é decadencial. Aos desatentos, vale relembrar que não pode, portanto, ser interrompido, tampouco suspenso. Flui sem cessar da data do recebimento da intimação da sentença ou da resposta do Tribunal Arbitral quanto ao pedido contido nos embargos arbitrais (Cf. MARTINS, Pedro Antônio Batista. *Apontamentos sobre a lei de arbitragem*: comentários à Lei 9307/96. Rio de Janeiro: Forense, 2008. p. 331).

além das matérias previstas para cada medida processual ser distinta, haverá quase sempre a possibilidade de se concluir pela ultrapassagem do prazo para a ação de nulidade, tornando quase sempre impossível a utilização da impugnação com finalidade de nulificar a sentença arbitral. Carreira Alvim entende desta mesma forma:

> Não se suponha que a parte possa preferir entre impugnar a sentença através da ação de nulidade, ou dos embargos do devedor — como não pode optar entre apelação e embargos do devedor em sede judicial —, porque os motivos de uma e outra são distintos, como são também os motivos em que ocorrerem.[7]

A utilização incorreta quanto à matéria trazida à baila na impugnação à execução de sentença arbitral recomenda sua imediata rejeição, tendo como escopo as previsões do art. 267, VI, do Código de Processo Civil, posto que o meio processual utilizado resta inadequado à pretensão de mérito, com carência de ação por falta de interesse processual. A rejeição liminar poderá também ser realizada tendo como fundamento a decadência, ante a expressa determinação legal sobre o prazo de 90 dias, caso esteja este ultrapassado.

No entanto, existem circunstâncias em que a impugnação à execução de sentença arbitral poderá trazer à discussão as matérias previstas no art. 32 da LA, relativos à ação de nulidade de sentença arbitral. Como sucedâneo dos embargos à execução, a impugnação prevista nas recentes modificações do Código de Processo Civil, no que se refere à execução de sentença, possui a mesma característica dos embargos, não se constituindo em uma mera contestação. Assim sendo, seus efeitos se assemelham aos antigos embargos, gerando a oportunidade de reação do devedor às pretensões executórias do credor. Araken de Assis tem o mesmo entendimento:

> Todavia, a finalidade defensiva e reativa da impugnação não lhe retira o que é essencial: o pedido de tutela jurídica do Estado, corrigindo os rumos da atividade executiva ou extinguindo a pretensão a executar. Reservar a qualidade de autêntica oposição à ação autônoma, reduzindo os embargos e, agora, a impugnação ao papel de simples contestação, obscurece o fato de que por seu intermédio o executado põe barra, susta no todo ou em parte a execução. Bem por isso é universal a idéia de que o executado veicula por ação sua reação contra a execução.[8]

---

[7] ALVIM, José Eduardo Carreira. *Direito arbitral*. 2. ed. Rio de Janeiro: Forense, 2004. p. 412.
[8] ASSIS, Araken de. *Cumprimento da sentença*. Rio de Janeiro: Forense, 2007. p. 314.

Em sendo considerada como verdadeira ação do devedor contra o credor, em sede impugnatória, resta possível, observando-se as matérias a ela reservadas, atender-se às mais variadas pretensões do devedor, inclusive as que tiverem cunho relativo à nulidade da sentença arbitral previstas no art. 32 da LA. No entanto, para se evitar os efeitos decorrentes da decadência, exige-se que a impugnação venha a ser ofertada antes dos 90 dias previstos na lei. Esgotado o prazo, a matéria da impugnação será somente aquelas previstas no art. 475-L do CPC.

De fato, seria injusto exigir do devedor a realização de ambos os procedimentos quando temporânea a possibilidade da ação de nulidade, o que levaria à possibilidade sempre presente de decisões conflitantes ou proferidas por juiz incompetente em razão da prevenção. A própria economia processual seria observada de forma evidente na junção das matérias relativas à ação de nulidade e da impugnação em um mesmo processo, contribuindo para a agilidade da prestação jurisdicional e atendendo ao princípio constitucional da duração razoável do processo. A doutrina de Marcus Fernandes assim discorre ao entender cabível a possibilidade:

> Mas isso não quer dizer que é defeso ao devedor cumular as matérias do art. 32 da Lei 9.307/96 com aquelas trazidas no art. 475-L do Código de Processo Civil. A impugnação poderá apresentar tal cumulação desde que oferecida dentro do prazo decadencial de 90 dias, que começa a contar da notificação da sentença arbitral, para propositura da demanda anulatória.[9]

Em sendo possível a cumulação das matérias relativas à ação de nulidade e da impugnação em sede desta última, desde que respeitado o prazo decadencial, deverá o seu autor atentar para a obrigação de comprovar sua tempestividade. Quanto à impugnação propriamente dita, estarão nos autos as informações necessárias para aferir a sua tempestividade, salvo quando autuada em apartado, quando então se deverá levar aos novos autos de impugnação, os documentos necessários para esta verificação.

No que se refere às matérias relativas à ação de nulidade, os documentos que atestam a tempestividade, não estão nos autos executivos em regra, tornando necessário que o impugnante traga as provas relativas à sentença arbitral e sua intimação. Só assim se poderá aquilatar

---

[9] FERNANDES, Marcus Vinicius Tenório da Costa. *Anulação da sentença arbitral*. São Paulo: Atlas, 2007. p. 85.

se a impugnação que contém matéria relativa à ação de nulidade de sentença arbitral estará ou não tempestiva. A falta de tais provas enseja a intimação da parte para a sua juntada, devendo ser indeferida em parte ou na totalidade a impugnação, quando não apresentado o documento. Digo em parte ou totalmente em face da cumulação possível das matérias, ou da presença única e exclusiva das argumentações relativas à ação de nulidade de sentença arbitral.

Se a matéria da impugnação for unicamente relativa à ação de nulidade, quando então a sua admissão exigirá o respeito do prazo de 90 dias da intimação da sentença arbitral, a falta de comprovação de sua tempestividade levará à rejeição liminar e total da demanda apresentada. Se a matéria for tanto de uma como de outra, a petição inicial será rejeitada parcialmente, tendo sequência apenas quanto às argumentações relativas ao art. 475-L do CPC.

Quanto aos recursos, havendo rejeição total ou parcial da impugnação, o cabível é o agravo de instrumento. Não podemos esquecer que a execução é agora apenas mais uma fase do procedimento ordinário, restando cabível a apelação apenas quando a execução é extinta em face da procedência das argumentações impugnatórias. Diz Araken de Assis:

> Conforme já se assinalou, sem dúvida caberá agravo de instrumento nas hipóteses de rejeição e de acolhimento parcial da impugnação; porém, o agravo também se mostrará o recurso próprio quando do acolhimento total não resultar a extinção da execução. É o que sucede, por exemplo, na procedência do excesso.[10]

Se houver apresentação da impugnação com matéria relativa à ação de nulidade, e apresentação concomitante, anterior ou posterior da própria ação de nulidade, haverá, sem sombra de dúvida, litispendência, a reclamar a extinção do feito que por último houver sido proposto. O que se deve observar para essa conclusão é o tipo de matéria alegada em ambas as medidas processuais. Em sendo as mesmas, a litispendência restará evidenciada, com ordem de extinção do último feito como determina o art. 267, V, do Código de Processo Civil, assim reconhecido em jurisprudência do Superior Tribunal de Justiça.[11]

---

[10] ASSIS, Araken de. *Cumprimento da sentença*. Rio de Janeiro: Forense, 2007. p. 359.
[11] (STJ-209908) "Processo civil. Ação declaratória. Ação de repetição. Tributário. Contribuição social. Litispendência. Extinção do processo. 1. A reproposição de ação pendente de julgamento, mesmo que seja feita com nomen iuris distinto ao da primeira ação, acarreta litispendência, sendo certo que, desde o advento do Código de Processo Civil — Lei nº 5.869, de 11 de janeiro de 1973 (publicado em 17 de janeiro do mesmo ano) — restou

Carreira Alvim entende impossível a litispendência entre as medidas processuais. Diz a doutrinador:

> Nada impede que a parte executada ajuíze uma ação de nulidade (art. 33 parágrafo 1º da LA) e, sendo executada a sentença, ofereça também ação de embargos do devedor — que é uma ação constitutiva negativa — pois são distintos os fundamentos de uma e outra. Não existe, pois, qualquer possibilidade de se vislumbrar, no caso, a hipótese de litispendência entre ambos.[12]

Só posso concordar com o ilustre e renomado doutrinador quando corretamente observada a distinção entre as matérias reservadas a cada uma das medidas processuais de ataque à sentença arbitral. Se houver utilização da impugnação com caráter de nulidade, nas hipóteses em que cabível, haverá teórica e praticamente a possibilidade de litispendência.

Se o devedor optar por utilizar ambos os procedimentos, dividindo a matéria da forma como prevista legalmente, isto é, impugnação com as matérias do art. 475-L do CPC e ação anulatória com as matérias do art. 32 da LA, não haverá conexão a recomendar a reunião dos processos para julgamento conjunto, posto que a razão de pedir e o objeto serão diversos. Deve-se ressaltar que para haver conexão, é necessário que, nos termos do art. 103 do CPC, seja comum o objeto ou a causa de pedir.

Cada uma das ações possui objeto distinto, sendo que a ação de nulidade tem como escopo a nulidade da sentença pelos motivos previstos no art. 32 da LA, enquanto que a impugnação, em regra, pretende a extinção da execução por motivos dispostos no art. 475-L, bem diversos da ação de nulidade. Assim, o objeto e a causa de pedir de cada uma delas é diferente, o que não enseja o reconhecimento da conexão. Diz Misael Montenegro:

> Na conexão, a identidade entre os elementos da ação refere-se apenas ao objeto ou à causa de pedir (o motivo da existência do litígio, a sua origem), não se exigindo a afinidade entre as partes do processo.[13]

---

estabelecido que o efeito do reconhecimento da litispendência é a extinção da demanda repetida sem julgamento do mérito, conforme previsto no art. 267, V, do Código referido.2. Recurso especial improvido" (Recurso Especial nº 607983/SP (2003/0188486-9), 2ª Turma do STJ, Rel. Eliana Calmon, Rel. p/Acórdão João Otávio de Noronha. j. 24.08.2005, maioria, *DJ*, 20 jun. 2007).

[12] ALVIM, José Eduardo Carreira. *Direito arbitral*. 2. ed. Rio de Janeiro: Forense, 2004. p. 414.

[13] MONTENEGRO FILHO, Misael. *Curso de direito processual civil 1: teoria geral do processo e processo de conhecimento*. 2. ed. São Paulo: Atlas, 2006. p. 120.

É certo que a conexão também será reconhecida, mesmo quando os seus elementos não sejam inteiramente iguais, desde que a situação recomende a reunião dos processos para impedir decisões contraditórias. Isso irá ocorrer quando os elementos das ações possuam afinidade suficiente para que influenciem na decisão da outra ação. É o caso, ao exemplo, da ação de indenização por ato ilícito que tenha vitimado, por motivos diversos, mais de uma vítima. Se cada uma delas solicitar a indenização pelo seu motivo exclusivo, ainda assim se recomenda a reunião dos processos, posto que a ocorrência fática é uma só, gerando grande possibilidade de decisões conflitantes.

No entanto, não é esse o caso, posto que não há possibilidade de decisão conflitante, desde que observadas rigorosamente as matérias relativas a cada uma das medidas processuais em comento. Apenas quando, em face do caso concreto, se evidenciar a possibilidade de decisão conflitante, se reconhecerá a conexão entre as ações de nulidade e impugnação à execução de sentença arbitral.

6.3 Execução das sentenças declaratórias, constitutivas e mandamentais

Sendo a sentença arbitral a tudo assimilada à judicial, surge a possibilidade de que esta contenha determinação declaratória, constitutiva ou mandamental. As regras para a execução da sentença condenatória de valores pecuniários já foram expostas, sendo agora necessário discorrer sobre a forma de execução dos demais tipos de sentença arbitral. Em face de suas peculiaridades, a forma de tornar o édito arbitral em realidade fática é significativamente diferente.

Há que se ressaltar ainda que a execução de sentença arbitral é sempre considerada definitiva, não havendo modificação de tal *status* com a interposição de ação anulatória ou até mesmo de impugnação nos casos de execução pecuniária. Em face de tais considerações, as previsões relativas à concretização do direito devem observar a sua concretude imodificável pelo efeito da coisa julgada, autorizando medidas mais incisivas para a sua realização.

A Lei de Arbitragem não traz a forma pela qual devem ser executadas as sentenças que imponham obrigação de fazer, não fazer, entregar coisa ou alterar a posse ou propriedade de bens, razão pela qual devemos tomar lição nas previsões do Código de Processo Civil. Em regra, são os art.s 461 e 461-A do referido diploma que traçam as normas a serem observadas nas execuções deste naipe. Diz Cassio Scarpinella:

O artigo 461-A ocupa-se de disciplinar a forma pela qual o credor de uma obrigação (sempre entendida de forma ampla como proposto pelo n. 2 do Capítulo 4 da Parte I) obtém do Estado-juiz o *reconhecimento* de que o devedor não cumpriu ou, quando menos, pretende não cumprir a obrigação de dar coisa e quais mecanismos ou técnicas serão adotadas para reparar a lesão ou imunizar a ameaça àquele direito.[14]

De fato, as fundamentações do ilustre doutrinador encontram ressonância nas previsões do art. 475-I do Código de Processo Civil, nos seguintes termos:

> Art. 475-I. O cumprimento da sentença far-se-á conforme os arts. 461 e 461-A desta Lei ou, tratando-se de obrigação por quantia certa, por execução, nos termos dos demais artigos deste Capítulo.

A amplitude das possibilidades dos art.s 461 e 461-A do Código de Processo Civil fornecem ao juiz togado uma gama de recursos para tornar realidade fática o que está contido na sentença, seja judicial ou arbitral, tudo em homenagem ao princípio da efetividade das decisões judiciais.

Em assim sendo, caberá ao magistrado realizar as determinações necessárias para a realização do julgado, concedendo à sentença arbitral a força coercitiva que ainda não possui, posto que editada pelo árbitro que não detém este poder de índole exclusivamente estatal. A legislação chega a dotar o magistrado do poder de conceder "resultado prático equivalente" à medida que se quer executar, substituindo a vontade do requerido que se nega ao cumprimento da sentença arbitral. Scarpinella esclarece que isso "significará, processualmente, a juridicidade de se utilizar medidas de apoio para perseguir a coisa que é devida e que, uma vez entregue, satisfará, em mesmo grau, o credor".[15]

O poder coercitivo estatal é necessário, ao exemplo, para modificar os registros públicos relativos à propriedade nos cartórios imobiliário, anular escrituras, entregar coisa certa, impedir realização de atos contrários ao determinado na sentença, busca e apreensão de bens móveis, imissão na posse de bens imóveis, etc.

Há que se ressaltar que, em tais circunstâncias, existe o que a doutrina chama de ação executiva *lato sensu*, assim considerada aquela que produz uma sentença com elemento de autoexecutoriedade,

---

[14] BUENO, Cássio Scarpinella. *Curso sistematizado de direito processual civil*: tutela jurisdicional executiva. São Paulo: Saraiva, 2008. v. 3, p. 447.

[15] BUENO, Cássio Scarpinella. *Curso sistematizado de direito processual civil*: tutela jurisdicional executiva. São Paulo: Saraiva, 2008. v. 3, p. 453.

diferindo da ação condenatória que produz uma sentença ordenando o pagamento de quantia certa. Para esta última há procedimento específico de expropriação de bens do devedor. Já quanto à primeira, nenhuma necessidade há de um procedimento específico para torná-la real, posto que contém a ordem de autoexecução. Como exemplo, temos as ações de reintegração de posse, cujo cumprimento se dá por simples ordem de imissão na posse. Diz a doutrina de Sérgio Muritiba sobre tal distinção:

> Igualmente, Fidélis dos Santos afirma que parte da doutrina admite a existência de duas outras espécies de ações: a mandamental e a executiva *lato sensu*. Esta "seria a correspondente à sentença a que se aderisse o elemento da auto-executoriedade, como ocorre nos pedidos de reintegração de posse.[16]

Diante de tais considerações, o ajuizamento do pedido de execução de sentença arbitral declaratória, constitutiva ou mandamental, tem procedimento distinto daquela destinada ao recebimento de quantia certa, não exigindo todas as formalidades previstas para este tipo de execução. Ao receber a inicial, o juiz analisará o pedido de concretização da sentença arbitral no mundo fático, para em seguida determinar a sua realização com base nas previsões do art. 475-I do Código de Processo Civil.

Como ainda não havia processo em andamento junto ao Poder Judiciário, entendo imperativa a ordem de citação do requerido, posto que, mesmo com autoexecutoriedade, o procedimento executivo é desconhecido pelo requerido, sendo-lhe assegurada também a defesa nesta fase procedimental. É certo que o direito de defesa não enseja a reabertura de prazo para discussão do mérito da demanda, já acobertada pelo manto intransponível da coisa julgada.

A defesa do requerido poderá ser feita após o efetivo cumprimento da ordem mandamental, sem que com isso se tenha como violado o princípio da ampla defesa e do contraditório. Pelas características da situação, dando como exemplo uma sentença transitada em julgado que ordena a entrega de coisa pode ser imediatamente executada, relegando *a posteriori* a possibilidade de defesa do réu, o qual poderá realizá-la até mesmo por simples peticionamento nos autos. Diz a doutrina de Scarpinella.

---

[16] MURITIBA, Sérgio. *Ação executiva lato senso e ação mandamental*. São Paulo: Revista dos Tribunais, 2005. p. 157.

Tem aplicação aqui as mesmas considerações que ocupam o destacado no n. 9 do Capítulo 1 da Parte II: não há como desprezar a necessária e inafastável incidência dos princípios do contraditório e da ampla defesa ao longo de atos executivos, isto é, voltados precipuamente à realização do direito retratado no título executivo. O que é tolerável sem mácula ao "modelo constitucional do processo civil" é a postergação da incidência de algum princípio constitucional em prol de outro, que se faz, pelas necessidades concretas, mais prementes; nunca, contudo, sua total aniquilação ou desconsideração.[17]

Preservando o direito de defesa em conjunto com a efetividade do provimento jurisdicional, teremos a forma de acolhimento de ambos os princípios, assegurados constitucionalmente. Com a apresentação da defesa, *a posteriori*, como ditado pela melhor doutrina, caberá ao magistrado a análise de eventuais circunstâncias que possam sustentar a revogação da ordem de cumprimento, o que com certeza será bem raro nos casos em concreto.

O que não se admite em casos desta natureza é que a simples ordem de cumprimento de sentença com efeitos autoexecutórios como a reintegração de posse ou modificação da propriedade, fique sem o devido cumprimento ao aguardo dos argumentos de defesa, posto que já se encontra com a força da definitividade do trânsito em julgado. A jurisprudência reforça o entendimento doutrinário:

> (TRF1-139152) Processual civil. Agravo de instrumento. Execução para cumprimento de obrigação de fazer. Força mandamental da sentença. Citação do executado. Desnecessidade. Art. 461 do CPC.
>
> 1. A alteração redacional implementada pela Lei nº 8.952/94 sobre o art. 461 do CPC, proporcionou a auto-executividade das sentenças condenatórias impositivas do cumprimento de obrigações de fazer ou não fazer, tornando, pois, desnecessária, a instauração de um processo executivo dicotomizado, iniciado a partir da citação do executado para cumprir o julgado.
> 2. Assim, o art. 632 do CPC perdeu total relevância para a plena efetivação da prestação jurisdicional porque, reitere-se a auto-executividade do título judicial tendente ao adimplemento de uma obrigação de fazer enseja o seu imediato cumprimento, sem a necessidade de instauração de uma ação executiva autônoma.
> 3. Dessa forma, convolado o édito judicial em título executivo proferido com vistas a um *faccere* ou *non faccere*, dele o devedor será intimado para

---

[17] BUENO, Cássio Scarpinella. *Curso sistematizado de direito processual civil*: tutela jurisdicional executiva. São Paulo: Saraiva, 2008. v. 3, p. 458.

cumprir a obrigação que lhe foi imposta, sendo que, no caso de seu efetivo cumprimento já ter se processado, ou da ocorrência de circunstâncias supervenientes que o impeçam, deverá o devedor acerca delas comunicar ao juízo, argüindo e requerendo o que considerar pertinente.
4. Agravo de instrumento desprovido. (Agravo de Instrumento nº 2001.01.00.041380-6/MG, 2ª Turma do TRF da 1ª Região, Rel. Neuza Maria Alves da Silva. j. 08.08.2007, unânime, DJU 26.11.2007, p. 72)

Cumprida a sentença, seja de modo voluntário ou coativo, surge a fase de apreciação de eventual alegação do devedor requerido, em cumprimento ao princípio da ampla defesa e contraditório. Se não houver alegação alguma, a sentença será de extinção pelo cumprimento da obrigação mandamental, com a imposição dos ônus sucumbenciais relativos às custas de processos, demais despesas e honorários de advogado. Mesmo sendo apenas mais uma fase do processo, a jurisprudência vem reconhecendo a possibilidade de aplicação dos efeitos da sucumbência também na execução da sentença.

Não podemos esquecer que caberia ao requerido o efetivo cumprimento da sentença arbitral desde a época em que dela teve conhecimento, posto que não possui possibilidade de recurso, nascendo transitada em julgado. Se não realizou o mandamento arbitral de forma voluntária, dando ensejo à abertura de processo específico de execução junto ao Poder Judiciário, deve arcar com as consequências desta atitude, pagando as custas, despesas e honorários de advogado.

Se houver alegações defensórias e estas forem procedentes, caberá ao magistrado reverter a ordem inicial, também aplicando os ônus sucumbenciais ao autor, consoante ocorre normalmente nos processos.

Por último, há que se esclarecer sobre a necessidade de homologação, pelo Egrégio Superior Tribunal de Justiça, das sentenças arbitrais estrangeiras, possibilitando assim a sua executoriedade no sistema judicial nacional. Sentença estrangeira é aquela que foi proferida em território estrangeiro, nos precisos termos do art. 34 parágrafo único da LA. A homologação seguirá as regras previstas nos arts. 34 e seguintes da Lei de Arbitragem.

O interessante é a forma como a lei decidiu para considerar a sentença como estrangeira ou nacional, o fazendo simplesmente pelo critério do local onde tenha sido proferida. Os problemas serão muitos, posto que será possível que todo o procedimento arbitral se realize fora do território nacional, sendo que apenas a sentença seja proferida no Brasil. A cumprir o requisito sem maiores cuidados, esta sentença será considerada nacional.

Existem dois sistemas sobre a homologação de sentença estrangeira, sendo que o primeiro exige a homologação em ambos os países e o segundo que exige apenas no país em que será a sentença executada. O Brasil adotou o segundo sistema, não havendo necessidade de prévia homologação no estrangeiro para depois submeter a sentença a nosso sistema jurisdicional.

O sistema brasileiro tem caráter restritivo, ou seja, não se pode negar a homologação, senão nos casos expressos na legislação. As previsões de rejeição estão no art. 38 da LA, entendendo Carmona que não admitem interpretação extensiva ou complementar.

O legislador foi muito claro ao afirmar que, para ser reconhecida ou executada no Brasil, a sentença arbitral estrangeira está sujeita *unicamente* ao procedimento homologatório perante o Supremo Tribunal Federal. O advérbio deve ser tomado a sério: nenhuma hipótese que não esteja capitulada entre aquelas previstas no art. 38 da Lei admitirá a rejeição da homologação da sentença arbitral estrangeira no Brasil.[18]

Outros problemas podem surgir, como o relacionado às sentenças proferidas em meio eletrônico, com assinatura digital. Tal documento tem perfeita validade no sistema jurídico nacional, e pode ser realizado em qualquer lugar do mundo com comunicação pela rede mundial de computadores. Nesses casos não há disposição clara sobre a condição de tal sentença, se nacional ou estrangeira.

No futuro, com maior adaptação ao sistema digital, a jurisprudência certamente resolverá tal problemática, considerando os efeitos da globalização que atinge a todos, inclusive o Brasil.

---

[18] CARMONA, Carlos Alberto. *Arbitragem e processo*: um comentário à Lei n. 9307/96. 2. ed. rev. atual. e ampl. 3. reimp. São Paulo: Atlas, 2006. p. 356.

CAPÍTULO 7

DA RESPONSABILIDADE DOS ÁRBITROS E DAS INSTITUIÇÕES ARBITRAIS

Sumário: **7.1** Aspectos gerais – **7.2** Da responsabilidade dos árbitros – **7.2.1** Da responsabilidade criminal dos árbitros – **7.2.2** Da responsabilidade civil dos árbitros – **7.3** Da responsabilidade das instituições arbitrais

7.1 Aspectos gerais

Após a Constituição Federal de 1988, a chamada "Constituição Cidadã" por Ulisses Guimarães, a quantidade de ações que aportaram no Poder Judiciário multiplicou por mais de vinte vezes até a atualidade, enquanto que a quantidade de magistrados para decidi-las pouco mais que duplicou. O relatório "Justiça em Números", apresentado pelo Conselho Nacional de Justiça, constatou o aumento de 23,5% no número de ações protocoladas entre os anos de 2008 e 2009.[1]

Disso se retira que a comunidade passou a ter mais consciência de seus direitos, inclusive quanto aos serviços que contrata e por ventura tenham sido irregularmente atendidos, causando prejuízos passíveis de indenização por danos materiais ou morais. Após a edição da Lei nº 9.307/96, as instituições arbitrais começaram a aparecer no cenário jurídico brasileiro, sendo que atualmente vemos uma avalanche delas, aproveitando o novo nicho de mercado que surge com a arbitragem.

---

[1] *Correio Brasiliense*, 15 set. 2010. Disponível em: <http://www.correiobraziliense.com.br/app/noticia/politica/2010/09/15/interna_politica,212999/index.shtml>. Acesso em: 10 jan. 2011.

A legislação arbitral faz pouca ou quase nenhuma exigência para a criação de uma instituição arbitral, razão pela qual o mercado passou a contar com uma grande variedade delas, umas com bons serviços a serem prestados, enquanto que outras nem tanto. A doutrina da Professora Fernanda Rocha Lourenço Levy demonstra claramente que a arbitragem no Brasil "vem passando por um momento delicado, na medida em que árbitros não preparados para sua função e instituições inidôneas se aventuram nesse 'novo mercado'".[2] Disso se retira que os prejudicados podem solicitar judicialmente a reparação de eventuais danos suportados, sendo necessário identificar e demonstrar as características desta prestação de serviços, com as implicações de eventuais falhas na sua execução.

Por outro lado é de bom alvitre deixar claro que a situação da instituição arbitral não pode ser confundida com a atuação do árbitro, posto que se trata de situações distintas, com responsabilidades diferentes e com cuidado legislativo diferenciado no que se refere à responsabilidade civil e penal. Definir as atividades dos árbitros e das instituições arbitrais é o primeiro passo para se discorrer sobre a responsabilidade de cada um e as implicações civis e penais que essas atividades podem fazer surgir. A doutrina faz corretamente a distinção de cada atividade:

> Parece-nos interessante neste ponto lembrar que existe uma distinção entre as funções dos árbitros e das instituições arbitrais. Enquanto ao árbitro ou colegiado de árbitros (se mais de um) cabe decidir o conflito, as instituições arbitrais, também designadas de Câmaras arbitrais, órgãos, cortes ou tribunais arbitrais tem por função prestar um serviço de administração do procedimento arbitral.[3]

De modo a facilitar a compreensão do leitor e respeitar a distinção entre as atividades, faremos a divisão em face do árbitro e das instituições arbitrais, sem deixar de analisar a possibilidade de responsabilização solidária entre eles. Cuidemos inicialmente dos árbitros.

---

[2] LEVY, Fernanda Rocha Lourenço. *Responsabilidade civil*: estudos em homenagem ao professor Rui Geraldo Camargo Viana. Coordenação de Rosa Maria de Andrade Nery, Rogério Donnini. São Paulo: Revista dos Tribunais, 2009. p. 173.

[3] LEVY, Fernanda Rocha Lourenço. *Responsabilidade civil*: estudos em homenagem ao professor Rui Geraldo Camargo Viana. Coordenação de Rosa Maria de Andrade Nery, Rogério Donnini. São Paulo: Revista dos Tribunais, 2009. p. 175.

7.2 Da responsabilidade dos árbitros

O árbitro é a pessoa encarregada de solucionar um conflito de interesses, escolhido que foi diretamente pelas partes ou em face de elas terem optado por uma instituição arbitral que o tenha na sua relação, ou até mesmo em face da escolha feita pelo magistrado, nos casos do artigo 7º da LA. Após muita discussão doutrinária a respeito da natureza jurídica da atividade do árbitro, a conclusão a que se chega em face da legislação brasileira é que a atividade tem natureza jurisdicional, com base nas informações trazidas pelo artigo 18 da LA, *in verbis*:

> Art. 18. O árbitro é juiz de fato e de direito, e a sentença que proferir não fica sujeita a recurso ou a homologação pelo Poder Judiciário.

A confirmação desta conclusão reside também no artigo 31 da mesma lei, considerando a sentença arbitral condenatória como título executivo judicial. Em sendo uma atividade jurisdicional, a responsabilidade dos árbitros não se amolda àquelas normalmente afetas a outro prestador de serviço, havendo de ser analisada com a profundidade necessária para evitar atribuição de obrigação de indenizar de forma desproposta ou injusta, o que acabaria por desestimular a atividade, com sérios prejuízos ao sistema jurídico nacional e até mesmo em face dos jurisdicionados.

De início podemos deixar claro que o árbitro assume uma responsabilidade de natureza contratual, posto que a legislação lhe permite a recusa do encargo, mesmo que de maneira imotivada. Ao aceitar o encargo, pouco importando a forma de sua apresentação, começará a partir daí a responsabilidade do árbitro em face da reclamação arbitral. Essa responsabilidade pode ser de natureza criminal, consoante determina a própria legislação arbitral em seu artigo 17, ao equiparar os árbitros aos funcionários públicos para os fins de ilícitos penais.

No entanto, também não temos dúvida de que o árbitro está sujeito à responsabilidade civil, nos moldes aplicados aos magistrados, consoante determina o artigo 14 da LA brasileira. Iniciemos pela parte criminal, passando a discorrer sobre os crimes que podem ser cometidos pelos servidores públicos no exercício de sua função. É bom deixar claro que o árbitro só estará responsável criminalmente como um servidor público se cometer os ilícitos no exercício de sua função, ou seja, durante suas atividades como árbitro dentro da reclamação arbitral. Pelo simples fato de estar na presidência de uma reclamação arbitral, o árbitro não é considerado um servidor público como outro qualquer, não podendo reclamar pretensos direitos ou lhe ser exigido deveres outros que não estiverem em estreita vinculação com a reclamação arbitral.

7.2.1 Da responsabilidade criminal dos árbitros

Os servidores públicos estão sujeitos a previsões especiais do Código Penal Brasileiro quando ligado a fatos decorrentes de suas condutas no exercício de sua atividade profissional de caráter público. O Código Penal prevê em seu artigo 319 o crime de prevaricação, enquanto que o 316 se refere à concussão e o 317, à corrupção, que para os efeitos da legislação arbitral, somente será possível quando de ordem passiva. A conceituação e circunstâncias de ordem técnica a respeito de cada um desses crimes estão descritas no Capítulo 5 deste livro, para onde se remete o leitor interessado nesse aspecto.

A sentença arbitral que for prolatada tendo como objeto qualquer das hipóteses criminosas mencionadas será anulável, conforme determinação do inciso VI do artigo 32 da LA. Não se exige que a alegação seja feita anteriormente no procedimento arbitral, até mesmo porque a parte prejudicada pode só tomar conhecimento da manobra ilícita posteriormente à prolação da própria sentença.

Uma vez cometido qualquer dos crimes mencionados, com condenação transitada em julgado, restará patenteada a responsabilidade criminal do árbitro, o qual deverá sorver o líquido amargo da pena que lhe será imposta. No entanto, é de bom alvitre ressaltar que a condenação criminal transitada em julgado é suficiente também para a conclusão pela responsabilidade civil deste mesmo árbitro, razão pela qual o processo civil de indenização não mais discutirá se houve ou não obrigação de indenizar, mas sim apenas o valor desta indenização, que será variável e subjetiva, a depender das circunstâncias do caso em concreto.

O simples fato de a sentença ter sido declarada nula em face da ocorrência de tais ilícitos penais já se faz suficiente para fazer surgir a obrigação de indenizar, posto que a responsabilidade civil é independente da criminal. Ao sentenciar a ação de nulidade de sentença arbitral com a conclusão da ocorrência dos ilícitos penais, uma vez transitada em julgado, gera todos os seus efeitos, não sendo necessária a instauração do processo-crime com posterior condenação para o surgimento de seus efeitos.

No entanto, uma vez instaurada a ação penal para apurar o ilícito noticiado, é necessário averiguar a sua conclusão, de modo a saber qual será a consequência em face da ação civil já julgada ou em tramitação. A jurisdição penal é superior à civil e até à administrativa, mas apenas quando as suas conclusões são inteiramente contrárias, francamente opostas às conclusões civis e administrativas sobre o mesmo fato. É a conclusão do Superior Tribunal de Justiça no seguinte aresto:

> Recurso especial. Acidente de trânsito. Ação de indenização julgada procedente. Decisão criminal absolutória. Culpa exclusiva da vítima. Art. 384, IV, do CPP. Ausência de repercussão no juízo cível. Inteligência dos arts. 1.525 do cc/16 e 65 do CPP.
> - Embora tanto a responsabilidade criminal quanto a civil tenham tido origem no mesmo fato, cada uma das jurisdições utiliza critérios diversos para verificação do ocorrido. A responsabilidade civil independe da criminal, sendo também de extensão diversa o grau de culpa exigido em ambas as esferas. Todo ilícito penal é também um ilícito civil, mas nem todo ilícito civil corresponde a um ilícito penal.
> - A existência de decisão penal absolutória que, em seu dispositivo, deixa de condenar o preposto do recorrente por ausência de prova deter o réu concorrido para a infração penal (art. 386, IV, do CPP) não impede o prosseguimento da ação civil de indenização.
> - A decisão criminal que não declara a inexistência material do fato permite o prosseguimento da execução do julgado proferido na ação cível ajuizada por familiar da vítima do ato ilícito.
> - Recurso Especial não provido.[4]

Como decisão criminal francamente contrária à condenação de ordem civil, temos aquela que reconhece a inexistência do fato ou que o seu autor não tenha sido o réu. A conclusão de atipicidade ou irrelevância da ação criminosa com a aplicação do princípio da bagatela permite não só a manutenção do procedimento civil, como autoriza a continuidade da execução que já esteja em andamento.

Na seara cível, a situação é mais complexa e merece maiores digressões, a começar pela identificação das obrigações e do tipo de responsabilidade a que está sujeito o árbitro.

7.2.2 Da responsabilidade civil dos árbitros

Em que pese a pequena menção da Lei de Arbitragem brasileiro às questões relacionadas à responsabilidade dos árbitros, verificaremos

---

[4] Resp nº 1117131/SC. Recurso Especial 2009/0106971-6. Ministra Nancy Andrighi, *DJE*, 22 jun. 2010.

que dela se pode retirar muitas informações que ajudarão a determinar essa possibilidade diante dos casos concretos. O artigo 14 da LA, assim dispõe, com grifo meu:

> Art. 14. Estão impedidos de funcionar como árbitros as pessoas que tenham, com as partes ou com o litígio que lhes for submetido, algumas das relações que caracterizam os casos de impedimento ou suspeição de juízes, *aplicando-se-lhes, no que couber, os mesmos deveres e responsabilidades, conforme previsto no Código de Processo Civil.*

Em que pese o artigo iniciar suas determinações referindo-se aos casos de impedimento e suspeição, faz clara referência a deveres e responsabilidades dos juízes expressas no Código de Processo Civil. De início, parece que o artigo trata de duas questões diferentes, impedimento e responsabilidades do árbitro, conclusão que não resiste a uma análise mais apurada. Isso porque caberá ao juiz e também ao árbitro o zelo pela correção e higidez de suas atividades jurisdicionais, sendo esta uma exigência legal.

O usuário da atividade jurisdicional, estatal ou arbitral, tem o direito de ver seu caso julgado por quem tenha condições legais e pessoais para tanto. Quanto mais evidente a imparcialidade do julgador, melhor será sua decisão e sua credibilidade social. Se houver desrespeito a tais princípios, poderão ocorrer situações em que a atuação jurisdicional fique passível de discussão sobre sua correção, quando não atinja frontalmente a sua legalidade, com prejuízos evidentes às partes que a ela estão sujeitos. Em face disso, entendo haver ligação intrínseca entre a questão dos impedimentos/suspeição com a responsabilidade dos árbitros e magistrados.

No que se refere aos árbitros, além das responsabilidades existentes no Código de Processo Civil determinadas no *caput* do artigo 14 da LA, o seu §1º também informa quais são as obrigações do árbitro, de modo a evidenciar sua responsabilidade nos casos em que agir sem observação delas. Nestes termos:

> §1º As pessoas indicadas para funcionar como árbitro têm o dever de revelar, antes da aceitação da função, qualquer fato que denote dúvida justificada quanto à sua imparcialidade e independência.

Dos dizeres legais se retira que o árbitro deve agir com imparcialidade e independência durante toda a sua atividade, desde a aceitação do encargo até a prolação final da sentença. Além disso, também tem o dever de informar às partes qualquer fato que possa gerar dúvida sobre estas características. Alguns entendem que esta informação de possível fato impeditivo de sua atuação só possa ser efetuada até o momento da aceitação do *munus*, posto que este é também o momento das partes dele terem conhecimento e optarem ou não pela manutenção do árbitro designado.

Verifico que situações de ordem fática podem ocorrer posteriormente à aceitação do encargo, ou, então, só vierem a conhecimento do árbitro após a aceitação. Nestes casos, caberá ao árbitro a diligência imediata da informação às partes, de modo a reduzir os efeitos que a situação pode causar, inclusive com a possibilidade de substituição. Pedro Martins tem esse posicionamento.

> De todo modo, é bom salientar que apesar de a lei determinar que o "disclosure" seja feito no momento que antecede a nomeação do árbitro, este é dever a ser observado ao longo de todo o processo arbitral de forma a se registrar, no interesse das partes, fatos supervenientes, ou mesmo antigos e esquecidos, que possam denotar dúvida justificada quanto à imparcialidade ou independência do julgador.[5]

A hipótese demonstrada pelo doutrinador é para as circunstâncias em que o árbitro ainda entende que tem condições de se manter na presidência da reclamação arbitral, optando apenas no sentido de ouvir as partes e assim colher a possível concordância destas com a sua manutenção. Se entender que não tem condição alguma de se manter, deve o árbitro apresentar as justificativas de sua desistência do múnus arbitral, esclarecendo sobre a total impossibilidade de sua continuidade. Isso se faz necessário para que não haja dúvidas sobre sua lisura no procedimento, impedindo que lhe recaia a obrigação de indenizar no caso de haver causado prejuízo às partes.

Optando por não apresentar às partes o conhecimento das circunstâncias que possam lhe retirar a imparcialidade e independência, o árbitro arca com o risco de que tal situação seja considerada suficiente para anulação futura da sentença arbitral, impondo-lhe a obrigação de indenizar as partes pelos prejuízos suportados. Neste caso, resta patente os requisitos para surgimento da obrigação de indenizar, consubstanciados na ocorrência do ato ilícito (omissão na informação decorrente de lei), prejuízo (frustração da solução da pendência) e nexo de causalidade entre eles, posto que a omissão gerou nulidade da sentença arbitral lançada.

---

[5] MARTINS, Pedro Antônio Batista. *Apontamentos sobre a lei de arbitragem*. Rio de Janeiro: Forense, 2008. p. 205.

Por expressa determinação legal, os casos de impedimento e suspeição dos árbitros se assemelham ao dos magistrados, os quais estão elencados nos artigos 134 e 135 do Código de Processo Civil. É com base neles que eventual nulidade da sentença arbitral poderá ser declarada se ocorrerem casos de suspeição ou impedimento. A LA também traz outras obrigações expressas quanto aos árbitros, nos seguintes termos de seu artigo 13:

> §6º No desempenho de sua função, o árbitro deverá proceder com imparcialidade, independência, competência, diligência e discrição.

Quanto à imparcialidade e independência, já nos expressamos nas linhas anteriores, restando as hipóteses de competência, diligência e discrição. Competência no seio arbitral nada tem a ver com área de atuação do árbitro à semelhança dos magistrados. Competência na arbitragem significa conhecimento mínimo necessário do árbitro sobre a matéria que se propôs a julgar. Ao magistrado não cabe a possibilidade de negar a prestação jurisdicional por falta de conhecimento da matéria, competindo-lhe realizar os estudos necessários para os fins de seu mister.

Já para o árbitro é possível e até aconselhável a negativa de assunção da obrigação de julgar determinada reclamação diante de sua complexidade ou peculiaridade não conhecida suficientemente pelo árbitro. Em insistindo na arbitragem, diante do pouco tempo de tramitação da reclamação, poderá restar impossível ao árbitro adquirir conhecimento suficiente para o seu perfeito julgamento, emitindo uma sentença onde revele insuficiência de conhecimento específico da matéria, gerando injustiça ou nulidade do laudo. Restando evidenciada a falta de conhecimento básico sobre a matéria, a ponto de não ser possível uma sentença que possa gerar efeitos, fica evidente que o árbitro aceitou um múnus que não tinha condições para tanto, surgindo a obrigação de indenizar as partes que sofreram prejuízo.

Com relação à diligência, compete ao árbitro tomar as providências necessárias para que o procedimento tenha normal seguimento até final sentença. Aqui temos a conclusão de que a obrigação do árbitro é de resultado, posto que se compromete a presidir o procedimento e, no prazo previsto na lei ou no compromisso arbitral, deitar sua sentença solucionando a reclamação. É o que diz a doutrina de Grossmann:

> O árbitro ao aceitar a delegação de litigantes para julgar uma lide assume prestação obrigacional de fazer imaterial, de *intuito personae*

e por "contrato de fim" expressado pelo Compromisso Arbitral, onde ficam assentadas uma série de condições (*tais como regras de direito, prazo de sentença, etc.*) devendo também atentar aos dispositivos da lei de arbitragem quer com relação à instrução e sentenciamento, como também de observação da ordem pública.[6]

Em sendo uma relação contratual cuja finalidade é a sentença arbitral, de natureza obrigatória no tempo e condições previstas na lei e no compromisso arbitral, temos, então, a situação de que o árbitro, ao não cumprir tal obrigação, pode gerar prejuízos às partes. O que se pergunta é se essa obrigação tem natureza objetiva ou subjetiva, a exigir ou não culpa por parte do árbitro para fazer surgir a obrigação de indenizar.

Em exercendo o árbitro uma atividade jurisdicional, seria natural que houvesse responsabilidade objetiva, aos moldes previsto para os casos em que o próprio Poder Judiciário realiza o que comumente se chama de "erro judicial", com obrigação de indenizar por parte do Poder Público de forma generalizada e para o próprio magistrado nos casos de dolo ou culpa evidente. No entanto, a doutrina em sua maioria entende que a responsabilidade do árbitro é de natureza subjetiva, exigindo-se a comprovação da existência da culpa para surgimento da obrigação de indenizar.[7]

> Desta forma será imputável ao árbitro uma *"responsabilidade subjetiva direta"* por seus atos dolosos (*criminosos*) e culposos, ou sejam, aqueles atos provenientes de negligência, imprudência e imperícia, de *"strictu sensu"* que poderiam conter uma recusa, omissão ou retardamento sem justo motivo de providências que deveria tomar de ofício ou a requerimento da parte.

Com tais conclusões da doutrina, vemos que competirá à parte comprovar a falta de cumprimento da obrigação de diligência do árbitro, ou seja, o ato ilícito consubstanciado na falta de observação das determinações do artigo 13 da Lei de Arbitragem. Comprovado o ato ilícito, restará ainda ao árbitro a possibilidade de justificativa de sua falta, imputando a terceiros a responsabilidade pelo desrespeito

---

[6] GROSSMANN, Marcos Vinícius. Responsabilidade civil na arbitragem. *Jus Navigandi*, Teresina, ano 8, n. 186, 8 jan. 2004. Disponível em: <http://jus2.uol.com.br/doutrina/texto.asp?id=4702>. Acesso em: 13 ago. 2009.

[7] GROSSMANN, Marcos Vinícius. Responsabilidade civil na arbitragem. *Jus Navigandi*, Teresina, ano 8, n. 186, 8 jan. 2004. Disponível em: <http://jus2.uol.com.br/doutrina/texto.asp?id=4702>. Acesso em: 13 ago. 2009.

das obrigações que assumiu. Como exemplo, podemos mencionar as calamidades públicas, a ocorrência de ordem judicial suspendendo o procedimento arbitral, perda da capacidade do árbitro em face de um acidente, etc. É o que a doutrina chama de exclusão da responsabilidade, no que concorda Carreira Alvim, com grifo de minha parte.

> Um dos mais significativos deveres do árbitro é apresentar a sentença no prazo estipulado pelas partes ou no prazo de seis meses contados da instituição da arbitragem ou da substituição do árbitro (art. 23, LA), *salvo motivo justificado*.[8]

Dentro, ainda, da obrigação de diligência, resta patente que o árbitro tem a obrigação de presidir todo o procedimento, com o cumprimento das exigências legais, tais como o tratamento igualitário entre as partes, contraditório, imparcialidade e livre convencimento, nos termos ditados no artigo 21, §2º, da Lei de Arbitragem. Além de tudo isso, também tem o dever de lançar a sentença no tempo previsto pelas regras da reclamação.

Em face de tais obrigações, seria o árbitro responsável civilmente quando sua sentença for anulada por falta de observação dos princípios informados no parágrafo anterior (*error in procedendo*)? Poderá o árbitro ser responsabilizado civilmente por uma sentença arbitral equivocada (*error in judicando*)? Enfim, os atos jurisdicionais na arbitragem são passíveis de gerar indenização àqueles que forem prejudicados com sua edição?

A resposta a tais perguntas não são fáceis e envolvem até mesmo o magistrado togado no exercício de sua função, posto que, no caso, se assemelham. De início, convém ressaltar que a atividade judicante é una, ou seja, não pode ser diferenciada, para os efeitos de indenização a eventual prejudicado, em atos de procedimento e atos decisórios. Fernanda Levy entende que os árbitros, neste caso semelhante aos magistrados, só respondem pelos *errors in procedendo*, nos seguintes termos:

> Os árbitros, assim como os juízes togados, respondem pelos *errors in procedendo* e não pelos *errors in judicando*, pois eles têm como obrigação proferir uma sentença de acordo com o procedimento escolhidos pelas partes e pautada no princípio do devido processo legal, mas a falta de qualidade da sentença em termos de conteúdo não dá azo à indenização.[9]

---

[8] ALVIM, José Eduardo Carreira. *Direito arbitral*. 2. ed. Rio de Janeiro: Forense, 2004. p. 269.
[9] LEVY, Fernanda Rocha Lourenço. *Responsabilidade civil*: estudos em homenagem ao professor Rui Geraldo Camargo Viana. Coordenação de Rosa Maria de Andrade Nery, Rogério Donnini. São Paulo: Revista dos Tribunais, 2009. p. 179.

No entanto, creio que não há razão para qualquer diferenciação, posto que o dever de diligência não se aplica somente para a sentença, mas também para os demais termos do processo arbitral, ao exemplo da colheita de provas, ordenação delas, etc. Também se faz verdadeira a informação de que a sentença pode ser anulada pela falha no procedimento arbitral que não observou os ditames legais, resultando na obrigação de sua renovação. A doutrina de Edmir Araújo faz essa mesma conclusão, nos seguintes termos:

> A função jurisdicional, todavia, não compreende um único ato final, mas uma série deles, "momentos" ou "estágios", encadeados em direção ao clímax que é a **sentença** (ou acórdão, que é uma sentença emitida por um colegiado, Tribunal). Em qualquer desses estágios, inclusive na sentença, pode ocorrer o defeito na atividade jurisdicional, que poderá ter como conseqüência o dano injusto, o prejuízo ao administrado.[10]

A regra é que o erro emanado de decisão judicial gere obrigação de indenizar, seja para o Poder Público, seja para o magistrado em ação regressiva, nos termos do artigo 5º LXXV da Constituição Federal de 1988, ao exprimir-se que "o Estado indenizará o condenado por erro judiciário, assim como o que ficar preso além do tempo fixado na sentença". Parte da doutrina entende que a expressão "erro judiciário" engloba não somente o aspecto penal, mas também o civil, gerando obrigação de indenizar pela Administração, com a possibilidade de ação regressiva contra o magistrado no caso de dolo ou culpa evidente.

É claro que no caso da arbitragem não haverá como obrigar o Poder Público a pagar indenização por eventual erro, seja do árbitro ou da instituição arbitral. Isso ocorre porque o Estado não tem qualquer ingerência sobre a atividade arbitral. Nem mesmo na escolha do árbitro nos termos do artigo 7º da LA, enseja o reconhecimento de qualquer responsabilidade estatal por alguma falha no exercício da arbitragem. Isso ocorre porque o árbitro é escolhido orientado quanto às regras e remunerado pelas próprias partes, observando neste caso que a arbitragem é uma atividade particular, onde o árbitro exerce uma atividade jurisdicional que lhe foi outorgada pela vontade das partes e não por imposição do Estado. Resta, então, a verificação da responsabilidade direta do árbitro, posto que impossível a ação regressiva como ocorre na atividade jurisdicional estatal.

---

[10] ARAÚJO, Edmir Netto de. *Curso de direito administrativo*. 4. ed. rev. e atual. São Paulo: Saraiva, 2009. p. 814.

Como o artigo 14 da LA remete ao Código de Processo Civil a responsabilidade do juiz, necessário é que analisemos as previsões do artigo 133 do referido diploma legal, totalmente aplicável aos árbitros, posto que se trata de atividade jurisdicional, tanto no procedimento, quanto na sentença arbitral. Na sua responsabilização direta, o árbitro deve indenizar quando proceder com dolo ou fraude, ou então quando recusar, omitir ou retardar sem justo motivo providência que deva ordenar de ofício ou a requerimento da parte.

Dolo "é o erro intencional provocado pelo magistrado, com o intuito de prejudicar o administrado, ou assumindo a possibilidade de tal resultado. É a vontade do magistrado dirigida para esse fim".[11] A fraude a tudo se assemelha ao dolo, posto que ao agir de forma fraudulenta, impingindo prejuízo à parte, não resta dúvida de que o magistrado estará agindo com dolo, com consciência de seu erro, com direcionamento claro de seus desígnios.

Já quanto à falta de providência que gere prejuízo às partes, em mais esta oportunidade surge a possibilidade da justificação, excepcionando a regra geral da responsabilização. De fato, em havendo motivo justo para o atraso, não haverá condições para impingir o dever de indenizar. É claro que apenas o caso concreto com suas particularidades é que irá definir sobre a ocorrência ou não do dever de indenizar por parte do árbitro nos casos desta natureza.

Disso tudo se retira que as decisões judiciais dos árbitros elaboradas em equívoco só lhes rendem a obrigação de indenizar quando realizadas com dolo ou fraude, restando a parte omissiva para o segundo item do artigo 133 do CPC. Não haverá obrigação de indenizar em face de uma sentença equivocada, mas somente quando for ela prolatada com o interesse claro do magistrado em prejudicar a parte, via do dolo ou da fraude.

Entendo também que não haverá necessidade de uma sentença judicial anulatória da atividade arbitral para que a indenização se viabilize. Isso porque existe prazo decadencial de 90 dias para apresentação da ação respectiva, prazo este que não atinge outros direitos das partes envolvidas, notadamente a reposição de prejuízos decorrentes da atividade dolosa ou fraudulenta do árbitro, cujo prazo prescricional é de 10 anos.

Outrossim, mesmo havendo uma sentença judicial anulando a sentença arbitral em face da existência de dolo ou fraude do árbitro,

---

[11] ARAÚJO, Edmir Netto de. *Curso de direito administrativo*. 4. ed. rev. e atual. São Paulo: Saraiva, 2009. p. 816.

nem por isso haverá automatismo na conclusão pela indenização pelo julgador. Isso porque ele normalmente não participa do processo ação anulatória, não podendo ter contra si imposta a coisa julgada. Necessário é que haja processo específico, onde tenha condições de ampla produção de provas, o que não impede a utilização da prova emprestada, com as reservas legais decorrentes da utilização do contraditório.

Questão mais intrincada diz respeito à possibilidade de indenização em razão de culpa. Em princípio, a culpa não se mostra presente nos determinismos legais do artigo 133 do CPC, também não existindo na LOMAN, razão pela qual muitos advogam a impossibilidade de responsabilização do julgador, estatal ou arbitral, por erro decorrente dela. O Supremo Tribunal Federal decidiu pela possibilidade de ação regressiva contra magistrado que agir com dolo ou culpa, nos seguintes termos e com grifo de minha parte:

> Recurso extraordinário. Responsabilidade objetiva. Ação reparatória de dano por ato ilícito. Ilegitimidade de parte passiva. 2. Responsabilidade exclusiva do Estado. A autoridade judiciária não tem responsabilidade civil pelos atos jurisdicionais praticados. Os magistrados enquadram-se na espécie agente político, investidos para o exercício de atribuições constitucionais, sendo dotados de plena liberdade funcional no desempenho de suas funções, com prerrogativas próprias e legislação específica. 3. Ação que deveria ter sido ajuizada contra a Fazenda Estadual – responsável eventual pelos alegados danos causados pela autoridade judicial ao exercer suas atribuições, a qual, posteriormente, terá assegurado o direito de regresso contra o magistrado responsável, *nas hipóteses de dolo ou culpa*.[12]

Há também a própria Constituição Federal de 1988, que prevê a possibilidade de ação regressiva contra servidor público em face de dolo ou culpa, nos termos do artigo 37, §6º, nos seguintes termos e com grifo meu:

> §6º - As pessoas jurídicas de direito público e as de direito privado prestadoras de serviços públicos responderão pelos danos que seus agentes, nessa qualidade, causarem a terceiros, assegurado o direito de regresso contra o responsável *nos casos de dolo ou culpa*.

O juiz é um servidor público, um agente político, estando em condições de responder pessoalmente em ação regressiva quando houver

---

[12] STF – RE nº 228/977/SP, Rel. Min. Nery da Silveira. J. 5.3.2002. publ. *DJU*, 12 abr. 2002.

causado prejuízo a terceiros também por culpa. Isso se aplica inteiramente ao árbitro, que poderá ser responsabilizado pessoalmente em circunstâncias desta natureza, fazendo surgir a possibilidade da responsabilidade objetiva. Em sendo esta a conclusão, restará à parte a obrigação de demonstrar o prejuízo indevido, sendo que o árbitro só ficará dispensado do pagamento da indenização se comprovar que o prejuízo ocorreu somente em razão do procedimento do próprio prejudicado.

Existem entendimentos que imputam ao árbitro a responsabilidade objetiva, posto que exerce uma atividade pública delegada pela lei ao particular, ou seja, a prestação jurisdicional. Diz a doutrina de Gonçalves Neto:

> Ora bem. Face às observações suso trazidas, entendo que a obrigação do árbitro, decorrente do "receptum arbitrii" (contratual na origem e judicial no objeto), é de resultado, donde responde ele objetivamente por perdas e danos que causar (§único do art. 927 CCivil), posição esta adotada no direito brasileiro mesmo antes do advento do Código de Defesa do Consumidor e do CCivil/2002 (art.1056 do CCivil/16, hoje art.389 do CCivil/02; e art. 1059 do CCivil/16, hoje art. 393 do CCivil/02).[13]

Em havendo entendimento pela ocorrência da responsabilidade objetiva do árbitro, devemos aplicar a essa situação as circunstâncias relativas a este tipo de responsabilidade, normalmente aplicável aos órgãos públicos. A doutrina de Hely Lopes informa que a responsabilidade objetiva da administração está assentada na teoria do risco administrativo, fazendo surgir a obrigação de indenizar pelo simples fato de ter ocorrido ato lesivo e injusto causado à vítima pela Administração. Por esta teoria não se exige qualquer falta do serviço público e muito menos a demonstração de culpa por seus agentes.

Se aplicarmos esta teoria aos árbitros no exercício de seu múnus, bastará à vítima demonstrar que foi prejudicada com a arbitragem, ficando dispensada de comprovar possível culpa do árbitro ou até mesmo da instituição arbitral. Mesmo diante da aplicação da Teoria do Risco Administrativo a justificar a culpa objetiva do árbitro, haverá casos em que a responsabilidade por eventual dano seja reduzida ou até mesmo excluída. Isso ocorre quando se comprova culpa concorrente ou exclusiva da vítima. Diz a doutrina:

---

[13] GONÇALVES NETO, Francisco. Responsabilidade do árbitro. Disponível em: <http://www.abdir.com.br/doutrina/ver.asp?art_id=&categoria=ProcedimentoArbitral>. Acesso em: 17 jan. 2011.

Advirta-se, contudo, que a teoria do *risco administrativo*, embora dispense a prova da culpa da Administração, permite que o Poder Público demonstre a culpa da vítima para excluir ou atenuar a indenização. Isto porque o risco administrativo não se confunde com o risco integral.[14]

Diante disso, para aqueles que entendem que o árbitro tem responsabilidade objetiva em face de seus atos dentro da reclamação arbitral, ainda assim se faz possível que a penalidade seja reduzida e até mesmo excluída se houver concorrência ou culpa exclusiva da vítima. O que não se aceita é imputar a responsabilidade a um terceiro, fato totalmente sem influência no direito da vítima em receber a sua indenização por prejuízos suportados.

No entanto, mesmo respeitando a posição daqueles que entendem ter o árbitro responsabilidade objetiva, ouso deles discordar, o fazendo em face de argumentos que passo a discorrer. Em nosso direito, de caráter claramente positivista, não podemos aceitar a imposição de uma responsabilidade sem que haja legislação que a determine. Nem mesmo o tipo de responsabilidade pode ser generalizado, posto que não há obrigação sem lei que a determine.

No caso das atividades públicas, o artigo 37, §6º, da Constituição Federal de 1988 estipulou a responsabilidade civil objetiva da Administração, sob a modalidade do risco administrativo. Também o Código de Defesa do Consumidor traz algumas hipóteses de responsabilidade civil objetiva do prestador de serviços ou fornecedor de produtos. Tem-se, desta forma, que a responsabilidade civil deve surgir de expressa previsão legal, não podendo ser imputada por interpretação analógica ou até mesmo teleológica.

Isso ocorre porque a lei entende, nos casos em que prevê, a existência de situações específicas que justificam a incidência da responsabilidade sem culpa. No caso da Administração pública, Hely Lopes Meirelles justifica a imputação de responsabilidade objetiva tendo em vista que "não se pode equiparar o Estado, com seu poder e seus privilégios administrativos, ao particular, despido de autoridade e de prerrogativas públicas".[15]

Da mesma forma, o Código de Defesa do Consumidor foi instituído de modo a preservar os direitos dos hipossuficientes, ou seja,

---

[14] MEIRELLES, Hely Lopes. *Direito administrativo brasileiro*. 27. ed. São Paulo: Malheiros, 2002. p. 620.

[15] MEIRELLES, Hely Lopes. *Direito administrativo brasileiro*. 27. ed. São Paulo: Malheiros, 2002. 2002. p. 618.

dos consumidores, em regra, impotentes face à força do capital e da organização das empresas. Desta forma, a responsabilidade objetiva é, em regra, imposta quando há desigualdade entre as partes, surgindo a lei no sentido de equilibrar a contenda, e com isso permitir o surgimento da verdadeira justiça.

Entre o árbitro e as partes numa reclamação arbitral não há desigualdade de forças, até mesmo porque ele é escolhido justamente por elas, seja de forma direta ou pela opção por uma instituição arbitral. O árbitro tem o poder de reger o procedimento arbitral e, ao final, ditar a sua sentença, sendo esta a providência justa que as partes esperam dele. Não há qualquer razão para que ele tenha responsabilidade objetiva somente porque possui o direito, concedido pelas próprias partes, de dizer o direito no caso concreto. Ele não é a Administração Pública, não possui poderes extra-autos, não representa o Estado Jurisdição, consoante o fazem os magistrados, não havendo qualquer razão para impingir-lhes a responsabilidade objetiva.

Com o fito de corroborar os argumentos anteriores, temos também a total e completa inexistência de legislação que lhe impute este tipo de responsabilidade, razão pela qual não há como sustentar o posicionamento pela sua existência. Sendo a responsabilidade subjetiva, necessário é que se comprove o dolo e a culpa para que seja possível a condenação ao ressarcimento. Analisemos a culpa nestes casos.

A culpa, de acordo com a melhor doutrina, pode ocorrer em face da negligência, imprudência ou imperícia, com perfeita aplicação às previsões arbitrais. Todavia, a grau de culpa a justificar responsabilidade do árbitro por eventual prejuízo, deve ser aquilatado. É evidente que todo erro provém de uma ação culposa em qualquer de sua modalidade. Se errou ao julgar, certamente deveria ter estudado mais a situação, diria o intérprete mais desavisado. No entanto, não se pode exigir do árbitro ou mesmo do juiz togado, a infalibilidade não presente nas pessoas humanas. O que se exige é um mínimo de cuidado, de atenção, de dedicação a comprovar uma conduta responsável do julgador.

A doutrina demonstra a forma de raciocínio mais adequada para a caracterização da culpa, o fazendo lançando mão do princípio da previsibilidade, ou seja, da situação nefasta que poderia ser vista pelo julgador caso ele tivesse um mínimo de cuidado necessário na realização de seu múnus. Nestes termos:

> O elemento fundamental da caracterização do ato jurídico prejudicial culposo é a previsibilidade: somente quando é possível prever-se o que

não foi previsto é que se poderá responsabilizar alguém por não ter procedido de forma a evitar o evento danoso.[16]

O direito arbitral espanhol prevê a responsabilidade do árbitro quando agir com *"mala fé, temeridad o dolo"*, conforme diz o artigo 21 da Legislação Arbitral daquele país. A má-fé e o dolo restam também evidentes em nossa legislação. Já a temeridade foi utilizada no lugar da culpa, vocábulo existente na legislação anterior e que dava azo a interpretações mais variadas, permitindo que os que restaram vencidos, diante da impossibilidade de recurso pelo sistema arbitral, optassem por tentar recuperar eventuais prejuízos cobrando do próprio árbitro, acusando-o de culpa no seu julgamento.

Ao optarem pela expressão temeridade, procuraram responsabilizar apenas as ações mais graves, um comportamento evidentemente mais prejudicial ou ilegítimo do árbitro, um excesso evidente na sua atividade. Diz a doutrina espanhola:

> En cualquier caso, porque así lo perseguía también la enmienda parlamentaria, son más graves que la culpa del antiguo art. 16 y reflejan una intencionalidad manifiesta en cualquier comportamiento encaminado a impedir el preparar, elaborar o dictar el laudo o una irreflexión as borde de la ignorancia más supina, o un actuar en contra de los más elementares principios que rigen el orden jurídico.[17]

Não há razão alguma para não adotarmos os mesmos entendimentos do direito comparado mencionado, posto que a noção de culpa em face de atos judiciais é diferente dos demais atos da administração, assim como também o são os atos legislativos. Enfim, os atos de Estado, realizados por agentes políticos, pela amplitude, importância e ação generalista, não podem ser tratados de forma igualitária com os demais atos, sob pena de injustiça e desestímulo às ações de tais agentes.

Seja por exigência de um nível de culpa mais acentuado, ou pela possibilidade mais liberal de exclusões de culpabilidade, há uma tendência doutrinária no sentido de que os erros judiciais originários de culpa, sejam mitigados e só impliquem a responsabilidade direta do julgador quando realmente há uma atuação de total falta de cuidado ou erro crasso, faltando com o dever de diligência previsto na LA.

---

[16] ARAÚJO, Edmir Netto de. *Curso de direito administrativo*. 4. ed. São Paulo: Saraiva, 2009. p. 817.
[17] MARTÍN MUÑOZ, Alberto de; HIERRO ANIBARRO, Santiago. *Comentario a la ley de arbitraje*. Madrid: Marcial Pons, 2006. p. 374.

Por último, temos o dever de discrição, também ínsito no artigo 13, §6º, da Lei de Arbitragem. A jurisdição pública, estatal, obedece ao princípio da publicidade, onde todos os processos podem ser vistos, copiados ou analisados por qualquer pessoa, com a ressalva dos casos de segredo de justiça. Até mesmo são emitidas certidões sobre tais processos, com acesso público irrestrito.

Na arbitragem, o princípio é exatamente o oposto. Por ser uma forma extrajudicial de solução de controvérsia, não há necessidade de tornar públicas suas reclamações arbitrais. Ao contrário, se as partes optaram pelo sistema arbitral, onde uma das características é justamente a discrição, a publicidade de seus atos é muito restrita. A reclamação arbitral não é pública, razão pela qual se recomenda que dela tenha conhecimento apenas as pessoas que tenham realmente esta necessidade, tais como as próprias partes, seus advogados constituídos, o árbitro e as pessoas que trabalham na instituição arbitral.

Todos eles, e principalmente o árbitro, possuem a obrigação da discrição, ou seja, não tornar público a existência da reclamação, seus atos e sua conclusão, não sendo permitida a expedição de certidão para terceiros que eventualmente as solicitem. O árbitro tem essa obrigação taxativamente prevista na lei, e o desrespeito pode gerar às partes um prejuízo que lhe seja indenizável. Problemas jurídicos podem significar redução de clientes, da posição social, da boa fama, todos evitáveis no sistema arbitral em face da ausência do dever de publicidade e a recomendação pela discrição.

Por fim, também pode existir a possibilidade da responsabilização do árbitro em face da instituição arbitral a que está vinculado. Uma instituição arbitral tem a qualidade que seus árbitros possuem, ou seja, quanto melhor o quadro de árbitros, melhor será a receptividade, o conceito que a instituição arbitral tem no mercado. Isso importa em maior quantidade de reclamações que lhe são endereçadas, posto que caberá às partes a escolha em sede de cláusula compromissória cheia.

Da mesma forma que um bom árbitro traz melhores referências à instituição arbitral a que presta serviços, uma péssima arbitragem faz exatamente o contrário, gerando prejuízo à instituição e não somente às partes. Como em nosso ordenamento jurídico, artigo 186 do Código Civil, a obrigação de indenizar surge quando presentes os requisitos do ato ilícito, prejuízo e nexo de causalidade, entendo perfeitamente possível que o árbitro tenha responsabilidades para com a instituição arbitral a que pertence, podendo ser condenado a indenizá-la nos casos em que agir negativamente, propiciando-lhe prejuízos.

Por tais argumentos, vejo como inteiramente possível que as instituições arbitrais estabeleçam formas de atuação do árbitro, sem adentrar na sua liberdade de decisão, inerente ao julgador independente e imparcial. Algumas até exigem que a sentença arbitral lhe seja apresentada antes de sua juntada à reclamação, de modo que seja possível corrigir eventuais erros de forma, mas nunca de fundo, conforme mencionado. A doutrina espanhola prevê claramente esta possibilidade.

> Por ejemplo, por haberse olvidado el árbitro de incluir en el laudo la condena al pago o reembolso de cantidades a la institución, o por no Haber atendido determinadas instrucciones impartidas por la institución y que han provocado un coste que ha debido asumir esta última. En mi opinión cabría incluso hablar de daño moral por ciertos comportamientos del árbitro com entidad suficiente para dañar el prestigio de la corte o Tribunal Arbitral.[18]

Com relação aos Tribunais Arbitrais, o erro de um dos julgadores não implica os demais, salvo se com ele concordarem e estiverem na mesma circunstância de conhecimento e entendimento de suas consequências Se o árbitro que atua em equívoco restar suplantando pelo entendimento contrário dos demais, não haverá razão para indenizar, posto que não houve ato ilícito e muito menos haverá prejuízo à parte. Se houver conclusão por decisão majoritária incidente de erro, resta óbvio que o árbitro vencido não estará obrigado a arcar com a indenização decorrente.

7.3 Da responsabilidade das instituições arbitrais

A paulatina aceitação tanto social como judicial das sentenças arbitrais vem provocando um aumento significativo das instituições arbitrais, órgãos privados que se apresentam como prestadores de serviços de arbitragem. Como a atual legislação não faz qualquer exigência em face da criação e funcionamento de um organismo arbitral, vem se tornando comum a abertura de tais instituições, com as mais variadas denominações e sem muita preocupação com a qualidade de seus serviços. Se por um lado é sinal da construção de uma cultura arbitral no Brasil, por outro, se evidencia a possibilidade de situações prejudiciais aos consumidores deste mesmo produto.

---

[18] MARTÍN MUÑOZ, Alberto de; HIERRO ANIBARRO, Santiago. *Comentario a la ley de arbitraje*. Madrid: Marcial Pons, 2006. p. 376-377.

O resultado é que os usuários ou consumidores de tais serviços acabam por sofrer prejuízos na solução de suas pendências, restando necessário evidenciar claramente quais as responsabilidades a que estão sujeitas as instituições arbitrais, assim como a complementação destas mesmas responsabilidades com os árbitros e servidores. As instituições arbitrais prestam serviços cartorários, ou seja, recebem as reclamações arbitrais realizando os seus atos processuais, tais como comunicações, intimações, certidões, espaço físico para as audiências e quadro de árbitros que as solucionarão.

Uma instituição arbitral que tenha suporte técnico adequado e razoável conhecimento do sistema arbitral lança-se no mercado após a construção de um estatuto, as regras de seu funcionamento, demonstrando como será tratada a reclamação que lhe for direcionada, qual o procedimento, as custas e as regras para escolha dos árbitros, isto para falar do básico. Com estas regras publicadas, aqueles que por ventura se sintam atraídos por este serviço, poderão fazer incluir em seus contratos a cláusula compromissória cheia, escolhendo determinada instituição arbitral como aquela que receberá eventual reclamação, providenciará o seu processamento com final decisão do árbitro sobre a questão.

Trata-se de um contrato de adesão, posto que caberá ao usuário concordar ou não com as regras publicadas de uma instituição arbitral, sem condições de modificação. Havendo uma clara relação contratual, resta evidente que o descumprimento de suas cláusulas que importem em prejuízo a algum dos contratantes importará no dever de indenizar. Fernanda Levy demonstra com clareza a conclusão pela responsabilização civil das instituições arbitrais:

> Em relação à sua atividade administrativa, não resta dúvida que as entidades arbitrais respondem civilmente pelos danos causados em razão de seu descumprimento.[19]

Em que pese a clareza quanto à conclusão pela responsabilidade civil das instituições arbitrais, a lei brasileira nada dispôs a respeito, restando necessário recorrer à legislação já existente sobre violação das cláusulas contratuais e direito do consumidor, posto que se trata de uma prestação de serviços ao usuário destes. A inexistência de legislação

---

[19] LEVY, Fernanda Rocha Lourenço. *Responsabilidade civil*: estudos em homenagem ao professor Rui Geraldo Camargo Viana. Coordenação de Rosa Maria de Andrade Nery, Rogério Donnini. São Paulo: Revista dos Tribunais, 2009. p. 180.

específica é resultado de uma opção do legislador brasileiro, deixando para o mercado a regulação desta atividade, o que nem sempre se mostra como uma solução acertada diante da forma como algumas instituições arbitrais estão sendo criadas, ofertando serviços de baixa qualidade aos seus usuários.

Seria interessante a criação de regulamentação básica que impedisse a ocorrência de situações de conflito com a lei e com as instituições já existentes, notadamente os órgãos do Poder Judiciário. Carmona ressalta essa possibilidade diante de alguns acontecimentos, nos seus precisos termos:

> O legislador, com o claro objetivo de implementar o desenvolvimento da arbitragem em nosso país, deixou que o próprio mercado regulasse a criação dos órgãos arbitrais, imaginando que a seriedade da instituição fosse uma espécie de seleção natural dos centros arbitrais. Não creio que a escolha possa ser condenada, embora a imprensa vez por outra dê conta de algumas graves distorções: episódios como o da distribuição de "carteiras de árbitro", ou então a utilização indiscriminada e imoderada do brasão da república, ou ainda o emprego, por certos centros de arbitragem, de denominação dúbia com o objetivo de confundir o cidadão comum, tudo isso não justificaria — ou pelo menos **ainda** não justificaria — a criação de cadastros ou registros obrigatórios de órgãos arbitrais.[20]

Vejo como necessidade atual a criação de mecanismos de controle e identificação da responsabilidade das instituições arbitrais, deixando claro os procedimentos, denominações e outras características, a permitir que o usuário tenha perfeita identificação, sem realizar mistura com os órgãos do Poder Judiciário. O sistema arbitral tem profundas diferenças com o sistema jurídico estatal, notadamente a questão relacionada à falta de recursos, publicamente conhecido como em grande quantidade no sistema estatal de prestação jurisdicional.

Realizar atos que importem em dificuldade de diferenciação entre as instituições privadas e estatais que prestam o mesmo serviço à sociedade é uma medida de clareza, de transparência, de democracia e de zelo à vontade de um povo. Atos contrários levam ao erro, à percepção equivocada da realidade, com graves transtornos sociais que aumentam a litigiosidade de um povo. Desta forma, a recomendação é que as instituições arbitrais tenham denominação e

---

[20] CARMONA, Carlos Alberto. *Arbitragem e processo*: um comentário à Lei n. 9307/96. 2. ed. rev. atual. e ampl. 3. reimp. São Paulo: Atlas, 2006. p. 124-125.

se mostrem de forma claramente diversa das instituições estatais do Poder Judiciário.

É comum a denominação "tribunal de justiça arbitral", "juízes arbitrais", alguns com remessa inclusive a uma situação de alcance mundial, ou até mesmo se referindo a termos "federal", "supremo", "mundial", "mercosul", etc. Usam logotipos escancaradamente parecidos com os símbolos nacionais, quando não inteiramente iguais, estampados que são em carteirinhas que estão sendo usadas de modo a demonstrar uma autoridade estatal inexistente, além de confundir o usuário que pensa estar sendo chamado a um órgão do Poder Judiciário e não a uma instituição arbitral.

Nenhum sistema, principalmente os novos que surgem na vida jurídica de uma nação, é inteiramente despido de situações equivocadas. Convém realizar procedimentos que dificultem ou até mesmo evitem a utilização indevida, fraudulenta ou enganadora do sistema arbitral, o que a legislação infelizmente não trouxe.

Carmona apresenta um parecer sobre a utilização da expressão "tribunal" pelos organismos arbitrais, concluindo que a expressão não é proibida, mas recomenda-se a não utilização, de modo a preservar a capacidade das partes e terceiras pessoas em diferenciar um organismo estatal de solução de controvérsias dos que atuam como entidades privadas, consoante o são os organismos arbitrais. Diz o renomado mestre:

> A Lei de Arbitragem, em verdade, não se preocupou com este tema. Não proibiu nem permitiu. Se não há proibição, concluo ser lícito à entidade interessada, empregar o vocábulo "tribunal" em sua denominação social.
> Os dicionaristas tomaram, contudo, o cuidado – que não é de hoje – de reportar a utilização do termo também para órgãos que não integram o Poder Judiciário. Assim, enquanto alguns dos cultores de nossa língua lembram expressões como "tribunal da consciência", "tribunal da imprensa", "tribunal da opinião pública" (para expressar a idéia de juízo sobre questões morais), outros recordam que haveria tribunais não judiciais, como o Tribunal de Contas, órgão responsável pela coordenação e fiscalização dos negócios públicos da Fazenda
> Em conseqüência, para além da idéia de "órgão do Poder Judiciário" ou "local onde tem sede um órgão integrante do Poder Judiciário" diversos órgãos não-judiciais, vale dizer, não pertencentes ao Poder Judiciário, passaram a utilizar a designação "tribunal", como ocorre com o Tribunal de Ética da Ordem dos Advogados do Brasil, com o Tribunal de Impostos e Taxas, com os Tribunais de Contas (da União, dos Estados, dos Municípios), com os Tribunais de Justiça Desportiva.

Não ocorreu a ninguém afirmar que a denominação destes órgãos poderia confundir os cidadãos, mimetizando-os com órgãos da Justiça Estatal.[21]

O Tribunal de Justiça do Estado de Goiás, com o intuito de estimular as formas extrajudiciais de solução de controvérsias, realiza convênios com instituições arbitrais representativas dos seguimentos mais importantes da sociedade. No convênio, o Tribunal de Justiça realiza orientações sobre formas do exercício da atividade arbitral, dando ênfase à conciliação e permitindo que eventuais prejudicados tenham condições de apresentar reclamações a um juiz togado, encarregado da supervisão das Cortes Arbitrais.

No convênio, existe a proibição de utilização de expressões que possam trazer dificuldade na correta identificação como órgão particular de solução de controvérsias, permitindo apenas que a Corte Arbitral coloque em seus documentos e na fachada do prédio onde funciona, a existência do convênio com o Tribunal de Justiça do Estado de Goiás. Sendo assim, as expressões "tribunal de justiça", "juiz arbitral", dentre outras, restam terminantemente proibidas.

Se por um lado o convênio com o Tribunal de Justiça implica maior procura pela seriedade do organismo arbitral, o rompimento público desta relação provoca efeito contrário, demonstrando que aquela instituição não tem o rigor de procedimentos e a seriedade tida como necessária pelo Tribunal de Justiça. O resultado é o desaparecimento dos clientes em potencial.

Carmona deixa claro que a utilização dos símbolos nacionais resta proibida por lei, inclusive com a possibilidade de incidência penal aos que desrespeitarem o preceito, fazendo utilização de tais símbolos. Sendo assim, não se permite a utilização do símbolo da República, seja nos documentos, fachada, sítios ou em qualquer outro documento ou coisa que faça referência a uma instituição arbitral. Por igual consequência, vejo como ilegal a utilização de simbologia parecida, que induza o usuário a pensar tratar-se de um órgão público oficial. A hipótese é bem comum, infelizmente. Diz o renomado mestre:

> Aliás, o uso indevido dos símbolos nacionais está tipificado do art. 191 da Lei da Propriedade Industrial, que submete a pena de detenção (de um a três meses) ou multa aquele que "reproduzir ou imitar, de modo que

---

[21] CARMONA, Carlos Alberto. Parecer jurídico sobre utilização da expressão "tribunal" pelos órgãos arbitrais. Disponível em: <http://www.arbitragem.com.br/terminologia.html>. Acesso em: 16 jan. 2011.

possa induzir em erro ou confusão, armas, brasões ou distintivos oficiais nacionais, estrangeiros ou internacionais, sem a necessária autorização, no todo ou em parte, em marca, título de estabelecimento, nome comercial, insígnia ou sinal de propaganda ou usar essas reproduções ou imitações com fins econômicos".[22]

Quanto à expressão "juiz arbitral", o equívoco é bem maior do que em outras expressões, posto que neste caso, a Lei de Arbitragem brasileira não faz a mínima referência a ela, tratando em toda a sua inteireza pela expressão "árbitro". Muitos argumentam a possibilidade do "juiz arbitral" em face das previsões do artigo 18 da Lei de Arbitragem, a qual informa que "o árbitro é juiz de fato e de direito".

Esquecem, no entanto, que o sistema arbitral tem profundas diferenças do sistema judicial estatal, sendo que uma das principais é justamente a inexistência de um cargo oficial de árbitro, sendo ele escolhido pela convenção entre as partes ou pelas normas da instituição arbitral. Informa-se também que o "juiz" tem conotação de cargo público, trazendo para a arbitragem uma característica publicística contrária aos seus princípios relativos à discrição e caráter particular da instituição.

O artigo 18 da LA diz respeito ao exercício da atividade de árbitro, o qual só se verifica no momento em que ele é designado pelas partes e aceita o encargo. Ou seja, ele funciona dentro de uma reclamação arbitral, com atribuições relativas ao juiz togado apenas no que tange ao exercício de sua atividade dentro do processo, dando-lhe o impulso de que necessita para o deslinde final, que é a sentença arbitral ditada dentro do prazo estipulado. Tem alguns dos poderes do juiz a ser exercido exclusivamente nos atos processuais relativos à reclamação onde foi designado, sem qualquer outro reflexo em outras atividades.

Fora do processo não tem qualquer poder ou designação igualitária ou parecida com o juiz togado, tendo inclusive a obrigação de discrição, ou seja, de não revelar sequer a existência da reclamação arbitral, principalmente quanto a seus atos e termos. Sendo assim, verifico ilegal a apresentação de uma pessoa como "juiz arbitral", restando ele responsável criminalmente por falsidade ideológica de possível documento que apresentar neste sentido. Por outro lado, as instituições arbitrais que fornecem carteirinhas com tais expressões contribuem com a ilegalidade, havendo coautoria no crime informado, além da possível

---

[22] CARMONA, Carlos Alberto. Parecer jurídico sobre utilização da expressão "tribunal" pelos órgãos arbitrais. Disponível em: <http://www.arbitragem.com.br/terminologia.html>. Acesso em: 16 jan. 2011.

responsabilização civil por eventuais prejuízos provocados. Infelizmente é muito comum a prisão de pessoas com apreensão de documentos onde consta a identificação equivocada de "juiz arbitral".

Esclarecidas as questões relativas à denominação das instituições arbitrais e dos árbitros e a utilização indevida de símbolos nacionais, podemos passar à análise da própria atividade das Cortes Arbitrais, de modo a esclarecer quais as suas responsabilidades em razão do serviço que se propuseram realizar em contrato de adesão. Ao contrário do árbitro, as instituições arbitrais se propõem a realizar uma atividade meio, ou seja, ofertam serviços relativos ao recebimento da reclamação, chamamento da parte requerida, nomeação de árbitros, produção de provas e sentença arbitral. Em suma, são estas as obrigações de uma instituição arbitral.

Seja ela uma empresa ou liderada por uma pessoa física, uma instituição arbitral tem o dever de ficar em funcionamento, com a capacidade de realizar os serviços que publicamente ofertou, posto que do contrário o prejuízo àqueles que lhe elegeram em cláusula compromissória restará evidente. Quando celebramos um contrato com cláusula compromissória cheia, temos uma instituição que foi escolhida e que fará a designação do árbitro de acordo com suas regras. Se esta instituição não mais existir, a cláusula compromissória ainda prevalece, mas as partes não têm como apresentar a reclamação e nem mesmo ter conhecimento de quem será o árbitro que lhe decidirá a perlenga.

Deixo claro que nesta situação não há revogação da cláusula compromissória, posto que as partes não apenas elegeram uma instituição arbitral, mas também o próprio sistema arbitral para a solução de suas possíveis questões. O que resta impossível é o seu processamento com a escolha do árbitro, posto que a instituição arbitral não mais existe. Convém às partes, àquela que tem interesse na apresentação da reclamação, postular perante o Poder Judiciário as providências do artigo 7º da LA, ou seja, que o magistrado togado lhe designe um árbitro, o qual receberá a reclamação, dará normal seguimento a ela até final sentença.

Resta claro que a providência do artigo 7º da LA requer a contratação de advogado, pagamento de custas e perda preciosa do tempo, sem falar na falta da discrição natural do sistema arbitral. Isso é prejuízo que merece ser indenizado, cabendo à instituição arbitral fazê-lo, seja na pessoa da empresa que a mantém, seja na pessoa física por ela responsável.

Também haverá responsabilidade pela falta de ambiente para realização dos atos processuais, erro nas atividades cartorárias, fraude na escolha do árbitro ou até mesmo a impossibilidade de sua identificação, enfim, tudo que importar em falha na prestação do serviço ofertado e que cause dano ao usuário. Disso se retira que a atividade, sendo de meio, revela-se como responsabilidade subjetiva, ou seja, necessita comprovar a culpa da instituição para que seja obrigada à indenização. A culpa se revela pela não realização a contento das obrigações assumidas como órgão arbitral.

A conclusão pela responsabilidade com culpa possui os mesmos fundamentos daquelas já mencionadas em relação ao árbitro, ou seja, ausência de legislação que impõe responsabilidade subjetiva ou de situação de desequilíbrio na relação contratual entre a instituição arbitral e seus usuários. As instituições arbitrais não possuem os poderes do Estado Jurisdição, funcionam em sedes próprias e particulares e estão sujeitas à legislação aplicável aos particulares. Não me resta dúvida de que possuem responsabilidade subjetiva, ou seja, é necessário que lhe aponte e prove ato ilícito, consistente no descumprimento dos serviços que se propôs a fornecer a seus usuários.

Outro ponto interessante diz respeito à possibilidade de haver solidariedade entre a instituição arbitral e o árbitro por ela escolhido. Poderá o prejudicado solicitar reparação ao árbitro quando houver ato ilícito da instituição arbitral e vice-versa? Pela legislação brasileira, a solidariedade não se presume, surge da lei ou do cometimento em coautoria do ato ilícito causador do prejuízo.

Em assim sendo, não haverá responsabilidade solidária quando o ato ilícito for realizado pelo árbitro ou pela instituição arbitral, desde que não haja correlação de atitudes, comunhão de interesses, coautoria no ato ilícito, etc. Um exemplo de responsabilidade solidária entre o árbitro e a instituição arbitral, reside na informação constante nas regras de um órgão arbitral sobre a especialidade de seus árbitros em determinada área de conhecimento, fazendo a escolha de um árbitro que não possui tais predicados.

Neste caso, errou a instituição arbitral em eleger árbitro sem os conhecimentos específicos que publicou ter, assim como o árbitro que aceitou a incumbência com a ciência de que não tinha os conhecimentos específicos noticiados pelo organismo arbitral. A responsabilidade é de ambos, fazendo surgir a solidariedade em razão da sentença que lhes condenou ao pagamento da indenização.

É certo que a cultura arbitral no Brasil ainda se faz reduzida, em que pese aumente a cada dia. Sendo assim, será comum o surgimento de situações que tragam dificuldades de interpretação sobre a responsabilização de uma instituição arbitral, razão pela qual se exige a continuidade dos estudos e da análise de cada caso em concreto. Devemos conciliar a capacidade de continuidade da atividade com os direitos de seus usuários, de modo a não asfixiar os organismos arbitrais com condenações muitas vezes injustificadas e nem deixar o usuário sem acesso à indenização que lhe for cabível.

CONCLUSÃO

Após os estudos sobre a arbitragem em seus aspectos básicos relacionados à cláusula compromissória e compromisso arbitral, sua instituição, considerações a respeito das tutelas de urgência, sentença e ação de nulidade desta, e por último a execução dos julgados arbitrais, algumas conclusões merecem ser feitas.

A primeira é que possuímos um sistema legal a respeito da arbitragem de excelente qualidade, aos moldes das melhores legislações da comunidade europeia e com as características próprias de nossa latinidade. Isso permite que este sistema se mantenha firme e perfeitamente válido na maioria dos casos em que escolhido pelas partes, via convenção de arbitragem, deixando no passado a simples previsão legal de sua existência, sem condições de sua aplicação prática. Isso já proporcionou considerável aumento na nossa cultura arbitral, acompanhando a tendência mundial em utilizar meios alternativos de solução de conflitos, de acordo com a vontade das partes e as matérias que se mostrem possíveis a tanto.

A arbitragem pode ser instituída tanto pela simples vontade das partes, como por força dos efeitos da cláusula compromissória, neste caso por decisão judicial ou decorrente das normas regulamentares de um órgão arbitral. Isso fortalece a vontade contratualmente estabelecida, concedendo às partes maior segurança jurisdicional.

Com a disseminação da cultura arbitral e dos órgãos de arbitragem em nosso território, uma quantidade cada vez maior de conflitos serão resolvidos por este sistema, reduzindo a litigiosidade contida e permitindo que o direito e a justiça sejam entregues a tempo e a hora ao jurisdicionado. Não faltam motivos para que o jurisdicionado escolha o sistema arbitral para a solução de seus possíveis conflitos, como bem assevera o Desembargador Vítor Barboza Lenza:

Os elementos da trilogia básica: rapidez, economia e segredo, são os mais decantados pelos doutrinadores partidários da arbitragem como sucedâneo da jurisdição estatal; são esses três motivos que levariam os litigantes a optarem pelo juízo arbitral.[1]

Com o aumento dos casos solucionados pelo sistema arbitral, também vão aumentar os casos em que tais medidas necessitem de execução, ante a negativa do destinatário da ordem em efetuar o seu pronto cumprimento. Surge aí a necessidade de intervenção do Poder Judiciário, mantendo sua função judicante ao conceder o necessário poder coercitivo à ordem, seja ela de natureza cautelar, antecipatória ou de sentença definitiva do árbitro. A efetivação das medidas é mola mestra da verdadeira justiça, aquela que sai do papel e se torna realidade no menor tempo possível.

Justamente por isso, há necessidade de clareza das normas que estipulem a competência de cada uma das instituições, além do sentimento de complementação que deve sempre estar presente. O Poder Judiciário, ante à quantidade imensa de ações que lhe aportam diariamente aos cancelos judiciais, não pode prescindir de formas alternativas de solução de controvérsias, tão em voga nos últimos tempos.

O sistema arbitral também não se sustenta sem o Judiciário, posto que não possui força coercitiva. Ambos são complementares na prestação da verdadeira justiça, sendo necessário sentimento de compreensão do sistema arbitral, com a ideia de que é uma boa forma de resolver rápida e eficazmente os conflitos.

Conclui-se também que o sistema relativo à ação de nulidade de sentença arbitral, além da defesa do réu na execução deste tipo de título judicial, permite a correção de eventuais situações desvirtuadas, coibindo os excessos que são raros no sistema arbitral. A participação do Poder Judiciário é sempre resguardada ao jurisdicionado, com as restrições impostas na própria legislação, de modo que também não haja uma espécie de segundo grau de jurisdição no sistema arbitral, descaracterizando-o.

Por último, notamos que existem meios rápidos para a efetivação dos direitos reconhecidos na sentença arbitral, sem atingir o direito de defesa do réu. O perfeito manuseio destes meios processuais relativos à matéria só irão aperfeiçoar a verdadeira justiça, melhorando a vida em sociedade e disseminando o comportamento direcionado ao cumprimento das normas sociais.

---

[1] LENZA, Vítor Barboza. *Cortes arbitrais*. 2. ed. rev. ampl. e atual. Goiânia: AB, 1999. p. 50.

REFERÊNCIAS

ALVIM, José Eduardo Carreira. *Direito arbitral*. 2. ed. Rio de Janeiro: Forense, 2004.

ARAÚJO, Edmir Netto de. *Curso de direito administrativo*. 4. ed. rev. e atual. São Paulo: Saraiva, 2009.

ASSIS, Araken de. *Cumprimento da sentença*. Rio de Janeiro: Forense, 2007.

BARONA VILAR, Silvia. *Medidas cautelares en el arbitraje*. Valencia: Aranzadi, 2006.

BUENO, Cássio Scarpinella. *Curso sistematizado de direito processual civil*: teoria geral do direito processual civil. São Paulo: Saraiva, 2007. v. 1.

BUENO, Cássio Scarpinella. *Curso sistematizado de direito processual civil*: tutela jurisdicional executiva. São Paulo: Saraiva, 2008. v. 3.

CARMONA, Carlos Alberto. *Arbitragem e processo*: um comentário à Lei n. 9307/96. 2. ed. rev. atual. e ampl. 3. reimp. São Paulo: Atlas, 2006.

CARMONA, Carlos Alberto. Parecer jurídico sobre utilização da expressão "tribunal" pelos órgãos arbitrais. Disponível em: <http://www.arbitragem.com.br/terminologia. html>. Acesso em: 16 jan. 2011.

CRETELA NETTO, José. *Curso de arbitragem*: arbitragem comercial, arbitragem internacional, lei brasileira de arbitragem, instituições internacionais de arbitragem, convenções internacionais sobre arbitragem. Rio de Janeiro: Forense, 2004. p. 124.

FERNANDES, Marcus Vinicius Tenório da Costa. *Anulação da sentença arbitral*. São Paulo: Atlas, 2007.

FERRAZ JUNIOR, Tércio Sampaio. *Introdução ao estudo do direito*: técnica, decisão, dominação. 4. ed. São Paulo: Atlas, 2003.

GONÇALVES NETO, Francisco. A arbitragem e a Lei 11.232/2005. *Júris Plenum*, Caxias do Sul, v. 1, n. 101, jul./ago. 2008. 2 CD-ROM.

GONÇALVES NETO, Francisco. Responsabilidade do árbitro. Disponível em: <http://www.abdir.com.br/doutrina/ver.asp?art_id=&categoria=ProcedimentoArbitral>. Acesso em:17 jan. 2011

GROSSMANN, Marcos Vinícius. Responsabilidade civil na arbitragem. *Jus Navigandi*, Teresina, ano 8, n. 186, 8 jan. 2004. Disponível em: <http://jus2.uol.com.br/doutrina/texto. asp?id=4702>. Acesso em: 13 ago. 2009.

GUILHERME, Luiz Fernando do Vale de Almeida (Coord.). *Aspectos práticos da arbitragem*. São Paulo: Quartier Latin, 2006.

KLAUSNER, Eduardo Antônio. A arbitragem na solução de conflitos decorrentes de contratos nacionais e internacionais de consumo. *Jus Navigandi*, Teresina, ano 9, n. 646, 15 abr. 2005. Disponível em: <http://jus2.uol.com.br/doutrina/texto.asp?id=6564>. Acesso em: 03 jul. 2008.

LEMES, Selma Ferreira *et al*. (Coord.). *Arbitragem*: estudos em homenagem ao prof. Guido Fernando da Silva Soares. São Paulo: Atlas, 2007.

LENZA, Vítor Barboza. *Cortes arbitrais*. 2. ed. rev. ampl. e atual. Goiânia: AB, 1999.

LEVY, Fernanda Rocha Lourenço. *Responsabilidade civil*: estudos em homenagem ao professor Rui Geraldo Camargo Viana. Coordenação de Rosa Maria de Andrade Nery, Rogério Donnini. São Paulo: Revista dos Tribunais, 2009.

MARINONI, Luiz Guilherme; ARENHART, Sérgio Cruz. *Processo cautelar*. 2. tir. São Paulo: Revista dos Tribunais, 2008. p. 61. (Curso de Processo Civil, v. 4).

MARTÍN MUÑOZ, Alberto de; HIERRO ANIBARRO, Santiago. *Comentario a la ley de arbitraje*. Madrid: Marcial Pons, 2006.

MARTINS, Pedro Antônio Batista. *Apontamentos sobre a lei de arbitragem*: comentários à Lei 9307/96. Rio de Janeiro: Forense, 2008.

MEIRELLES. Hely Lopes. *Direito administrativo brasileiro*. 27. ed. São Paulo: Malheiros, 2002.

MONTENEGRO FILHO, Misael. *Curso de direito processual civil 1*: teoria geral do processo e processo de conhecimento. 2. ed. São Paulo: Atlas, 2006.

MORBACH, Cristiano Barata. A fungibilidade de mão dupla no campo das tutelas de urgência: uma outra visão. *Jus Navigandi*, Teresina, ano 9, n. 358, 30 jun. 2004. Disponível em: <http://jus.uol.com.br/revista/texto/5391>. Acesso em: 19 abr. 2006.

MORTARA, Ludovico. *Manuale della procedura civile*. Torino: Utet, 1916. v. 2.

MURITIBA, Sérgio. *Ação executiva lato senso e ação mandamental*. São Paulo: Revista dos Tribunais, 2005.

PIMENTEL, Mônica. A lei de arbitragem e sua relação com o Código de Defesa do Consumidor. *CAMARB*. Disponível em: <http://www.camarb.com.br/areas/subareas_conteudo.aspx?subareano=8>. Acesso em: 23 de jul. 2008.

PINHEIRO, Armando Castelar. A reforma do judiciário: uma análise econômica. Disponível em: <http://www.mp.gov.br/arquivos_down/seges/publicacoes/reforma/seminario/PINHEIRO.PDF>. Acesso em: 03 maio 2008.

PINHEIRO, Patrícia Peck. *Direito digital*. 2. ed. rev. atual. e ampl. São Paulo: Saraiva, 2007.

PITOMBO, Eleonora Coelho. Arbitragem e o poder judiciário: aspectos relevantes. *In*: GUILHERME, Luiz Fernando do Vale de Almeida (Coord.). *Aspectos práticos da arbitragem*. São Paulo: Quartier Latin, 2006.

RICCI, Edoardo Flavio. *Lei de arbitragem brasileira*: oito anos de reflexão: questões polêmicas. São Paulo: Revista dos Tribunais, 2004.

SANTOS, Jonábio Barbosa dos; ARAÚJO, Márcia Cavalcante de. Tutela antecipada. *Juris Plenum*, Caxias do Sul, v. 1, n. 98, jan./fev. 2008. 2 CD-ROM.

SENES MOTILLA, Carmen. *La intervención judicial en el arbitraje*. Pamplona: Thomson Civitas, 2007.

SILVA, João Roberto da. *Arbitragem*: aspectos gerais da Lei n. 9307/96: comentários, doutrina, prática, jurisprudência. 2. ed. Leme: J. H. Mizuno, 2004.

SILVA, José Afonso da. *Curso de direito constitucional positivo*. 6. ed. rev. e ampl. de acordo com a nova Constituição. São Paulo: Revista dos Tribunais, 1990.

SODRE, Antônio. *Curso de direito arbitral*. Leme: J. H. Mizuno, 2008.

THEODORO JÚNIOR, Humberto. *Curso de direito processual civil*: teoria geral do direito processual civil e processo de conhecimento. 45. ed. Rio de Janeiro: Forense, 2006. v. 1.

VALÉRIO, Marco Aurélio Gumieri. *Arbitragem no direito brasileiro*: Lei n. 9.307/96. São Paulo: Livraria e Ed. Universitária de Direito, 2004.

VENOSA, Sílvio de Salvo. *Direito civil*: parte geral. 5. ed. São Paulo: Atlas, 2005. (Coleção Direito Civil, v. 1).

VILELA, Marcelo Dias Gonçalves (Coord). *Métodos extrajudiciais de solução de controvérsias*. São Paulo: Quartier Latin, 2007.

ÍNDICE DE ASSUNTO

página

página

A
Arbitragem
- Conceito 15, 18, 27, 41, 44, 63, 223
- Desenvolvimento 22
- Inconstitucionalidade 21
- Lei das Parcerias Público-Privadas
  (Lei nº 11.079/2004)
- - Conceito 25
- Natureza jurídica 13
- - Correntes
- - - intermediária 13, 19
- - - privatista 13, 19
- - - publicista 13, 19
- Origem (contratual) 23
- Tribunal de Justiça (Goiás) 23
  Ver também Árbitros e Instituições
  Arbitrais
  Ver também Sentença arbitral
  Ver também Sistema arbitral
Árbitros e Instituições Arbitrais
- Conceito 197
- Responsabilidade 195, 197
- - Civil 199-213
- - Criminal 198-199
- - Instituições 213-221

C
Cláusula abusiva
- Conceito 138
Concussão
- Conceito 156
Corrupção
- Conceito 157
Cortes de Conciliação e Arbitragem (CCA)
- Convênios 12

D
Direito patrimonial disponível
- Conceito 35
Dolo
- Conceito 206

I
Interrupção
- Conceito 105

J
Jurisdição
- Conceito 19

M
Medidas "contra processo" (anti-suit injunctions)
- Conceito 37

P
Pessoa humana
- Estado
- - Agressão 20
- - Contrato Social 15
- - Criação 15
- Heterogeneidade 15
- - Conflitos de interesses 15
Poder Judiciário
- Conceito 9
- Papel 12, 20
- Reforma 17
Processo
- Conceito 99
Processo arbitral
- Caráter tríplice 100
- Coisa julgada arbitral 114

página	página
- - Efeitos..................114
- Conceito..............100, 107
- Convenção de arbitragem.........103
- Estado
- - Função jurisdicional............99
- Litispendência...............111
- - Conceito..................113
- - Conflito de jurisprudências......111, 112
- - Órgãos arbitrais (dois)..........112
- Prejudicialidade externa
- - Conceito...............114, 115
- - Decisão judicial
- - - efeitos..................115
- Prejudicialidade interna
- - Conceito...............114, 115
- Pressupostos de validade
- - Objetivo.................102
- - Referentes ao árbitro..........102
- - Subjetivos................102
- Princípios informadores.......103, 104
- Prova....................119
- - Admissão da prova............120
- - Conceito................119, 120
- - Produção...............120, 121
- - - coercibilidade às decisões arbitrais..................121
- - - depoimento das partes........120
- - - testemunhas..............120
- - Propositura da prova..........120
- Reclamação inicial.............100
- Reconvenção (arbitragem)
- - Conceito................116, 117
- Revelia................117, 118, 119
- - Ausência do requerido.........119
- - Conceito..................117
- Sistema arbitral
- - Conceito..................101
- - Jurisdição estatal............105
- - Notificação................104
- - Suspensão................105
- Triangulação processual
- - Autor....................100
- - Réu.....................100
- - Tribunal Arbitral (árbitro).....100, 101 | - - - competência...............102
- - - conceito..................110
- - - escolha.............108, 109, 110
- - - imparcialidade..............102
- - - incompetência..............111
- - - nomeação.................109
- - - originalidade do litígio........103
- - - papel...............108, 109, 110
- - - prazo....................106
  Ver também Arbitragem
  Ver também Sentença arbitral
  Ver também Sistema arbitral
Prejudicialidade
- Conceito....................114
Prevaricação
- Conceito....................156

S
Sentença arbitral
- Ação de nulidade......125, 126, 140, 141
- - Aspectos processuais.........166-174
- - Impedimento...............143
- - Nulidade do compromisso......126
- - Ordem pública (violação)......160-162, 163-166
- - Princípio da competência-competência..................140
- - Reconhecimento
- - - hipóteses.................126
- - Relação de consumo......132, 133-138
- - Suspeição..................143
- - Requisitos obrigatórios
- - - falta.................146-154
- Árbitro (papel)................123
- - Conceito................123, 124
- - Impossibilidade de ser......141, 142, 144, 145
- Cláusula compromissória.........137
- - Conceito..................139
- Conceito...............176, 177, 188
- Convenção de arbitragem (fora dos limites)..............154, 156
- Execução
- - Cientificação editalícia.....182, 183 |

ÍNDICE DE ASSUNTO | 231

página	página

- - Decisões judiciais....................176
- - - princípio da efetividade................176
- - Direito de conhecimento 181
- - Embargos................. 177-180
- - - devedor............................179, 184, 185
- - Fase......................178
- - Sentença constitutiva............... 188-194
- - Sentença declaratória............... 188-194
- - Sentença mandamental............ 188-194
- Lei de Arbitragem
- - Desrespeito aos princípios......159, 160
- - Embargos de declaração................124
- - Erros meramente materiais.....124, 125
- - Providência legal............................129
- Ônus da prova
- - Responsabilidade.......................158
- Poder coercitivo estatal.....................189
Sistema arbitral
- Árbitro
- - Juiz de fato e de direito.....................21
- - - homologação (Poder Judiciário).......21
- Brasil...............16, 56, 130
- - Sistema dos Juizados Especiais......130
- Características.........................28
- Conceito...............................82
- Consolidação (países europeus)...........9
- - Itália................9
- - - história.......................9, 43
- Contratos de adesão.......................128
- Convenção de arbitragem....................28
- - Análise (juiz)..............................39
- - Base....................................30
- - Cláusula compromissória...........29, 41
- - - Câmara de Comércio
    Internacional............................54
- - - classificação...............................33
- - - contrato (formato eletrônico)..........32
- - - contrato (formato escrito) 32, 45
- - - efeitos (negativos e positivos) 36
- - - facultativa.............................41
- - Compromisso arbitral.......................29
- - - conceito........................44, 50
- - - firmar compromisso........................50
- - - menor de idade............................45

- - - nulo 40
- - - objetivo 49
- - - órgão institucional....................52, 53
- - - requisitos..............................45
- - - sem a necessidade de concordância
    de ambas as partes..........................53
- - Conceito..................................30
- - Realização................................47
- Convênio arbitral
- - Espanha.............................57, 58
- Direitos patrimoniais
    disponíveis..........................34, 35
- Escolha..................29
- Estado
- - Função jurisdicional.........................21
- - Instituição da arbitragem............. 43-69
- - Advogado
- - - dispensa..........................63
- Lei de Arbitragem (Lei
    nº 9.307/1996)......................12
- Magistrado
- - Papel..............................65
- Medidas "contra processo"
- - Aplicação.........................37, 38
- Natureza jurídica 18
- Princípio *Kompetenzkompetenz*.....38, 141
- Tutelas de Urgência............................71
- - Árbitro
- - - análise................................84
- - - papel..............80, 81, 83, 86, 91
- - Brasil...............................88
- - Cabimento............................77
- - Câmara de Comércio Brasil
    Canadá.............................87
- - Competência...............................93
- - Espanha........................80, 97
- - Reclamação arbitral.....................88
- - Requisitos 73
- - Tempo.............................71
- - Vácuo jurisdicional..........................97
- - Vocábulo *refere*..........................96
    Ver também Arbitragem
    Ver também Processo arbitral

_____página

T
Tutelas antecipatórias
- Conceito..94
Tutelas cautelares
- Conceito..94

ÍNDICE ONOMÁSTICO

página

A
Alvarenga, Maria Isabel de Almeida......55
Alvim, José Eduardo Carreira........12, 15,
    19, 21, 30, 33, 35, 46, 51, 56, 57, 61, 62, 78,
    79, 83, 89, 98, 102, 105, 113, 119, 127, 128,
    143, 145, 148, 149, 152, 165, 184, 187, 204
Amorim, Aureliano Albuquerque..........9
Araújo, Edmir Netto de................205, 211
Araújo, Márcia Cavalcante de..............76
Arenhart, Sérgio Cruz......................72, 75
Arredondo, Leonardo Aravena............21
Assis, Araken de...................180, 181, 186

B
Baracho, José Alfredo de Oliveira........99
Barona Vilar, Silvia............................28, 85
Bueno, Cássio Scarpinella......177, 188, 189

C
Carmona, Carlos Alberto........12, 22, 23,
    35, 47, 50, 51, 58, 59, 64, 80, 82, 87, 106,
    124, 125, 127, 142, 145, 146, 147, 148, 149,
    151, 153, 160, 162, 163, 165, 214, 217, 218
Carvalho, Eliane Cristina......................56
Cretella Neto, José..............................155

F
Fernandes, Marcus Vinicius Tenório
    da Costa..............140, 143, 155, 158,
                    167, 171, 173, 185
Ferraz Junior, Tercio Sampaio.......46, 150
Figueira Júnior, Joel..........................136

G
Gonçalves Neto, Francisco..........178, 208
Grossmann, Marcos Vinícius..............203

página

Guilherme, Luiz Fernando do Vale
    de Almeida......................37, 55, 56

H
Hierro Anibarro, Santiago............29, 163

K
Klausner, Eduardo Antônio........133, 135,
                    136, 138

L
Lemes, Selma Ferreira..........................39
Lenza, Vitor Barbosa
    (desembargador)......12, 161, 223, 224
Levy, Fernanda Rocha Lourenço........196,
                    204, 214

M
Marinoni, Luiz Guilherme...72, 73, 74, 75
Marques, Cláudia Lima......................134
Martín Muñoz, Alberto de............29, 30,
                    58, 67, 163, 165, 211
Martins, Pedro Antônio Batista......33, 49,
    51, 59, 60, 65, 91, 94, 106, 107,
    129, 150, 151, 161, 166, 183, 201
Meirelles, Hely Lopes..........................209
Montenegro Filho, Misael..................187
Montesquieu..20
Morbach, Cristiano Barata....................95
Mortara, Ludovico................................19
Motilla, Carmen Senes........................180
Muritiba, Sérgio..........................190, 191

P
Pimentel, Mônica........................136, 137
Pinheiro, Armando Castelar................17

página	página

Pinheiro, Patrícia Peck..............................32
Pitombo, Eleonora....................................27

R
Ricci, Edoardo Flavio......................68, 157, 167, 168
Rousseau..15

S
Santos, Jonábio Barbosa dos..................76
Scarpinella, Cassio................................176
Segóvia, Rafael......................................163

Senes Motilla, Carmen..............28, 66, 81, 152, 153, 180
Silva, João Roberto da............................93
Silva, José Afonso da............................164

T
Theodoro Júnior, Humberto..................38

V
Venosa, Sílvio de Salvo................137, 168
Vilela, Marcelo Dias Gonçalves..............9

Esta obra foi composta em fonte Palatino Linotype, corpo 10
e impressa em papel Offset 75g (miolo) e Supremo 250g (capa)
pela Gráfica e Editora O Lutador.
Belo Horizonte/MG, setembro de 2011.